無錫文庫

第二輯

鳳凰出版傳媒集團
鳳凰出版社

ISBN 978-7-5506-0834-4

圖書在版編目（CIP）數據

東林書院重整規條錄等 /（清）鄒鳴鶴等纂輯. --
南京 : 鳳凰出版社, 2011.8
（無錫文庫. 第2輯）
ISBN 978-7-5506-0834-4

Ⅰ. ①東… Ⅱ. ①鄒… Ⅲ. ①書院－教育史－無錫市
Ⅳ. ①G649.299.533

中國版本圖書館CIP數據核字(2011)第179118號

責任編輯　王　劍
裝幀設計　姜　嵩
出版發行　鳳凰出版傳媒集團
　　　　　鳳凰出版社(原江蘇古籍出版社)
　　　　　南京市中央路165號　郵編 210009
　　　　　發行部電話 025－83223462
集團網址　鳳凰出版傳媒網　http://www.ppm.cn
印　　刷　無錫市證券印刷有限公司
　　　　　無錫市揚名高新技術産業園B區75號　郵編 214024
開　　本　889×1194毫米　1/16
印　　張　31.25
版　　次　2011年8月第1版　2011年8月第1次印刷
標準書號　ISBN 978-7-5506-0834-4
定　　價　410.00圓
　　　　　(本書凡印裝錯誤可向承印廠調換,電話:0510－85435666)

無錫文庫工作委員會

顧　問
楊衛澤　毛小平　周和平　譚　躍

主　任
王立人

副主任
曹佳中　陳海燕　吴小平

委　員
方標軍　須　儉　陳堯明　尤文科
何承志　蔡文熤　葉建興　施　展
嚴克勤　劉　川　雷群虎　李祖坤
瞿　敬　華瑞興　周興安　姜小青

無錫文庫編輯委員會

主　編

王立人

副主編

須　儉　姜小青

編　委（按姓氏筆畫排列）

王進雄　王賡唐　卞惠興　全　勤　吴　迪　沙無垢

金其楨　夏剛草　倪培翔　徐小躍　徐志鈞　浦學坤

陳文源　過旭明　過耀華　許墨林　張志清　程勉中

湯可可　蔡家彬　劉桂秋　錢建中　錢菲菲　顧文璧

執行編委

王華寶　王　劍　薛　飛　陳紅彦　林世田　謝冬榮

徐憶農　陈　立

編務人員

顧志堅　李躍光

無錫文庫學術顧問

（按姓氏筆畫排列）

朱玉麒　朱維錚　江慶柏　李文海
沈衛榮　武秀成　金良年　胡福明
莫礪鋒　徐中玉　陳熙中　許倬雲
張仲禮　張廷銀　彭　林　程章燦
馮　遠　馮其庸　楊天石　趙生群
劉玉才　錢　遜　錢中文　錢文忠

總序

七千年文明史，三千年建城史，江南名城無錫，襟長江依太湖，自古以來就是魚米之鄉，禮儀之邦。無錫文化自泰伯南奔以來，騰蛟起鳳，尚德崇文，在數千年的傳承發展中，教化常持，經世務實，人杰輩出，大家林立，文藻絢麗，錯彩鏤金。舍南舍北皆春水，欲與湖山作主人，數千年的人文傳統，賦予了風光秀美的無錫以獨特的文化魅力，鑄就了城市剛柔相濟、秀逸清麗的文化品格。

無錫是中國吴文化的發源地。早在商代晚期，周太王古公亶父的長子泰伯三讓王位，携其弟仲雍奔吴，定居無錫梅里，建『勾吴國』，『端委以治周禮』，施以禮儀教化；興修水利，授以農桑，不數年而『民人殷富』。泰伯帶來的中原文化與無錫本地土著文明相結合，吴文化以及作爲其重要組成部分的無錫文化就此發端。晉室南渡，北方人群大量南遷，帶來了中原的文化技術，促進了無錫農業、水利、手工業和商業的發展，中原文明再度與吴文化進行融合互滲。在本土文化與异地文化的碰撞和交融中，不斷推動着無錫這座城市的文明進步。

無錫歷史文化『追歷七千餘載歲月滌蕩，遂經四大轉折而成其廣大深厚：泰伯西來，吴文化成焉；永嘉南渡，江左文脉振焉；宋室波遷，江南文風始焉；歐風東漸，錫邑占風氣之先，民族工商文化始焉。數百代鄉彦賢達智慧與創造累積，文獻足徵，無慮百千』（《錫山先哲叢刊》重版弁言）。無錫文化以兼容并蓄多樣化的形態不斷發展。

崇文尚教，以教促文。北宋嘉祐三年（一〇五八），無錫始設縣學；北宋政和元年（一一一一），理學傳人楊時在無錫創建東林書院，此後無錫出現了喻樗、尤袤、李祥、蔣重珍等一批知名的教育家。至明代，顧憲成、高攀龍等在東林書院講學，此後又有許多書院相繼而起。古代無錫對教育的重視，促進了『崇文』和『尚教』的風氣，也造就了大量的人才。自隋朝開創科舉取士到清末廢除科舉，無錫共出了五名狀元、三名榜眼、六名探花和三名傳臚，并有五百四十名進士，一千二百多名舉人；『一榜九進士』、『六科三解元』，自古傳爲佳話。近代以來，經濟的繁榮進一步帶動了教育的興盛。無錫籍國學大師錢穆曾説：『晚清以下，群呼教育救國，無錫一縣最先起。』此後無錫的實業家紛紛出資興辦文化教育事業。教育的繁興，在極大程度上促進了無錫的文化發展，出現了空前的文化人才崛起的高峰。

文脉綿延，後出轉强。歷來『文化』的概念有廣義和狹義之分，這裏的『文脉』之『文』，用的是狹義的概念，即指經史、文學、藝術等人類所創造的精神財富的總和。在無錫的歷史文化傳統中，自古及今，悠悠文脉，如瓜瓞之綿綿。必須指出的是，從文化發生學的角度來看，早期中華文化的中心是在黄河流域的中原地區，無錫在宋元以前，雖有像顧愷之、李紳、尤袤、蔣捷、倪瓚等一批人文英才，但在整體上，無錫的文氣是自明清以迄近現代達到巔峰。在整個江南地區文教昌明和無錫經濟繁盛、教育勃興的大背景下，無錫地區在經史、文學、繪畫、音樂等諸多領域中，建樹卓越，俊才雲蒸，真正呈現出『人文之盛，冠於南國；碩彦輩出，著述繁富』的局面。

求實務本、重工崇商。無錫自古爲江南富庶之地、魚米之鄉。明代東林講學者將士商并列爲『本行』，講求經世致用，近代早期維新的思想家、實踐家薛福成提出『黜浮靡，崇實學』，大力倡揚『工商爲先，耕戰植其基，工商擴其用』的觀念，這些都成了近代以來無錫人求實務本、重工崇商的重要的思想根源；兼以明清時期，封建自然經濟解體，資本主義開始萌芽，無錫經濟日趨繁盛。鴉片戰争以後，上海開埠，由於商品經濟的發展和商業資本積累的增加，逐步形成了一個以上海爲中心的，北接江陰、靖江，西連蘇州、無錫、常州的經濟區域。有布、米、絲、錢『四大碼頭』的無錫，被譽爲『小上海』。到了十九世紀末、二十世紀初，無錫許多有識之士積極引進西方生産技術，大力興辦工廠，形成了近代六大資本系統，無錫成了近代中國民族工商業的發祥地和蘇南經濟中心。經濟的繁盛，不僅爲無錫文化的不斷發展提供了堅實的物質基礎，而且也形成了無錫文化的主流形態之一的，具有鮮明特色和豐富内涵的『工商文化』。

文化源長，文獻宏大。在歷史上，無錫有過兩次較大規模的文化整理。一八九九年，《常州先哲遺書》是包涵無錫在内的第一次區域性文化整理集成。一九二三年，《錫山先哲叢刊》是無錫真正意義上從城市角度進行的一次文化整理。當時，國家積貧積弱，社會動蕩離亂，身處亂世的有識之士高擎文化的旗幟，以縱覽千古的魄力和毅力致力於城市文化傳統的繼承與弘揚，爲無錫地方人文教育提供了文化楷模，對增强無錫崇文興教氛圍發揮了重要的作用，爲無錫躋身江南名城提供了文化動力，其意義至今爲後人感念。

滄桑巨變，天上人間。經過近一個世紀的奮鬥探索，特别是改革開放三十多年來的迅猛發展，中華民族强勢崛起。國運昌隆，盛世修典。中共無錫市委、市政府高度重視地方傳統文化的整理弘揚工作。自二〇〇七年提出『建設文明無錫，打造文化名城』以來，無錫全面深入開展歷史文化遺産的挖掘、清理、保護和修復工作，傳承弘揚優秀傳統文化，彰顯城市人文歷史底藴，掀起歷史文化名城建設新高潮。此後，市委、市政府在《無錫市文化大發展大繁榮行動綱要》中明確要求全面整理出版地方歷史文獻，市委、市政府在《關於深化文化體制改革加快文化强市建設的决定》中再次明確要求編纂《無錫文庫》，正式啓動迄今爲止無錫地區規模最大、綜合性鄉邦文獻集成的修編工作。爲確保《無錫文庫》的編纂工作順利進行，市委、市政府專門成立了『無錫文庫工作委員會』，由市委宣傳部牽頭，設立了『無錫文庫編輯委員會』，計劃用三年時間完成編纂出版工作。《無錫文庫》的編纂，將以嶄新的學術角度和現代學科框架對城市歷史文化進行全面梳理和弘揚，站在時代的高度，充分展示城市深厚的歷史底藴，彰顯先賢哲人的智慧創造，解讀無錫文化的獨特個性，提煉升華無錫的人文精神，光前裕後，古爲今用，以文化人，由人化文，以史爲鑒，開啓未來。

《無錫文庫》的編纂出版必將發揮重要的文化功能：首先是搶救文獻。無錫自古即有豐富的地方文獻，無論經史子集，都有重要著作流傳於世。然而無錫近代歷經戰亂，一些重要典籍已毁佚，僅有書名存留；還有一些珍貴的明清地方史籍，也以孤本存世，處於若存若亡之間。由於各種原因，一些代表無錫文化的典籍保存於國内外各大圖書館中，在無錫不易見到。從清末到民國期間，在文化上有不少重要成果，而這部分書籍因長期被忽視而處於毁佚的邊緣。《無錫文庫》的編纂就是爲了搶救文獻，保存文脉。其次是古籍整理。無錫先賢留下的載籍很多，但現存書籍，版本雜亂，良莠不齊，整體而言没有經過系統編排梳理，使用不便。《無錫文庫》的編纂，就是從版本目録學的角度加以梳理，每書皆撰提要，鈎玄指要，便於閲讀使用。第三是服務大衆。《無錫文庫》所收皆爲地方古史遺文，是研究無錫歷史沿革和文化傳承的必讀書目。《無錫文庫》的編纂出版，使這些書籍的使用更加便捷和廣泛，對無錫的文化建設、城市規劃、古迹保護、名勝開發都具有很高的學術價值和實用價值。

歷史唯物主義觀是《無錫文庫》編纂出版工作的重要指導思想。《無錫文庫》是一部具有社會主義新時代特點的典籍集成，編纂理念和選編觀念更加科學，注重學術性、實用性和經典性相結合，并且儘量收入古籍版本研究的新成果，廣泛收集流散在國内外的珍貴典籍。編纂工作中，始終堅持『尊重歷史、尊重科學、尊重規律、尊重專家』的原則，堅持『雙百』方針，對傳統文化中重要的不同學派、不同觀點的資料兼收并蓄，力求客觀、完整和全面。當然，《無錫文庫》不可能包羅萬象，而以文史哲爲主要内容，兼顧其他類别著述，整體呈現出無錫歷史文化的發展脉絡。强化編纂工作的學術規範，提倡實事求是的良好學風，對文庫的整體規模、體例框架、所收書目、版式裝幀等進行反復論證，反復比較，多方聽取意見，慎之又慎，力争使《無錫文庫》成爲一部真正代表無錫文化的綜合性鄉邦文獻集成。

編纂出版《無錫文庫》的盛舉，得到了海内外衆多著名的文史專家、學者教授的熱烈響應。許倬雲、馮其庸、楊天石、李文海、徐中玉、馮遠、胡福明等無錫籍文化名人和劉玉才、程章燦、江慶柏、張廷銀、金良年等專家學者應邀擔任《無錫文庫》的學術顧問，他們扎實的學術功底、嚴謹的治學風範、卓越的學術見識，爲《無錫文庫》提供了有力的支撑。

千年吴地文明，百年工商繁華，賦予無錫人聰慧和靈秀，創造了具有獨特品質的城市文化和城市精神。當我們手捧先哲留下的珍貴文化遺産，不僅滿懷感恩、敬畏之心，更涌動着不負前賢、勵志圖新的激情，去努力創造城市文化嶄新的輝煌，讓無錫文化大發展大繁榮的春天更加姹紫嫣紅、繽紛燦爛！

無錫文庫編輯委員會

二〇一一年一月

凡例

一、《文庫》所收爲無錫籍作家的著述和與無錫相關的歷代文獻，分爲《官修舊志》、《地方史料專著》、《年譜家乘》、《無錫文存》和《近現代名家名著存目》五輯。

二、無錫地域範圍以現行行政轄區爲準。《文庫》立足無錫市區，兼顧江陰、宜興，適當選收江陰、宜興具有代表性的著作。

三、《文庫》所收著作，以史料價值高、使用價值大爲原則，適當兼顧其版本價值。

四、《文庫》主要采用影印方式出版，《近現代名家名著存目》收入作家小傳和主要著述目録。

五、《文庫》所收著作，其編纂年代下限爲一九四九年；《近現代名家名著存目》則不受此限。

六、《文庫》所收著作，原書如有蠹損、殘缺、漫漶不清處，原則上以相同版本予以換頁、補頁，使全書清晰、整齊。

七、《文庫》對所收每種圖書，均撰寫提要，置於每種書扉頁之背面；每册均新編頁碼，自爲起訖。

八、《文庫》編制書名索引和著者索引，以方便讀者使用。

第二輯編輯説明

本輯爲《無錫文庫》之第二輯《地方史料專著》。這些書籍皆爲個人著作，它們是官修方志之外最重要的地方史料，是對地方歷史更爲精細的記録和闡述。其中保存了官志中看不到的材料，所以也是官志極其重要的補充。無錫自古以來人文薈萃，所以歷史上存留下來的地方史料專著也非常豐富。明清以來這些著述得到了長足的發展。作爲方志體裁的史書，這些著作所述史事已細化到一個鄉村，一座寺廟，一幢宅第，一座園林，一所學府，一項工程，一個專題等，從而爲後人保存了大量第一手的史料。進入民國後，隨着社會的發展，在政治、經濟、文化、教育等方面，出現了許多專門的出版物，這些具有時代特色的文獻，爲我們保存了民國時期原生態的歷史材料。從這些文獻中可以看到當時無錫向現代都市邁進的步伐。第二輯所收書籍，不少都是孤本，彌足珍貴。特别是一些藏於外地圖書館的珍貴書籍，這次也盡了最大的努力加以搜集。由於歷史的原因，一些地方史籍已失傳，僅有書名存留，不無遺珠之憾。一些民國書籍也偶有缺葉。敬請讀者見諒。從另一個角度而言，也更説明了這次文庫編纂的必要。

目録

東林書院重整規條録

（清）鄒鳴鶴 辑

《東林書院重整規條録》不分卷，（清）鄒鳴鶴輯，清道光三十年（一八五〇）十月刻本。無錫市圖書館藏。

鄒鳴鶴（一七九三—一八五三），字鍾泉，號松友，無錫縣人。清道光二年進士，歷任知縣、同知、知府，官至廣西巡撫。咸豐三年（一八五三）在與太平軍作戰時被俘，遭支解而死，謚號壯節。著有《世忠堂文集》、《實素齋詩集》、《撫粵奏議》、《桂林守城日記》、《道齊正軌》等。道光二十五年（一八四五），時任江西督糧道道員的鄒鳴鶴因母親病逝而歸里守制。他『謁燕居之廟，登依庸之堂』，看到東林書院因『經費不敷，優遊坐廢，致令先儒講德論道之地闃如寂如』而大爲感慨。遂偕同本邑杜紹祁、秦文楷、黃承祖、竇承焯、楊奎斗等，上訪江蘇巡撫衙署，要求重新恢復東林書院七百多年來的講學傳統。護理江蘇巡撫文柱、布政司使郭熊飛率先捐出廉俸，以作倡導。隨後，『官紳士庶』紛紛響應，『向心集腋』。不到兩個月，集得經費一萬六千五百緡有奇。於是，詳定東林書院規條，『廣課額，備供膳，獎賞公用，一切加豐』。同時，『飭毀尼庵，廣建院舍』，又『詳定課程，扃門按試，諸生歡然就學』（引自鄒鳴鶴撰《重興東林書院記》）。

事後，鄒鳴鶴將東林書院重整規條以及有關文函、公移、記序文章彙編成書，爲後人留下了這批東林書院道光興學的珍貴歷史資料。

（夏剛草）

東林書院重整規條錄

金匱縣畢公以紱詳修講堂課舍文

爲整放、 並撥廢菴修葺書院詳報備案事切東林書院因建造久、 材枯朽現在講堂課舍正房從屋並有滲漏坍卸之處院外圍、 八十一丈坍卸多年石料已失並應修築查卑縣有經管祀鍾氏捐屋贖價等項積存錢文係書院歲修專欵道光十六年詳明發典生息所繳息錢因未支用各前令列冊流交卑職以紱念東林書院爲養育人材之所亟宜及早修葺庶免傾頹經傳知兩邑紳士公同勘估傾辦今據紳士等呈稱會勘得第二進再得草廬四間與靠東厢房二間第三進會客廳靠東一間及書房一間又三公祠一間枯朽已甚應須重建院外圍墻尤甚重築其餘屋宇俱應修砌估需錢一千餘千文擇於初五日興工查前奉

撫憲裕

奏廢淫菴案內之泗水菴坐落書院之後與院屋毗連本係侵佔書院免糧之地其樓正在

燕居廟之旁高過廟屋兩邑紳士曾有撥歸書院之請前縣飭查未撥召變五年無人承買坍塌過半請將此菴撥歸書院擇其坍塌者拆除可修者改作課舍等情卑職隨於流交該書院餘剩息錢欵內陸續支給發交紳等購料興工不使假手胥吏以期實用實銷其未售之泗水菴亦如所請辦理當將菴屋飭交紳士等一併拆改修葺在案合將整放撥給緣由具文詳報伏祈照驗施行

道光二十四年七月初六日詳

金匱縣朱公子庚詳文

爲整放專欵等事前署縣畢令詳撥給經費及泗水菴屋修葺東林書院一案據領辦紳士等呈稱東林書院講堂課舍正從房屋並多滲漏坍塌院外圍墻已盡坍沒並應修築遵督匠工自二十四年四月初五日興工十一月二十日工竣修葺原屋四十一間拆卸重建屋八間重築院外圍墻六十一丈除拆用舊料不計外實用工料錢七百四十七千八百十五文又奉撥泗水菴廢屋基地改建課舍等屋二十二間行廊七架又修葺錫邑尊吳堉行撥欵契買民房四間增築院後圍墻十丈除拆用舊料不計外實用工料錢三百四十五千六百四十五文通共用錢一千九十三千四百六十文節次領訖歷蒙看明內外整齊工程完固謹造細冊呈送核詳前來卑職覆核無異合行造冊呈送伏祈照驗施行

道光二十五年二月二十七日詳

署蘇州布政使郭公熊飛札飭勸捐文

爲札飭勸捐事照得書院爲培養人材之地膏火乃芸窗佐讀之資故廣育英才必須預籌經費茲查錫金兩邑向有東林書院按期開課具有成規邇來家弦戶誦人文蔚起赴院肄業者較前更增秖因經費無多遂致錄取太少夫克興文教王化所先而集腋成裘紳富是賴況錫金紳士素多急公倘能量力捐輸共襄善舉則課額即可推廣人材亦免遺棄之虞合亟札飭札到該二縣立即遵照選舉董事妥爲勸捐務令交相勸勉量力而行斷不可稍有勒派一俟捐有成數即由縣妥議章程詳候察奪特札

道光二十五年十一月　日行

護撫軍文公勸捐啟

錫山東林書院宋楊文靖公講學之所也明顧端文高忠憲即其地爲書院

國朝熊文端湯文正張清恪陳文恭諸先生屢爲振興吾道南來常
留芳躅大江東去永砥中流第年祺已遥經費未廣士林廣至毎
虞驥骨之未收雪案螢飛或恐蚖膏之告竭況我
國家文教覃敷人才蔚起虎門齒胄人推荆寶於琳瑯槐市横經戶
企歌聲於金石雲蒸霧集莫不奮興而海內獨景仰夫東林者蓋
一則樹東南理學之宗一則鏡前史盛衰之局在昔鱣堂馬帳絕
業僅號額門鹿洞鵞湖芳躅止傳一聖茲則一堂俎豆萃關閩濂
洛之微千古宗工備俊及顧廚之遐理援月窟豈持闢俗學蜩鳴
道衛賢關且可息姚江燄起固傳薪之嫡派亦儒案之大宗泛乎
明政不綱清流兆禍南渡嚴僞學之禁東京借鉤黨之名甘陵之
部既分羅織之經百出黃芝產獄冤極衣冠白簡飛霜勢成水火
諸君子志切鋤奸身甘殉道覩諸賢之忠蓋知道學之源流今夫

講院多一醇儒即
國家多一楨幹設使俊乂不興不足以共肩實學膏薪不廣不足以
宏集英流思大陶成必籌供用本護院東吳秉節南國期賢搜志
披圖喜首基之已善採蘭茅芷惜額數之未安急思鼓勵羣才扶
持寒畯聊等十年之樹木庶集千腋以成裘佇見錫峯慧麓之間
擔簦偕集鼓篋陳書之地繼踵編摩笥藏既充人文益盛賢搢紳
固勇於從事本護院更樂於觀成應體悃忱毋辜厚望瑞昌文柱
啟

捐數

護理江蘇巡撫文　柱捐銀三百兩兌錢五百七十一千二百三十八文
署蘇州布政使郭熊飛捐銀五十兩兌錢九十三千三百十六文
常州府知府　桂文耀捐銀三十兩兌錢五十七千四百二十三文

無錫縣知縣　吳時行捐錢二百千文
金匱縣知縣　朱子庚捐錢二百千文
無錫儒學教諭蔣國楨捐米二十石糶錢二十六千文
金匱儒學訓導楊臣謌捐米二十石糶錢二十六千文
侯　桐捐錢一百千文　鄒宗枚捐錢二百千文
鄒鳴鶴捐錢五百千文　鄒蔭楠捐錢二百千文
杜紹祁捐錢三十千文　沈榮桂捐錢五十千文
周　昕捐銀五十兩兌錢八十九千八百七十文
秦廷杰捐錢五十千文　鄧　撐捐錢七十千文
蔣大鏞捐銀五十兩　陶雨田捐錢一百千文
顧　寶捐錢二百十千文　顧　灝捐錢二千千文
談文桂捐銀五十兩兌錢九十六千四百四十九文

楊　恕捐錢二千千文　石塘灣孫族捐錢七百八十千文
禮　社薛族捐錢七百千文　鹽公棧捐錢三百五十千文
華惇惠 惠保捐錢三百千文　施保公捐錢二百千文
須錦中捐錢二百千文　張晴岡捐錢二百千文
張曉村 旭亭捐錢二百千文　秦和樂捐錢一百六十千文
李惇叙捐錢一百六十千文　錢卿心捐錢一百四十千文
顧鼎源捐錢一百四十千文　程際美 盛捐錢一百三十千文
顧惟善捐錢一百四十千文　楊公記捐錢一百二十千文
陸樹滋捐錢一百二十千文　嚴寶倫 徐穀詒捐錢一百三十七千文
鄭錢許合捐錢一百二十千文　周慶雲捐錢一百千文
王潤德 顧震福 江亦恩 許仁希捐錢一百千文　安中和捐錢一百千文
浦壽康捐錢一百千文　蔡修敬捐錢一百千文

唐遇安捐錢一百千文　程義和捐錢一百千文
高見一捐錢一百千文　沙元裕捐錢一百千文
胡懷遠捐錢一百千文　滕德本捐錢一百千文
顧貴和捐錢一百千文　錢雨三捐錢九十二千文少串一百七十七文
周泳溱濟捐錢九十千文　鄧啟秀捐錢七十千文
楊春池捐錢七十千文　潘向高捐錢七十千文
丁保滋捐錢七十千文　陳嘉樂胡裕德捐錢七十千文
楊敬業捐錢七十千文　黃壽辰捐錢七十千文
吳天和捐錢七十千文　周泳潤捐錢七十千文
汪恭壽捐錢七十千文　蔣惇裕姚耕樂捐錢七十千文
邵敦裕捐錢六十千文　汪亦隆捐錢六十千文
楊亭諸捐錢六十三千文少串五百五十七文　汪餘成捐錢六十千文

錢固本捐錢五十千文　顧懷經捐錢五十千文
朱嘉會捐錢五十千文　黃順裕捐錢五十千文
潘生大捐錢五十千文　顧竹軒捐錢五十千文
汪泰來捐錢五十千文　專橋王荷村曹捐錢四十二千文
汪泰和捐錢四十千文　金義昌捐錢四十千文
賈逸帆捐錢四十千文　華經畬捐錢四十千文
顧金源捐錢四十千文　張大源捐錢四十千文
徐藹人捐錢三十五千文　與道華捐錢二十二千文
鄒雲樵捐洋銀二十圓兌錢二十七千四百八十文
翁仁美捐錢十千文

共收捐足錢一萬四千五百八十五千九百五十二文

紋銀五十兩

朱陶蔡三姓捐三里橋施茶菴右旁門面一間每年租錢三十千文

左旁屋五間每年租錢三十六千文內每年貼去施茶錢六千文

顧親仁捐道南祠祭產冬字號田十五畝一分四厘六毫

楊懷德捐道南祠祭產廉儀弗字號田十六畝三分三厘八毫

兩邑櫃戶每年捐串票錢三百千文漕房收齊繳縣發給新增膏火

留餘堂捐錢五百千文存典生息備恤在院肄業極寒之士丁憂身故之用

道光二十九年十二月初六日呈兩縣立案

付款

撥入丁祭會錢八百千文

撥修崇正書院錢八十千文

撥修高子水居錢二百千文

撥修都中錫金會館紋銀五十兩又錢五十千文

捐局各項費用錢五百二十八千四百十一文

貼補本年月課各項用款短錢七十六千八百五文

修志刻碑錢二百五十千七百三十六文

實存發典生息錢一萬一千六百千文

道光二十六年十二月立石

捐田細數

冬字一百八十號　平田三畝五厘二毫
二百八十六號　二畝七厘九毫
四百二號　一畝五分五厘一毫
四百四號　一畝五分四厘九毫
四百四十五號　七分二厘四毫
四百五十四號　一畝七分二厘一毫

七百一號　三畝五分四厘四毫

七百十八號　九分二厘六毫

共十五畝一分四厘六毫每年租米十六石六升麥三石二斗一升二合

廉字五百四十一號平田二畝七分四毫

儀字六百十八號　平田二畝一分一厘七毫

弗字一百五十六號平田四分二厘八毫

二百七號　一畝九分八毫

六百六十七號　九分八厘三毫

一千八百三十九號　四畝九分九厘八毫

一千九百十五號　一畝二分

一千九百四十七號　二畝

共十六畝三分三厘八毫每年租米十五石三斗麥三石[illegible]斗五升

增定規條

一山長一席每年十月中由紳士公議或請聯席或另舉本邑文行兼優允孚衆望之人呈請　兩邑尊備關敦請

一每年三月中請　府尊封題加課請　學憲於夏間同轅時封題加課俱由監院申請課期或初三或十八俱以題到日爲定

一原設正額內課生童各十名每名九五兌銀十二兩今生員每名增足錢二千文童生照舊

一原設廣額內課生童各十名每名九折錢十二千文今生員每名增足錢三千二百文童生每名增足錢一千二百文

一新廣內課生童各十名生每名足錢十四千文童每名足錢十二千文

一原設正額外課生童各十二名每名九五兌紋銀三兩今生員

每名增足錢三千文童生每名增足錢一千文

一原設廣額外課生童各十五名每名九折錢三千文今生員每名增足錢四千三百文童生每名增足錢二千三百文

一新廣外課生童各二十五名生員每名足錢七千文童生每名足錢五千文

一原設附課生童各二十名每名九折錢一千六百文今每名增足錢一千五百六十文

一新增師課花紅生超等第一名錢八百文第二至第五名六百文第六至第十名四百文第十一至三十名二百文上取童生第一名六百文第二至第五名四百文第六至第十名三百文十一至三十名一百五十文

一每月師課後增小課一次生第一名花紅四百文第二至第五

名二百文童第一名三百文第二至第五名一百五十文
一在院肄業生童內遇有極寒之士身故者助錢七千文丁艱者
助錢三千五百文在留餘堂捐款生息內開支
無錫縣吳公時行詳請改撥廢菴文
爲據情詳請示遵事案奉
前府楊　札開奉
布政司文　批本署府詳該縣尼清慈願將師祖自置菴左不在
入官另戶辦糧房屋二十五間捐出充公並據職員王步雲等請
將該尼所捐及奉裁入官封變菴屋二十四間一併撥給與復錫
山書院添設義學請示緣由奉批據詳無錫縣錫山書院久廢請
將惠山入官尼菴並尼清慈願請捐入東林書院之自建菴左房
屋一併撥歸錫山書院以資興復等情雖屬以公濟公惟以尼菴
東林書院重整規條錄　九
爲多士肄業之地果否輿論允洽且查常州府並無錫山書院名
目亦屬無憑查核仰即飭縣確訪輿評並剛縣志妥議詳司察奪
毋稍遷就此繳等因到府飭縣遵照確訪輿評妥議詳府核轉等
因到縣前縣節飭紳士經董再行採訪輿情是否允洽妥議具稟
去後甲職抵任飭催玆據紳士杜紹祁陶雨田王芝林顧箴
泰文楷顧應辰馮金相秦殿楹楊奎斗高炳麟竇承焯龔煜嵇蓉
寶繼勲許𠮠泰秦昌煜呈稱治等請籌協濟東林書院完工以及
復設課飯添備桌凳等項經費蒙諭籌款未獲伏見
前撫憲裕
奏毀淫菴案內本邑報廢尼菴二十二所已召變十六所價遵歸局
充恤孤經費惟映山關殿等六菴尚未變價因關殿菴尼清慈請
將殿左未經入官之屋捐入東林書院經生員高鑛等議將清慈
所捐並該菴入官之屋併改復錫山書院詳奉
藩憲批以尼菴爲多士肄業之地果否輿論允洽飭再確訪輿評
議詳察奪查高鑛等請將菴屋改復錫山書院原與東林相雜繫
惟添設書院爲費甚鉅籌款較難事經兩年尚無就緒而菴屋日
漸傾頹且與東林書院相距五六里遠隔城垣勢難兼顧伏思從
前之請原爲東林書院窄狹今已將酒水菴歸併書院修建屋宇
整齊儘足容多士肄業現今院內尚有十餘間亟應修建之屋後
路圍墻必須重築屋內裝修亦未齊全以及課飯桌凳各項籌備
方能聚課莫若將此關殿垂廢之屋變價撥歸東林爲各項經費
計此尚有不敷容再籌議續辦以副兩賢侯振興文教作養人材
之意治等與恤孤局董事會商意見相同爲此聯名呈請具詳改
撥出示變價協濟書院經費等情卷查甲縣報廢尼菴除已召變
東林書院重整規條錄　十
價歸恤孤局充費外尚有關殿映山等菴未經召變前據尼清慈
願將殿左自置未經入官房屋捐入東林書院飭據經董高鑛等
議請改爲錫山書院嘗經前縣詳奉
藩憲以尼菴爲多士肄業之地果否輿論允洽批飭再行確訪輿
評妥議詳辦經飭紳士等再行確訪妥議迄今一載有餘茲據紳
董等具稟前情伏查裁廢尼菴原奉札飭估價召變撥充恤孤局
經費前據紳董請改爲錫山書院誠如
憲批以尼菴爲多士肄業之地固非所宜且向有東林書院生童
考課較爲便捷今紳士等以東林現在添建房屋置備裝修一切
尚未完工請將關殿映山等菴入官房屋及尼清慈呈捐菴旁未
經入官之屋一併撥歸東林書院以充經費既與原奉估變價撥
充費章程相符事屬以公濟公並與評丞皆允洽似可俯如所請准

予示召變價撥歸書院俾經費充盈不致支絀而此後之養育人
材甄陶有自皆出　憲施是否有當理合據情轉詳仰祈鑒轉須
至詳者
道光二十四年十月初四日詳府轉詳
無錫縣爲據情詳請等事奉
布政司文　批府詳據紳董請將尼清慈呈捐自置菴屋及奏裁
入官關殿嶼山等菴屋召變價撥東林書院濟貲詳府轉詳緣由
奉批查錫金二縣裁廢尼菴經
前撫憲裕
奏明撥交恤孤局作爲冬〻間收養無依幼孩之用據請將嶼山等六
菴同尼清慈捐屋一併召變改充東林書院經費雖養士恤孤同
係地方善舉惟該六菴估值若干詳內未據分晰聲叙且東林書

院歲收典息縣庫現有存欵即欲添備桌凳課飯經費尚非不敷
前項菴價既議改撥用或將該書院原額生童課額酌量增添或
就原額各益其膏火方不失培養人材之意若徒踵事增華建造
房屋而于肄業生童毫無裨益殊覺有名無實即因書院現在修
葺未竣或酌撥一二菴俾資工用餘仍歸于恤孤局董經理以符
原奏況東林書院多一分分撥即恤孤局少一分經費該局董乃
與書院各董事聯名在縣具呈其意又將安在仰再督縣遵照指
飭秉公妥議另詳察奪毋任飾混切切此繳等因由府轉行到縣
遵飭各紳董會同秉公妥議茲據紳董呈稱治等會同秉公悉心
妥議書院典息現因講堂課舍年久失修坍塌修築搭蓋支領動
用金邑所存息欵已屬不敷一應桌凳俱已朽壞概應另置其肄
業生童前因添設課額將課飯存欵改作膏火以致課飯無着得

有菴價撥濟採息首先措辦課飯添置桌凳漸次有餘增添額數
益其膏火庶可永久不廢治等會同恤孤局董秉公妥議除金邑
奉裁尼菴二十一所已變價三千五百千文其錫邑尼菴二十二
所已召變十六所計價一千七百四十千文統歸恤孤局充費惟
關殿嶼山等六菴尚未變價今請將尼清慈捐入東林書院房屋
左側之關殿估價七百千文西門關殿估價一百千文青蓮菴估
價三百五十千文歸入書院以資接濟其餘嶼山寶珠靜室等菴
仍歸恤孤局經董以符原案爲此聯稟祈核詳定示遵等情卑職
查紳董等所稟書院典息現因講堂課舍年久坍塌修築動用所
存息欵已屬不敷得有菴價撥濟採息支銷備辦增添額數膏火
會同恤孤局董公議請將惠山關殿青蓮菴西門關殿入官房屋
及尼清慈呈捐庵旁未經入官之屋一併變價撥歸東林書院其

餘嶼山寶珠靜室等菴仍歸恤孤局董經理既與原奏估變價撥
充費章程相符而以公濟公衆議悉皆妥協可如所請准予召變
價撥書院俾其經費充盈合將會議妥協緣由詳祈核轉施行
道光二十五年二月三十日詳
無錫縣爲轉詳報銷事今據紳董呈稱前奉詳撥青蓮菴西門關
殿惠山關殿廢菴三所又尼清慈所捐房屋亦給與東林書院變
價充公又先奉縣籌捐錢每年一百五十千文項下廿五廿六兩
年共錢三百千文業將書院新建房屋置辦裝修并將奉撥廢菴
陸續召變在案收到屋價隨時置辦桌凳器用又詳定增建東林
報功祠以奉歷來有功書院神主惠山關殿已經變價所有神像
應移徙供奉西門關殿曾據該處士民呈請留供神像之屋並被
火廢基地起建房屋數進以還奉神像香火既可不廢餘屋亦可

採息現今各項工程完竣合計尼菴變價尚餘錢四百七十八千
二百五十八文置産生息永爲書院充用分刻開册呈請詳報備
案以垂永久等情理合造册詳送鑒核施行
道光二十八年十二月詳司府

册開收欵

一收惠山關殿菴屋價　錢九百千文　鄧敬秀 恩慶 承買
一收惠山關殿菴屋價　錢六百千文　江樹德承買
一收青蓮菴屋價　錢四百千文　許慶豐承買
一收西門關殿菴屋價　錢五十千文　高錫綸承買
一收縣撥二十五六兩年捐錢三百千文

共收錢二千五百五十千文

用欵

一契買院後陸姓屋四間屋價錢一百千文加雜費錢十千文
此屋契據四紙糧串一紙於二十四年十月十四日呈
錫邑批呈到各件該承核明附卷仍備移金邑知照
一置課舍風窗四十扇連檻枕共錢二十四千五百文
一置立雪軒門窗二十八扇錢二十千四百文
一置敬業齋春風館門槅四十八扇錢六十八千六百文
一置月課甄别桌凳一千副錢五百二十千文
一置各項器具什物錢八十四千文
一修各項舊器具什物錢二十八千三百文
一漆油新裝修料工錢十一千三百文
一新舊窗槅上竹匠工料錢十五千六百文
一置三公祠門槅二十四扇連檻枕共錢二十六千四百文
一建報功祠三間二廂并門窗各項共錢三百九十七千三百文

一西關殿建新屋七間修破屋七間併裝修共錢四百十九千一百四十六文
一移供神像修整開光共錢二十三千文
一漆油裝修匾對錢二十三千一百九十六文

共用錢一千七百七十一千七百四十二文

净存錢四百七十八千二百五十八文

一契買院西惠李氏平屋六間披屋二間屋價錢一百二十千文
加雜費錢十千二百文惠李氏因年老孫幼願將此屋招主售
賣因與麗澤堂毘連可以改擴課舍故
憑地保中証議買惠李氏仝孫陽生絶賣契一紙於三十年三
月初三日呈金邑縣明批准立案

東林報功祠記　　鄒鳴鶴

宋楊龜山先生傳道南來興而復廢廢而復興綿綿延延至今垂八百年不絕者天也天之理一日不息道之傳卽一日不絕天生傳道之人天所以爲天也天生傳道之人且幷維持斯道翊贊斯道者並生之繼生之俾斯道亦傳弗替亦天之所以爲天也

龜山先生固天生以傳道者喻尤李蔣四先生衍其傳邵文莊暨顧端文高忠憲二公大其傳明季之吳素衣鄒絅菴諸先生

國初之高彙旃高紫超諸先生復紹其傳道南崇祀章章明矣若歐陽曾林三君子出入危難保全遺址固維持而翊贊之者祠而祀之宜也然此八百年中興而復廢廢而復興復綿延至今者豈徒三君子力哉予爲歷考志乘徧搜遺集知隆萬間兩請重興東林者盛先生鑿也崇禎時首倡修復者張中丞國維祁巡按彪佳石

東林書院重整規條錄　　十五

太守萬程羽翼其間者高先生芷生也雍正朝謁祠修志者刁臬使承祖羽翼其間者高先生廷施先生鋐高秦先生致也乾隆朝主講十餘年表章先哲者鄒尙書一桂顧觀察光旭也嘉慶朝捐資重修增益齋片課飯者費中丞淳主其議而秦都轉震鈞集其成也諸君子德位不同行誼不同雖不敢謂悉與斯道之傳而維持翊贊先後同符殆天生以衛道者道常存衛道之功常存也一任其淹沒不彰可乎爰爲歷考事實達諸中丞李公中丞韙之親揮翰墨題其額曰東林報功祠既已蠲吉奉祀矣有復於予者曰祠名報功固無分古今也今日重興之舉中丞裕節愍公飭毀尼菴廣建院舍方伯文公仕籌助考費捐增獎賞吾鄉顧君瑛奉父瀕遺命首倡二千緡爲合邑倡楊君恕復捐二千緡繼之自此衆心踴躍集資累萬事乃得舉其功固皆不可泯也予乃續奉裕公文公位入祠而以顧君瀕祔祀于末楊君則核實上達爲異日不朽之徵邑人士咸曰禮亦宜之是役也凡以爲吾道之傳也吾道綿延傳至今八百年弗替者皆前君子維持翊贊之功閱數世後傳斯道者有人維持翊贊斯道者必更有人前君子報而祀之後君子當則而效之東林片席千百禩常新可也吾有望於後起之人吾正信之於今日之天也是爲記

報功祠位次道光二十六年二月錫金二邑會詳

職官正位　南嚮

張國維字玉笥東陽人崇禎間巡撫江南倡捐修復東林表章先賢載東林志

祁彪佳字幼文山陰人諡忠敏崇禎間巡按江南首徹修復東林載東林志

東林書院重整規條錄　　十六

石萬程湘潭人崇禎間常州知府甫下車卽允吳素衣之請興復書院載東林志

刁承祖字步武雍正間江蘇按察使屢謁祠宇闡揚正學興修東林志

費淳字筠甫諡文恪嘉慶間江蘇巡撫重修東林昌明正學

裕謙字魯珊諡節愍道光間江蘇巡撫奏燬尼菴增建課舍檄捐鄉會試盤費嘉惠士林

職官祔位　東西嚮

胡慎字徽修貴州餘慶人雍正間金匱令倡捐增屋表章先賢與廉使刁公同心協力載東林志

金雲槐字[redacted]人常州郡守籌撥公項增添課額載邑志

紳士正位兩齋

盛　盤字嶽元隆慶萬歷間兩次請復書院實爲顧高先聲齋志
未成風義可嘉載東林志

高芷生字楚培崇禎先生子修東林講習弗輟繼美可嘉載東林
志

鄒一桂字小山禮部尚書掌教東林十餘年表章先哲引掖後進
至今頌教澤焉

顧光旭字華陽四川鹽茶道政績卓著年未五十奉親歸養掌教
東林十餘年被其教澤者甚衆

秦震鈞字酉經兩浙鹽運使嘉慶間奉費文恪公命倡捐修葺東
林添設課士飯食有功書院甚著

紳士祔位東西齋

高　隆字象郝楚培仲子邑諸生

施鉉高字台孫邑諸生

秦　致字鶴峯太學生雍正間偕高隆施鉉高捐資增屋培植士
林縣令胡慎有記載東林志

顧　灝字影佸理問職銜臨歿時命其子以錢八千緡捐入善堂
以二千緡恤寒畯此外添設膏火其子以遺命二千緡倡捐兩
邑聞風嚮義得以集資成事

楊　恕字慧峯同知職銜人品端方急公好義捐錢二千緡爲添
設膏火之用二十八年七月續詳祔記

附錫金鄉會試經費錄

江蘇布政使司按察使裕公名謙札飭勸捐文

爲札發事照得鄉試會場爲掄才大典特因寒士艱于資斧致阻
登進之階本司前在湖北荆州武昌二府任內曾經率屬捐廉生
息並勸諭紳士捐田收租以爲鄉試卷資會場路費之用藉資賙
䘏茲者陳臬吳門委權藩篆體察各屬中捐助前項經費者甚屬
寥寥亟須仿照舉行以勵士氣現經本司捐廉銀二千兩以爲之
倡除出示勸諭外合亟通行札縣遵照將發來告示遍貼曉諭敦
請紳耆廣爲勸捐該府廳州縣若能倡首捐廉更見留心培養斟
酌損益妥議章程一俟捐有成數據實通詳以憑將本司所捐銀
兩分發該府州屬各四百兩一併生息愼勿泛視亦毋稍事抑勒
是爲至要特札

道光十五年十二月初九日通行

捐數

孫文鐘捐錢三百五十千文
孫導源捐錢一千一百千文
孫秉鈞捐錢三百五十千文
李志仁捐錢一千二百千文
張耀堂捐錢五千千文
以上共捐錢八千千文
無錫金匱二縣詳定發典生息

續捐數

留餘堂捐錢一千千文
倪如榮捐錢一千千文
以上續捐錢二千千文
無錫金匱二縣詳定發典生息

序

道光十九年撫軍靖節裕公檄飭各屬勸捐鄉會試盤費時錫邑謝侯元淮勸監生孫文鐘等捐錢三千千文後李侯彭齡復勸職員張耀堂捐錢五千千文共錢八千千文詳明各憲發典生息會軍需絡繹李侯旋奉調去遂將此項列入交代復具詳各憲請作軍需墊欵今方伯文公以此項盤費係寒士所必需未便任其延宕因嚴行駁飭並檄李侯將本利即行交出而現任陳侯嘉勳亦移文疊催遂於二十三年六七等月李侯將本錢八千千文陸續解到由陳侯會同金邑發典生息續又解到息錢一千千文陳侯復捐廉二百千文以資給發此吾邑鄉會試盤費之緣起也撫軍莅吳時善政不可枚舉而此項勸捐盤費於體恤寒畯之中寓振興文物之意尤爲意美法良苟非方伯公實心愛士破除情面則此項盤費勢將歸於無着故特叙其顛末使後之人咸知二公之德云經理是舉者爲施君曾培蔡君琦秦君文楷費君承焯楊君鑑與紹祁共六人例得備書時

道光二十三年癸卯秋九月杜紹祁

章程

一邑中捐欵八千千文詳准　各憲發典領運按年一分生息遇
閏不計每年應得息錢八百千文給發鄉會兩試卷資路費再
每息錢十千外加貼費錢五百文以作催繳給發等項費用
一立本息出入正副簿各一本蓋用縣印另立貼費項下出入正
副簿各一本分交紳董執管如有遺失議罰
一公舉紳董六人每二人輪管鄉會各一次俟下届鄉試之年定
於五月底將正簿及用存息錢挨次交代各用戳記爲憑其家
道殷實者一人收掌銀錢精明公正者一人收掌賬簿其副簿
另存一人亦每届挨次遞交互爲執管以憑對核至歷年給發
開銷一切事宜仍應六人公同商辦
一鄉試每名給卷資四千文應北闈試者不給赴江寗錄遺而未

取者半給會試不論本籍外籍每名給路費四十千文其遊幕
外省就地起身赴京及本係留京者由管理錫金會館之京官
查明入場人數函致董事於四月中減半補給鄉試有本籍而
現居他邑者照遊幕外省舉人例正科　恩科一律給發
一每届鄉試之年六月中由現董核算應收某年正月起本年十
二月止息錢若干另貼費若干每典給一收照用董事戳記爲
憑差親信管事之人協同典差向各典取繳洋錢照莊進價隨
收隨兌
一鄉試於七月初五日以前兩學書辦抄錄縣府學科試錄遺花
名册呈送董事核明人數并寛備江寗錄取遺才若干名共計
應卷資若干各董事就於應試諸生中擇其老成幹練者每縣
公舉二人將應給之錢定於七月二十日赴莊換洋交帶江寗

設局標貼定於八月初五日本人親携卷票到局領取學書識
認照給洋錢照原換之價一律算給其非本人親到者不給以
杜冒領之弊
領取卷資並未入場者下科不准再給一面着令學書查追其
實係別人串同書斗冒領者查出士子稟學傳飭書斗送官究
追如實因患病未能入場者免繳
會試路費定於是年正月初五日以後由董事給發如於上年
冬間起程者止准留作家用不得預支其於夏秋時起程者照
遊幕外省舉人例
領取路費後因有事及驟病未經動身者查明註册於下次扣
抵已動身而回者扣一半到京後患病未進場者免扣如並無
疾病事故而離家不遠旋即潛歸者應追還歸欵其丁憂身故

者免繳
疊午挑遇　恩科若仍照章給發恐有不敷應核計存留息錢
若干不論正科　恩科以四分作會試路費以六分作鄉試卷
資按名均派如會試人數無多仍不得過原定四十千之數其
贏餘歸入下次動用
有典當者鄉會試俱不給田滿二百畝者鄉試不給滿四百者
會試不給即田不滿此數或有他業而家道充裕者不給若隨
同領取應董事邀集同人向其從厚書捐以充經費其寒素而
廉介不取者聽
外官知縣以上無論現任候補其子孫及同胞兄弟不給敎職
及佐雜等官現任者其子孫鄉試不給會試半給試用者全給
本身捐官者不給京官七品以上照知縣以上例八品以下照

附雜例

一每屆鄉試兩邑經承典差學書辦催銀查册紙筆盤川暨給發公費再如遇本學老師送考應送柴儀等欵俱於貼費項下開支如有贏餘即收入本息出入簿歸卷資路費項下備用

一紳董或年老不能經理須預先邀請邑紳公舉接手不得隨時諉卸以致曠廢亦不得私相授受致啓物議其有子弟可以接手者仍須由邑中公舉以昭慎重

一應試人數日久漸增嬴計息錢或不敷用應再呈請 縣憲設法續捐以期有贏無絀但當善爲勸說不得藉端派斂

一凡領過卷資路費者得官之後均宜酌量捐資以充存本

一每屆鄉會試後收付細數雖有賬簿爲憑應再刊送徵信錄以憑衆人稽核

一此案詳明 各憲地方紳董自行經理不必造册報銷

丙午科鄉試起凡前定鄉會試章程例不應給者概行半給前定半給者仍照舊章若有力之家暨寒素之士自願不領者聽

道光二十九年己酉科鄉試起因留餘堂等續捐二千千文發典生息公費充裕故公議凡鄉會試初定不給而半給者概行全給

附錄

從前鄉試點名時諸生於貢院前紛紛擁擠不能魚貫而進己酉秋闈豫賃附近貢院之民房爲本邑諸生暫時休息之所俟武陽兩學將次點畢然後魚貫至龍門聽唱應名進場絕無擁擠稽遲之患行之既有成效必期永久遵循道光三十年十月用價轉典得貢院左首下岸李來紫房屋一所爲科場前暫駐休息靜候唱點之處典屋價契載曹平紋銀貳百捌拾陸兩叁錢伍分正有江寍縣官典契爲據中金盤費外加

修葺東林書院收支報告

（民國）唐文治 輯

《修葺東林書院收支報告》不分卷，（民國）唐文治輯，民國三十六年（一九四七）三月油印本。無錫市圖書館藏。

唐文治（一八六五—一九五四），字穎侯，號蔚之，晚號茹經。原籍太倉，一九一二年定居無錫。清光緒十八年進士，官至農工商部左侍郎、署理尚書事。後因母喪回籍，脱離仕途，投身教育事業。先後任上海高等實業學堂（今上海交通大學前身）監督（校長）、私立無錫中學校長、無錫國學專修館館長等職，是我國近代著名國學大師、教育家。民國三十五年（一九四六）十月，抗戰勝利後不久，吴敬恒、唐文治、錢基博、唐星海、薛明劍等三十人『慨念先賢祠宇歲久失修，集議恢復舊觀』，便發起捐資重修東林書院。經社會各方努力，恢復工程歷時五個月，於一九四七年二月圓滿告竣。唐文治應同人之囑，撰寫了《重修東林書院碑記》，並編輯油印《修葺東林書院收支報告》一册。

該報告内容包括《重修東林書院募捐啓文》、《致徐縣長請撥義租修葺東林書院函》、《重修東林書院碑記》、《重修東林書院後記》、《『上海捐款』、『楊氏捐款』、『無錫捐款』清單》、《修葺東林書院收支總表》等，較爲完整地保存了這次重修東林書院發起人捐款人名單、修葺經過、工程項目及經費收支等情況。捐款人名單中，一批民族工商業家赫然在列，開創了實業家支持、贊助文化教育事業的良好局面。

（夏剛草）

重修東林書院募捐啟

明自太祖驅逐胡元，禹域重光，傳十世而至神宗，綱紀以敝，自江陵張文忠公之救政，萬曆而明朝無政治、無賞罰，自吾錫顧端文、高忠憲兩公之講學東林，而明朝有學術，有是非。嗚呼，學術者所以維政治之壞而不壞，是非者所以救賞罰之窮而不窮，於世為碩果之不食，其人則朝陽之鳴鳳，清議所存，吾德不孤，風雨如晦，雞鳴不已，此明之所以亡而不亡，道之所以剝而必復也。惟東林書院為名賢講學舊地，自宋楊龜山先生得程子之傳，南來開宗，以迄于元，講筵久輟，而儒者以干祿為問學，以勢利為是非，遂及萬曆，學之不修，德之不講久矣。顧端文、忠清兄弟，崛起吾邑，有慨于陽明之鑿空，而欲歸之於龜山之踏實，謂近世學者樂趨便易，冒認自然，所以不思不勉，當下即是，何可不究其源頭，果是性命上透得來耶，勘其關頭，果是境界上打得過耶，而陽明倡無善無惡一語，教法之壞實自此始，而以聲勢奔走天下，從風而靡，尤為干祿開一倖門，是故宋之道學在節義之中，今之道學在節義之外；然宋之道學在功名富貴之外，今之道學在功名富貴之中。在節義之外，則其據彌巧；在功名富貴之中，則其就彌下，無惑乎學之為世詬也。乃因龜山講學故址，作東林精舍，重紹宗風，柬約同志高忠憲等四友人講學，以厲世磨鈍。然君子和而不同，忠憲亦不嫌自抒所見，以謂涇陽先生始作東林精舍，大得朋友講習之功，徐而驗之，終不可無端居靜定之力，蓋各人病痛不同，大聖賢必有大精神，其主靜只在尋常日用中，學者神短氣浮，便須數十年靜力，方得厚聚深結，於是學者乃知鞭辟入裏，以無見小欲速，矯風慕義，海內景從，[illegible]以升，依庸堂得與東漢為萃，而人心漸而不滅，士習弛而不靡，數百年來，流風未漢賢士大夫莫不以顧高諸公講學東林砥礪名教燦然自足於千古乃自愛新覺羅氏有諸夏、而東林之講學亦廢、書院之處名僅存、既而改爲小學、蒙以養正、然東林既爲名賢講學舊地、而道南古祠、宮牆密邇、登其堂、游其地者、莫不祗徊景行、知所仰止、此其有係於世教文大、人心文氏、豈僅一邑興替之所繫哉、乃自袁亂頻仍、吾道晦蒙、正氣內虛而外邪乘之、東人作慝、幾以不國、而天相諸夏、轉敗爲功、然多難古有興邦、殷憂今幾啟聖、人心漸而漸滅、士習弛而漸靡、講舍之日圮、啟展拜以無從、神靈失依、何言景行、甚非所以樹觀感、資興起、維風教之意也、同人敬恭桑梓、目覩凋殘、苟默爾以無言、恫後生之何仰、獨念學術所以救政治之壞、是非所以濟賞罰之窮、既有徵于明季、豈今茲而有異、今上無道揆、下無法守、綱紀關敗、恥尚失所、苟非發人心思古之幽、何以挽江河日下之勢、所望當世明達、慷慨捐輸、以資同人得事修葺、庶幾四方來觀化者、忻然懷古、景仰無已、而東林之氣節、重振于今日、不獨爲一邑之士懷舊憑弔、慨然謁慕于無窮也、此啟、發起人吳稚暉、唐文治、華文川、錢基博、錢基厚、顧　型、孫肇圻、楊蔭時、楊少棠、許伺翔、裘維裕、華士巽、唐星海、蔡鴻元、薛明劍、薛育津、丁裕果、華洪濤、陶達三、李　幹、李　幹、楊蔭溥、張競顯、秦　權、秦毓源、楊郁初、高文海、高昌運、顧寶琛、顧希炯謹啟

致無錫縣長請撥義租修葺東林書院函

淵若縣長先生台鑒、逕啟者、竊聞風土之美惡、視乎人才、人才之消長、視乎
世教、前賢表微而弗彰、後欲觀感而無地、司世教者必病之、識以高山景行、
發人深省、非特為而已也、文治等自童蒙時、即慕東林之名、雖不識所謂學、
而心竊向往之、嗣後稍讀書詩、固知道南之教澤實弘、而東林之淵源、遠且長
也、聞嘗考之、東林講學、倡自宋儒楊龜山先生、以迄於元、講筵屢輟而不廢、最
後及明之中葉、顧端文公構地鳩工、大興講席、海內學者雲集響應、東林書院
遂與白鹿、紫陽相鼎足、而先後友右主其事集其成者、高忠憲公也、公為儒
者文宗、修齡雙絕、不幸罹難、迄今豪傑之士、以顧高二公氣節相砥礪、而程門文
獻傳為千古美談、乃自喪亂頻仍、宗尚失所、而東林輟講、道南廢祀、敗垣殘
壁、時虞傾圮、識非所以樹觀感、勵風教之意也、竊查光緒七年修無錫金匱縣志、
載東林書院嘗有錫金兩邑義租田共一千二百九十七畝、額征米九百七十三石、
撥一百七十三石、專備俎豆修葺之需、早經收歸縣產、而今年久失修、縣經費
維艱、而撥東林原有之田租修就東林頹敝之講舍、名正言順、理之當然、似
宜撥出義租之一部、專款存儲、列入預算、不作他用、假定照撥志載原額租五分之
一、亦可得二百餘石、以便逐年修葺、再 中央明令實施國民教育、籌集基金、
須有規程、而今中一鎮第一中心國民學校、實承東林小學、以用書院舊講舍、如
用東林書院舊管義租撥作該國民學校基金、則不待募集而已足、合併聲明、
伏維國於天地、必有與立、而東林名賢講學之地、尤為觀感所繫、風教攸關、文
治等敬恭桑梓、未敢默爾、懇請 縣長主持風教、交參議會核議、定為成案、以

無亦久地方幸甚、教育幸甚、專此布達順頌公綏唐文治錢基博顧寶琛楊廷時
高涵叔、楊郁初高昌運、秦執中同啓、八月二十五日、

重修東林書院記

嗚呼，人生當世，氣節而已。有氣節而後可以擎天柱地，維人心世道於不敝。乾坤正氣，彌綸宇宙間，無形之中，為萬事萬物之楨幹，豈不至重且大哉！自宣聖崇尚道義，孟子養浩氣，洎乎東漢崇尚氣節，唐張睢陽、宋文信國，綿綿延延，以迄於明之無錫東林書院，實為一脈之傳。書院舊址為高忠憲、顧端文兩公講學之地，方是時，名儒碩彥，風起雲從，研求正學，四方響應，而有明一代之氣節，遂彪炳於寰區，厥後太倉之復社、復東林也，松江之幾社、幾東林也，然則東林之氣節，豈非千古不朽者哉！而吾謂氣節之萌櫱，實本於理學。易傳言窮理盡性，又言順性命之理，是為性理學之權輿。余嘗謂理學興則國家興，理學廢則國家廢，非虛語也。近代以來，藝林之士，鄙理學為陳腐，不講久矣。士人氣骨，恭然脆弱，入社會之中，無待洪爐，早已銷化，欲求其特立獨行，正一心以正一身，正一身以正萬事，豈不難哉！故吾謂欲繼今日之人心世道，惟在講明氣節，而激勵氣節，必師法東林諸賢。間嘗過錫山，訪求居邸，徊昔賢講學之地，景仰流連，不能自已，嚮乎百世之上，百世之下，莫不興起，而況近居其地者乎？東林講舍，自前清順治至乾隆年間，先後凡四修，自乾隆年迄今，先後修葺又若干次。茲者同鄉諸君子，慨念先賢祠宇，歲久失修，集議恢復舊觀。於是發起重修者，有吳蔭恬、錢基博、錢基厚、唐文治、華文川、顧實、孫觀型、孫肇圻、楊建時、楊夢棨、許伯翔、裘維裕、華士巽、唐星海、榮鴻元、薛明劍、薛育津、丁[illegible]幹、

李　翰、楊蔭溥、張龍驥、秦　權、秦鐵源、楊郁初、高[illegible]、[illegible]昌運、顧希炯、等三十人，督修者，陶達三、辛　翰、顧希炯、楊郁初等，[illegible]資者蔡鴻元、張龍驥等。維民國三十五年八月起至是年歲尾，工告訖竣，聞人等屬文治作記，爰發明性理之根源，技畧述書院建置始末，惟願我鄉邦人士，景仰前徽，保氣節於將墜，庶幾乾坤正氣，磅礴扶興，有以永久於無疆矣夫。

中華民國三十六年春正穀旦邑後學唐文治謹記

重修東林書院後記

顧君樾生，少小同學，晝而茁秀，老而砥節。倭寇作慝，吾邑淪胥，余跳而避，君不遠難，用晦而明，再見囚縶，而威武不屈，莫之害也。及窮寇悔罪，還我河山，余歸相見，握手太息，不及道戀，而亟傷亂，觀於人心之未轉，而知亂日之方長。多難古有興邦，殷憂今啟聖，安危利菑，不獨小人縱欲長傲，尤多君子苟不知儆，人將相食。君則以為德之不修，由於學之不講。東林書院者，先端文公與忠憲公之所嘗講學也，豈非當日時艱，而以傷心道喪，人心溺而不反，患氣積而以深，發聾振聵，家我長嘯，流風未沫，猶或興起。而今新木毀傷，講堂漸圮，苟不亟修，蕩焉以盡，遺型不存，後生何所來試，體察其何，教不力。於是義聞昭宣，闔邑風動，則其從孫希炯為之奔走，攄素封相與勸募，闞君達三、辛君柏森，佐其規度，榮君瑞元、王君禹卿、孫君競顯、徐君采臣，集輸以贊財，經始於去年十月，訖又於今歲二月，羣策羣力，而君總其成。邑若唐蔚芝先生既為之記，而君以余嘗參末議，重尋命之辭。獨念東林書院講學，而今上庠如林，何嘗不講學？將顧高欲以講學正人心，而今則以講學攖人心，此何也？世道之衰，羣言淆亂，居仁由義，自以為善之成理，反道敗德，何嘗不持之有故，要以便身圖、逞意氣，乃至殺人越貨，賣國求榮，莫不文以好言，鼓其簧舌，譸張為幻，聚徒合眾，而爭之强、辯之疾，使顧高生於今日，得無發憤而道曰：予欲無言。嗚呼！莊生不云乎，慎毋攖人心。然而攖人心者，不幾曰正人心乎哉？質之於君，尤當憮然。時在民國紀元三十六年二月，邑後學錢基博謹記。

上海捐款		楊氏捐款	
榮鴻元	400,0000元	楊少棠	10,0000元
李啟曜	100,0000元	楊建時 壬青 嘉樂	6,0000元
朱瑞祥	100,0000元	楊叔成	5,0000元
丁裕泉	100,0000元	楊家枬	5,0000元
徐采丞	100,0000元	楊靄雲	5,0000元
榮德生 楊少棠 夏三餘堂	70,0000元	楊氏東祠	5,0000元
顧鴻治 周仲慶	100,0000元	楊敬祭	5,0000元
孫家良	50,0000元	楊鳴竹 楊銳瑞	5,0000元
錢保稚 張錫綸	50,0000元	楊焚珊	3,0000元
顧新華	40,0000元	楊國華	3,0000元
顧紱衣	50,0000元	楊仲清	3,0000元
程敬棠	30,0000元	楊氏西北祠	2,0000元
陳貴生	30,0000元	楊士驥	2,0000元
陶心華	10,0000元		
丁綿森	30,0000元		
沈芹葉 蔣貴慶	20,0000元		
唐心海	50,0000元		
楊藩溥	15,0000元		
孫伯亮	15,0000元		
過養默	10,0000元		
張競驥	200,0000元		
華繹之	20,0000元		
王禹卿	100,0000元		
丁熊照	50,0000元		
華洪濤	50,0000元		
蔡虎臣	1,0000元		
顧氏義莊	20,0000元		
合計	1811,0000元	合計	59,0000元

內有6,0000元 亦列入無錫捐款

無錫捐款清單

王雲軒先生捐助東林先賢事蹟圖四幅		楊郁初先生經募十三萬元	
蔣憲基先生經募	40,0000元	楊氏江陰橋支	2,0000元
蔣世剛先生經募三十萬元		施鼎元先生	5,0000元
小型紗廠公會	30,0000元	張鳳鳴先生	2,0000元
李惕平先生經募四十萬元		繅廠產業工會	2,0000元
慶豐紡織廠	10,0000元	金城銀行	2,0000元
申新三廠	10,0000元	殷濨新先生經募十三萬元	
振新紡織廠	10,0000元	殷濨新先生	2,0000元
麗新紡織廠	10,0000元	陸伯昆先生	2,0000元
楊蔭瀏、馮克昌先生經募三十六萬元		張劍書先生	2,0000元
朱麟祚先生	5,0000元	大公書局	1,0000元
范士模先生	5,0000元	民生印書館	1,0000元
錢崇禮先生	5,0000元	永久大油餅號	1,0000元
刑驥良先生	3,0000元	糜衷和先生	1,0000元
利生新陸右豐	5,0000元	糜子輝先生	1,0000元
高兆熊先生	2,0000元	馬德潤先生	1,0000元
中燃	5,0000元	馮厚忞先生	1,0000元
永華	2,0000元	龔漢良先生經募二十萬元	
楊涵雲先生	2,0000元	瑞康宏先生	10,0000元
任其昌先生	2,0000元	倪世顯先生	5,0000元
安君模先生	10,0000元	孫宗楹先生	5,0000元
高文海先生經募	10,0000元	顧瑞圃先生	5,0000元
秦執中先生經募三萬元	3	姚元本先生	3,0000元
許級淵先生	2,0000元	楊建時先生經募楊氏雙搭橋支	2,0000元
秦漸賢先生	1,0000元	徐用楫先生	1,0000元
合計	東林先賢事蹟圖四幅		法幣226,0000元

修葺東林書院收支總表

收入

類別	金額
上海捐款	1811,0000
楊氏捐款	59,0000
無錫捐款	226,0000
縣府臨時費	300,0000
合計	2396,0000

支出

類別	金額
門造三間及會客室	205,4100
麗澤堂及亭子	64,0400
晚翠山房	18,6200
依庸堂	83,1850
再得草廬	7,3000
依庸堂前鋪良天滿改建瓦屋	370,1700
陶齋四間	27,0900
時雨齋	38,3650
南園杏壇	78,2400
圍牆	190,5200
三公祠四間	170,8100
道南祠	66,6000
英[illegible]池	214,3900
全校教室宿舍办公室	311,5840
改建教室	89,1360
改建廁所	51,6500
添置	300,1900
廚房	11,1600
加減賬扣除实加	132,5450
雜支	114,4100
合計	2545,4150

附註：收支相較，不足149,4150元，又需刻字：唐錢二先生所作碑文約一千六百字，連收支賬目約共二千字，每字一千元，合共二百萬元，不足共計三百五十萬元

門造三間及會客室

類別	修理部份	金額	攝影號數	備註
水作	拾漏粉刷椽子翻做工料	3,7000	19	未翻造前
	西山牆損壞翻砌工料	1,9500	19	
	原有屋面落地翻造拆卸五工	3,0000	1	
	做屋面十八架二十工	12,0000	1	
	添瓦五千塊，望磚三千，灰二担，草紙泥煤	31,8000	1	
	前後内外修砌牆壁粉刷五工灰一担泥煤	4,7000	1	翻造後重粉
	門面損壞落地翻造立体粉水泥	15,2500	4	
	門面添做東林書院四字	8,2300	9	
木作	換椽子二十二架，每架廿根每根一千二百元	52,8000	2	
	人工十二工釘八斤	8,0000	2	
	修理屏門添楸子二只工料	2,5000	2	
	換桁条三根尺九廿°每根四万六千元	13,8000	10	
	換窗堂一個工料	4,2000	10	
	老鼠樑一根斗二只	7000	11	
漆作	紅油架份椽子十八架連桁条工料	10,8000	3	
	板壁二度正面白漆反面紅油工料	5,6000	3	
	紅油窗二堂工料	1,0000	3	
	光漆大門二扇	2,1000	3	因翻造損壞重做
	正門屏門後紅油工料	1,7000	3	
	四扇窗一堂工料	8000	3	
	後面窗二堂工料	1,1000	3	
	友間屏門大扇双面油漆工料	3,9000	3	
	板門二扇工料	1,5000	3	
	東面一門門窗堂油漆工料	4,2000	3	
	光漆板門二扇工料	3,0000	20	
	屏門大扇連次田板工料	3,0000	20	
	門窗板欄杆	2,0000	20	
水落作	备置水落焊錫人工	8800	14	
	修元水落一工及焊錫	1,2000	15	
	合計	205,4100.		

鑒澤堂三間[illegible]

類別	修理部份	金額	單據號數	備註
水作	屋面發脊修做滚瓦揮掃計九工瓦灰泥	8,3000	1	
	内外粉刷階沿修做計四工及灰紙等	3,2000	1	
	屋面拾漏前沿廊柱發脊做磉洞工料	5,1000	19	未發脊前
	左廊柱脚發脊做磉洞工料	3,1100	4	
木作	換長短椽子十大根每根一千元	1,6000	17	賓衣
	換椽子人工[illegible]	1,2000	17	
	添椽子工料	2,5000	2	賓友及中央
漆作	架份椽子連出沿二十一架工料	14,7000	3	
	走廊二閣油漆工料	1,5000	3	
水落作	改做天溝水落二工添料二丈六尺	6.4500	25	天溝未改建前
	做元水落水灣焊錫人工	5,2800	14	未油漆前
	做元水落水灣 二	3,6000	15	
亭子	屋面揀瓦檢漏[illegible]做粉刷工料	4,0000	1	
	修理亭子之檻工料	6000	2	
	油漆	2,9000	3	
	合計	64,0400		

曉翠山房大門

類別	修理部份	金額	單據號數	備註
水作	屋面發脊修粉滚瓦揮掃粉刷又工瓦二百灰紙	4,8800	1	
	屋面拾漏粉刷工料	1,5000	19	未發脊前
木作	修添地板一尺八寸	4200	11	
漆作	双扇洋門二扇工料	2,9000	3	
	爾雲[illegible]窗工料	4,0000	3	
玻璃	三塊共五尺七寸六分工料	1,0000	34	
水落	做元水落水灣添勾工料	3,9200	15	
	合計	18,6200		

依庸堂三大間

類別	修理部份	金額	單據號數	備註
水作	屋面翻脊修粉添瓦揀掃計十二丈瓦一千張帶	12,1000	1	未做，改為再度修補假山牆等
	堂後開砌陰溝三丈添丈二尺及磚等	6,6000	1	
木作	修講臺地板五尺工料	2,6000	2	
	混同一根尺八	1,4400	10	
漆作	架份椽子連出浪二十一架工料	14,7000	3	
	老虎窗四扇工料	2,0000	3	
	光漆窗臺四个	3,6000	3	
	白漆屏門六扇連左右旗壁工料	5,5000	20	
	双面白漆屏風四扇連坐架工料	12,0000	20	
	講台及地板工料	3,0000	20	
	風琴及先賢鏡框四個工料	8000	20	
玻璃	先賢像配玻璃四方及修整工料	5,0000	24	
	換配老虎窗共二十塊共四丈四尺一寸工料	7,5000	34	
水落	修添水落工料(堂後畚箕合漏)	4,8650	30	
	做冗水落焊錫箱等工	1,4800	15	
	合計	83,1850		

再得草廬三間

類別	修理部份	金額	單據號數	備註
水作	屋面檢漏撣掃內外粉刷工料	4,8000	19	
玻璃	六塊共一丈四尺二寸工料	2,5000	34	
	合計	7,3000		

依庸堂前殿天滿改建瓦屋[illegible]

類別	修理部份	金額	單據號數	備註
水作	改建瓦屋共十八架每架一工半瓦一千望磚三百大…	100,4400	1	
	滿前換柱脚包沿二尺工料	5,1000	4	
	滿簷廊柱二尺闊做磉洞發碟 深三尺半 闊三尺	8,2000	4	
	瓦屑一船半	1,2000	4	
	前沿添瓦口椒接做沿頭三工	1,8000	4	
	前沿加砌長磚直墩二个三工灰麻泥	2,4000	4	
木作	天滿桁条二十一根 正間十六尺 邊间十四尺 …	48,3000	2	
	八寸十寸洋松大料二根長二十三尺共…	44,1000	2	
	八八寸人字樑四根共一百二十八尺每尺一千六百	17,2800	2	
	八三寸額枋斜直撑料六十八尺	10,8800	2	
	柱脚二尺尺… 每尺二万五千	5,0000	2	
	出沿椽子一百廿八根每根一千五百	19,2000	2	
	架份椽子二百六十根，每根一千元	26,0000	2	
	水銅環鏍絲銷	3,0000	2	
	了沿石綱	1,2000	2	
	人工廿工	18,0000	2	
	大小釘十五斤	1,5000	2	
	柱脚二尺尺五廿	3,6000	10	
	各人像加椎工料	2,0000	10	
	換柱脚桁条(門造)八工半	5,1050	10	
	混同二根尺五(麗澤堂)	1,4400	10	
	換柱二尺	3,2000	10	
	了沿椒瓦口椒(依庸堂)	2,0000	10	
漆作	紅油天滿十八架工料	10,8000	3	
	加光漆工料	11,0400	13	
	藍油氣窗三間及窗expected二個	8,8000	3	
玻璃	十三塊共一丈七尺二寸工料	3,5000	34	
水落	做元水落三工	2,6400	14	
	鉄勾柏油釘	1,9500	14	
	合計	370,1700		

陶齋及校長室四間

類別	修理部份	金額	單據號數	備註
水作	屋面添瓦撣掃內外粉刷六工瓦三百皮節	5,4200	1	
	撿漏粉刷工料	3,8000	19	未添瓦撣掃前
漆作	光漆四扇窗三堂工料	6,2200	3	
	光漆洋門一堂工料	2,8500	3	
	光漆洋門四扇	3,8000	3	
水落	前後水落水管焊錫鉄勾工	5,0000	15	
	合計	27,0900		

時雨齋三間

類別	修理部份	金額	單據號數	備註
水作	屋面撣掃連走廊圍牆內外粉刷工料	3,6000	1	
	撿漏粉刷工料	1,7000	19	未撣掃前
木作	做修堂下窗四扇，修窗下窗（玻璃小片）做走廊窗十三支（依原堂）	11,4400	11	因原單據未分列
漆作	光漆四扇窗五堂工料	9,8750	3	
	光漆双扇窗一堂工料	2,8500	3	
	藍油四扇窗三堂工料	3,2000	3	
玻璃	四塊七尺六斗八塊油灰工料	1,5000	34	
水落	做元水落水管焊錫鉄勾工	4,2000	15	
	合計	38,3650		

南門[illegible]墳四間

類别	修理部份	金額	單據號數	備註
水作	屋面添瓦撑[illegible]內[illegible]工料	10,9000	1	
	檢漏粉刷工料	4,5000	19	未添瓦油漆前
木作	添做[illegible]城木門一對料	12,0000	2	
	工五工[illegible]白門[illegible]	5,0100	2	
	修窗[illegible]間[illegible]料[illegible]	12,8000	2	
漆作	長窗[illegible]間連欄[illegible]工料	10,2000	3	
	漆門六扇工料	1,5000	3	
	孔子神廚工料	4,9700	3	
	[illegible]漆大門一對工料	3,3200	13	
玻璃	十六塊[illegible]大料	6,0000	34	
水落	做瓦水落[illegible]工	7,0400	15	
	合計	78,2400		

圍牆全部

類别	修理部份	金額	單據號數	備註
水作	前面東南西三面共六十丈[illegible]門頂修補	60,0000	5	
	蘇家弄[illegible]六十丈[illegible]頂內外修補	40,0000	5	
	[illegible]巷[illegible]河[illegible]九丈[illegible]修補	25,6500	5	
	[illegible]河(東面)駁岸[illegible]	5,7500	5	原依價缺,[illegible]時加入[illegible]
	蘇家弄[illegible]工料	5,7500	5	仝上
	大門前[illegible]料	7,5000	5	仝上
	瓦一千六百[illegible]一千八百	12,5000	6	[illegible]依價單內[illegible]
	瓦磚由[illegible]水[illegible]	1,5000	7	
	駁運反[illegible]	1,3000	8	[illegible]運
	[illegible]河駁岸[illegible]黃石及全部粉刷加工	5,2200	9	
	蘇家弄[illegible]內添[illegible]四丈[illegible]加一丈加工	4,3500	9	
	東面[illegible]河[illegible]牆內面[illegible]做頂[illegible]粉刷[illegible]	21,0000	18	全部[illegible]圍牆前[illegible]
	合計	190,5200		

三公祠四間

類別	修理部份	金額	單據號數	備註
水作	丟斜山牆拆卸發頂十工	6,0000	1	
	厚砌山牆連走廊二間合五方	25,000.0	1	
	屋面連走廊添瓦撑掃發脊粉刷工料	12,8400	1	
	東山牆换柱脚發券暨翻砌象牆	19,1000	4	
	屋脊拾漏粉刷工料	2,5000	19	未發券前
木作	地板一間合三丈	12,0000	2	
	地板楞頭七根尺	7,0000	2	
	人工七工 釘三磅	4,5000	2	
	修地板二間並添六丈楞頭六根	14,000.0	2	
	人工八工連釘	5,2000	2	
	修窗門四扇擦梗四間鋸板一丈	10,1000	2	
	做板壁一間工料	7,8000	2	
	做後面衖窗二扇工料	2,9700	2	
	瓦口板五間工料	1,2500	2	
	拏屋整理撑頭人工	8,0000	2	
	東山牆換柱脚四只長每只一丈二寸	4,8000	10	
	東山牆川板二塊	5000	10	
	西側廂文柱一只長廿	1,2000	10	
	東山牆添地板三尺	1,3500	10	
	心子擗板四塊	6000	10	
	修做轉手欄杆工料	5000	11	
漆作	長短窗四間工料	13,6000	3	
	紅油板一間	1,000.0	13	
玻璃	十三塊共一丈七尺六寸工料	3,2000	34	
水溝	前面做水溝水管鐵角四只	5,8000	15	
	合計	170,8100		

道南祠

類別	修理部份	金額	單據號數	備註
瓦作	屋面添瓦發脊撣掃內外修粉工料	34,9700	39	
	花邊滴水瓦、鴨脚等	1,4800	39	
	裝瓦脊艙	2,0000	39	
木作	修理門窗	6,3000	39	
漆作	油漆門前匾額大門	4,5090	39	
水落	修水落一處	3000	39	
其他	文靖公像	5,0000	39	
	由楊氏捐入粟款	4,0000	39	楊氏捐59.5內[illegible]作捐入粟款
	碑子額	,3500	39	
	祠內打掃	1000	39	以上由[illegible]
木匠	匾對摺角工料	8000	17	
漆匠	修漆匾對工料	1,5000	23	
鋼網	共三丈二尺工料	5,3000	34	
	合計	66,6000		

其他

類別	修理部份	金額	單據號數	備註
碑石	大小寸太湖青石四塊	40,0000	35	尚未刻字
假山	裝修粉縫工料	6,3000	1	
石欄	裝砌石欄工料	4,1000	19	
廊柱	黑油全部廊柱工料	15,4000	20	
電灯	揀換全祠電灯電綫花綫加件	98,5900	22	
其他	應酬川資	50,0000		
	合計	214,3900		

全校教室辦公室宿舍走廊浴室

類別	修理部份	金額	單據號數	備
水作	頭進七間添瓦撣掃内外粉刷工料	12,6500	18	[illegible]以下同
	東山墻損壞修粉砌高工料	2,2000	18	
	頭進後包沿間砌檯子工料	1,2000	18	
	西側宿舍四間添瓦撣掃内外修粉工料	5,4000	18	
	校長室前宿舍二間山墻包沿[illegible]	21,1000	18	
	校長室前宿舍二間添瓦撣掃内外粉刷	4,6200	1	
	五甲級旁走廊翻造屋面添瓦換望磚	13,1500	18	
	全校教室走廊撣掃内外修粉舖地工料	59,7000	18	
木作	修理全校課桌椅工料	34,8450	17	
	做二乙教室窗子二扇	1,5000	17	
	添釘十二斤半	1,4150	29	
	五甲級旁走廊翻造木料	1,5500	17	
	做浴室凳子一個，門子二扇工料	4,5000	17	
	教導室做凳子連窗一堂工料	5,[illegible]000	17	
	兒童辦公室木條子八條工料	1,2000	17	
	低級辦公室修地板添料	1,5000	17	
	教室地板添料七尺	1,7800	17	
	修全校地板六工	3,6000	17	
	修檯櫈工二工	1,7600	12	
	幼一級前了沿板	3000	10	
漆作	修漆大黑板六塊（極壞）	18,0000	20	
	修漆大黑板七塊工料	14,0000	20	
	修漆小黑板五塊工料	5,0000	20	
	漆白線黑板（[illegible]人數統計板）	2,0000	20	
玻璃	全校教室宿舍以及辦公室公共場所	52,6340	34	
五金	全校教室宿舍辦公室添配窗勾鉸鏈鎖	21,3000	31	
水落	全校教室水落水帶人工	19,4800	36	
	合計	311,5840		

改建教室二

類別	修理部份	金額	單據數	備註
木作	託進深大料一根上六寸長十八尺共一〇八尺	12,9600	17 16	
	託舊枕撐頭人工	5,0000	16	
	玻璃洋門二扇木料	7,0000	16	
	眼鏡窗四扇木料	1,6000	16	
	短窗十二扇料	8,4000	16	
	橫直窗六扇料	4,2000	16	
	中枕二只料	1,2000	16	
	枕子四只	1,2000	16	
	擗板二間	3,5000	16	
	人工二十八工	16,8000	16	
	洋鐵鉸鏈	5,0000	16	
玻璃	八十六塊共十二丈三尺六1油灰工料	22,2760	34	
	合計	89,1360		

男女廁所

類別	修理部份	金額	單據數	備註
男廁所	坐馬坑寸松板八尺每尺五十元	4,0000	17	
	杉木板三尺	5000	17	
	修理人工七工	4,2000	17	
	澆水泥地,黃石,屋面內外粉刷工料	19,7000	18	
	田泥一船半輕煤瓦屑五船繩線等	8,8000	18	
女廁所	五分板十三尺半	4,0500	17	
	人工三工	1,8000	17	
	添杉木便桶四只	5,600.0	21	
	修舊便桶五只	2,0000	21	
	糞桶二只	6000	21	
	便桶蓋二個	4000	21	
	合計	51,6500		

各項添置

類別	添置部份	金額	單據号數	備註
茶具清潔用具	教員銅茶壺一	4,2000	27	
	小号厚白鐵大茶桶一只	6,2000	30	
	銅龍頭四個	1,4000	30	
	修添鉛桶四只	2,8000	30	
	噴壺八只	1,6000	30	
	畚箕八只	1,2000	30	
	白鐵大茶桶二只	10,0000	33	
	銅龍頭六個	4,2000	33	
	白鐵大鉛桶二只	5,6000	33	
	痰盂蓋十八个連鉛絲	3,6000	21	
圖書	小朋友文庫二百五十七冊	18,5000	40	
	世界童話五十冊	3,0000	40	
三人機	六十張木匠人工三十工	45,0000	41	
	六十張油漆工料每張五千元	30,0000	42	
運動器具	枱球台一張六工	9,0000	41	
	巧巧板二大二小四個十二工連鐵五十斤	46,6000	41	
	盪船一只連鉄器一百斤十五工	77,5000	41	
	鐵工八工	12,0000	41	
	洋鎖鉸鏈等	1,2400	43	
	油漆巧巧板四塊盪船工料	8,2000	42	
	油漆球台一張工料	6,0000	42	
舖板	添做舖板二張工一工半張	2,3500	41	
	合計	300,1900		

廚房

類別	修理部份	金額	單據號數	備註
木匠	修窗漆做窗板等七工	6,1600	12	
玻璃	十四塊共六尺一尺又料	5,0000	34	
	合計	11,1600		

加減賬

類別	加賬或減賬	金額	單據號數	備註
水作	原估價273,7000後為320万加賬	46,3000	1	看承攬
木作	原估價366,0900後為440万加賬	73,9100	2	仝上
漆作	原估價162,6650後為200万加賬	37,3350	3	初加至180万，後加為200万。
水作	減賬（結賬時酌減）	12,0000		
木作	減賬（〃〃〃〃）	5,0000		
其他	減賬（仝上）	8,0000		
	加減合扣除實加	132,5450		

雜　支

類別	修理部份	金額	單據號數	備註
木作	竈子草棍五十根四工	3,5200	12	
	四脚鏡架一座工料	7,4500	17	
	出入名牌四塊工料	3,5000	17	
	修琳架四工	2,4000	17	
	做三角柱料	1200	17	
	做大表板	1500	17	
漆作	油漆前後水落	5,0000	3	
	黑油欄杆一間	8000	20	
	級牌等二十五塊	3,0000	20	
	藍油木欄杆	5,0000	20	
	大花盆架白漆八只	2,0000	20	
	寫字檯一張	2,0000	20	
	白漆佈告板及邊框等	2,5000	20	
	名牌五塊	1,0000	20	
	失物箱一只	2000	20	
大人櫈	做洋松大人櫈六張工料	9,0000	17	
	老漆大人櫈六張工料	3,6000	20	
鏡框	大鏡子一面	4,0000	31	
	名人鏡框六十四只	15,3600	28	
其他	修井	4,0000	26	
	修擦梯	2,4000	37	
	修風琴	5,0000	38	
	挑運瓦屑大船及絕線各費開銷	8,0000	1	
	捐啟捐冊信封紙帶等	9,8100	32	
	栽種花草樹木	14,6000	44	
合	……計	114,4100		

無錫縣立第二高等小學校十五周紀念

（民國）佚名輯

《無錫縣立第二高等小學校十五周紀念》不分卷，（民國）佚名輯，黄龍驤題簽，錢基厚作序。民國六年（一九一七）十月鉛活字印本，一册。

該校前身爲東林學堂，創辦於一九〇二年，民國初年改名爲縣立第二高等小學校。黄龍驤，無錫人，曾任東林學堂第二任校長。錢基厚（一八八七—一九七二），無錫人，字孫卿，錢基博的孿生兄弟，錢鍾書的叔父。曾任無錫縣教育會會長、縣公署學務課課長、縣商會會長。解放後任無錫市政協副主席、民盟無錫市委副主委。該紀念册内容包括《歷届畢業生一覽表》《現在各級學生姓氏録》《歷届畢業生國文成績選録》《校舍全圖》《校訓》《校歌》《大事記》《歷任職教員一覽表》等，還刊有建校發起人陶雲祖、前校董秦牧卿、前總理陶丹翼以及歷任校長顧倬、黄龍驤、章鴻遇、黄豹光、蔡養默、許棫、張燿中和現任校長辛幹等人士的肖像照片。在國文成績選録中，有第七届畢業生楊蔭溥獲得該届『試驗國文科』第一名的作文《富强源於教育説》全文。在歷届職教員名單中，有著名畫家胡振（字汀鷺），前清會元陶世鳳等。本書是古代東林書院發展到近代的珍貴歷史資料。

（夏剛草）

無錫縣立第
二高等小學校
原名東林學
堂十五週紀念
民國六年十月
黄龍驤謹題

無錫縣立第二高等小學校十五週紀念錄序

無錫縣立第二高等小學校者舊爲東林諸賢講學之所後乃因而爲學舍曰書院曰學校名異實同由來舊矣原夫昔人創制之意亦欲諸子地接名區有所觀感興起多而啓發易也今年舊歷十月一日爲改辦學校十五週紀念日同人等將以是日舉行典禮余維縣立第二高等小學校開十週紀念會在民國元年余第一次佐掌縣教育行政適在茲時曾幾何時而又十五週矣歲月不居忽忽如流以視十週紀念其成績進步又爲何如夫以學校根本言之則教育事業日新月盛雖千數百年永古不磨區區十數年亦何足計況以學校言之則自始至今而十週而十五週一若歷年已多若以東林言之則未有學校即有東林自諸君子講學以來亦既數百年於茲以視十五週孰久孰暫試問有誰爲之紀念者然而東林不必紀念而東林亘古常新學校時有紀念而吾人不敢自信此則吾儕今日所亟宜自反者也吾願居是校者仰先賢之卓絕爲後學之津梁庶幾相觀而善自疆不息則茲會也欣既往尚所以期將來也於其紀念錄之刊行也遂書以爲之序

民國六年十一月邑人錢基厚謹序

順

二

無錫縣立第二高等小學校原名東林學堂十五週紀念錄

目次

目次

無錫縣立第二高等小學校

校舍全圖

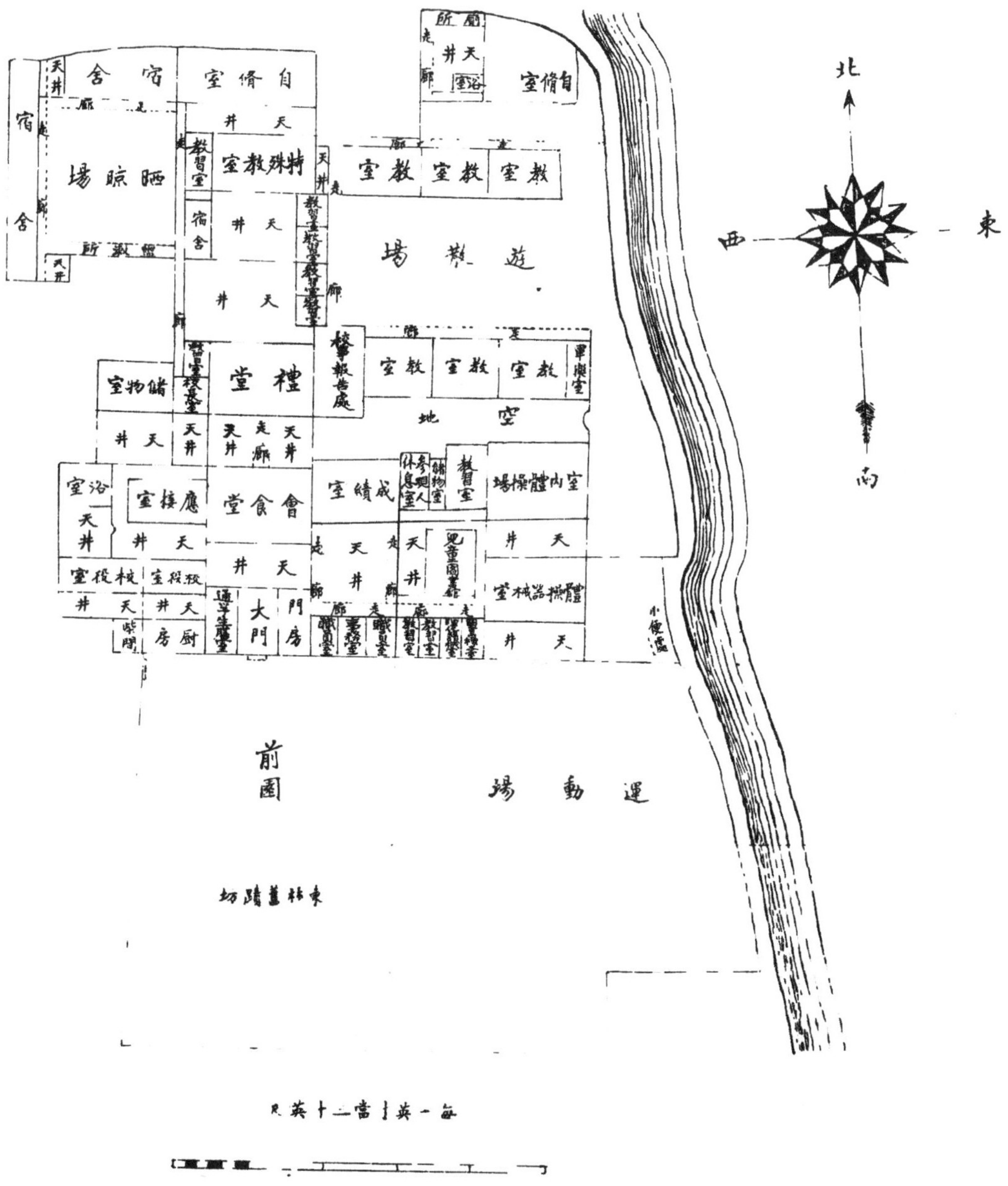

現行校訓

誠樸毅勤

質樸

燧生校訂

孔子曰繪事後素，記曰白受采，西儒曰質樸者英雄之本色。吾人具此五官百骸，丁不以英雄自命，等而上之爲聖賢，亦素白英雄之質樸。有罪不回互，受恩不忘，報離免不羈，榮辱不敢負一飯恩，千觔之痛一旦含，百命之慘皆言所記，恒悱朽腐腥羶尋之所在，莫遁刀鋸鼎鑊，願與同學共勉之。

中華民國二年　黃武□謹識

♭B 校歌 2/4

1̇ 5 3 1 | 3 5 1̇ | 5 4. 3 | 2̇ — |

五色旗翻紅日擎映樹葱青

2̇ 2̇ 2̇ 2̇ | 2̇ 2̇ 2̇ | 5 3. 2̇ | 1̇ — |

南國勝地祝彪炳精舍重營

7 7 2̇ 1̇ 7 | 6 6 6 | 6 6 1̇ 7 6 | 5 5 5 |

挹輸墨歐新潮汛聿昌宋明舊文明

5 6 7 1̇ | 2̇ 3̇ 4̇ | 5 3. 2̇ | 1̇ — ‖

一肩重任比九鼎責我後生

發起人陶雲組先生遺像

前校董秦牧卿先生遺像

前總理陶丹翼先生

前校長章鴻遇

前校長顧倬

前校長黃豹光

前校長黃龍驤

前校長張耀中

前校長蔡養默

現任校長辛幹

前校長許棫

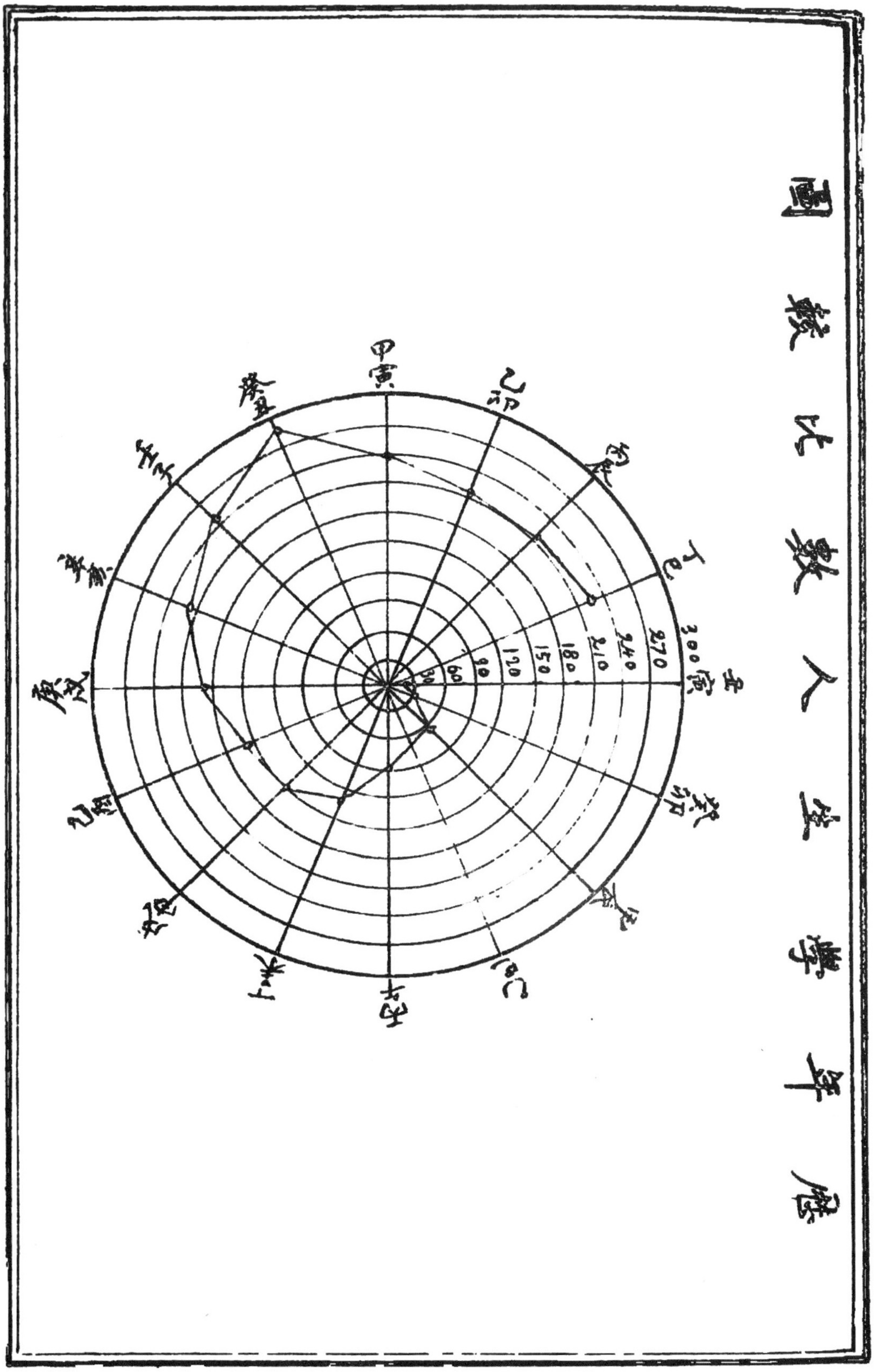
歷年學生人數比較圖
30
60
90
120
150
180
210
240
270
300

歷屆畢業生比較圖

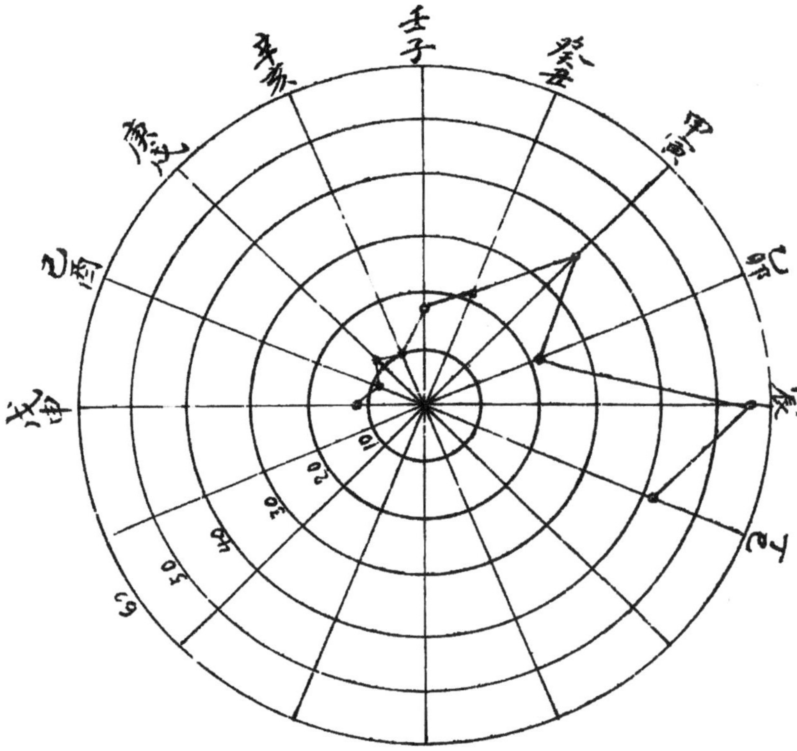

大事記

光緒二十八年壬寅

邑紳陶黼昇等稟准將東林書院改爲學堂所有欵項改作學堂經費以是遂定名曰東林學堂

公推秦謙培等爲校董陶世鳳爲總理開始籌辦

修葺校舍延聘教員

九月招取學生二十五名開教室一所

十月初一日開學

光緒二十九年癸卯

正月校董總理以學堂公費派送邑人顧倬遊學日本學習師範

開教室一所學生數爲三十人

添購切要校具修葺要用房屋

編訂簡要學則

光緒三十年甲辰

開教室二所分初高二級學生數爲六十人

正月顧倬畢業歸國入校擔任管理兼高等級正教員

增加普通科學添聘各科教員惟歷史地理理科等課均由顧倬主任編輯

三月開闢校内操場並校舍週圍溝道

四月學生全體遠足鴻山

暑假後以事暫緩開學

十月勸學所成立本校所有欵產一律歸入由所董直接經辦

總理陶世鳳辭職教員顧倬任校長聘監起居專員管理寄宿學生是爲本校聘校長及監起居之始

江蘇巡撫端午帥蒞校開會訓勉學生並攝影紀念

建築校門外及將軍橋之大路

光緒三十一年乙巳

校長顧倬辭職仍任教科教員章鴻遇繼任

開教室四所高初等各二級學生數爲八十五人

三月學生全體遠足惠麓

五月添辦切要校具

七月修葺教室及宿舍

修訂各項規則購備參攷圖書

光緒三十二年丙午

校長章鴻遇辭職黃龍驤繼任

開教室四高二高一單式初四三初二一複式學生數爲一百二十五人

正月修葺緊靠蘇家衖之平屋十間爲宿舍

正月學生全體歡送應徵兵士於北門外黃埠墩

三月建築沿河教室三間圖書室一間

四月學使唐景崇蒞校視學評語爲規模整齊修身歷史講義極有條理學生程度大致可

觀等

六月教員合編初等國文教科書

八月添購物理器械博物標本參攷圖書等物

光緒三十三年丁未

校長黃龍驤辭職章鴻遇繼任

開教室五高三高二高一單式初四三初二一複式學生數爲一百四十五人

正月修改教室一所教員室三間

三月學生全體遠足惠麓

九月省視學蔣鳳梧蒞校視察評語爲兩等學生一百三十七人年級清規制嚴學科完備等

十月在本校操場開一次運動會錢業體操會員操演排教練爲來賓運動

光緒三十四年戊申

開教室六高四高三高二高一單式初四三初二一複式學生數爲一百五十五人

購置軍號四只軍鼓兩面軍笛四枝爲本校有鼓號之始

正月改建教室三所每所三間理化器械室一間

二月學生全體遠足惠麓

三月高等級學生全體乘汽車至常參觀武陽兩邑小學聯合運動會

四月省視學楊邦彥蒞校視察評語爲校地寬敞幽靜校舍在在合宜爲全城之冠等

五月學生全體遠足南門外保安寺相傳該寺爲舊東林云

六月建築應接室三間

九月開第一次學藝會內場外場分口舉行

十二月高等科第一屆畢業訂朱宗愈等十二人

宣統元年己酉

校長章鴻遇辭職教員黄豹光繼任

開教室六與上年同學生數爲一百九十人

二月設學生演說會令各生分別練習

二月學生全體遠足惠麓
三月設圖畫補習會音樂研究會發達學生優美之快感
三月購辦軍樂數事爲本校有軍樂之始
四月高等科學生全體乘汽車至蘇旅行虎丘
四月省視學龐樹典蒞校視察評語爲教授精善管理合法等
十月在本校操場開第二次運動會錫金商團及模範小學校行贈旗禮發行會場新聞十五號陳送南洋勸業會教育出品
十二月學生全體歡迎退伍兵士於公園
十二月高等科第二屆畢業計虞森書等九人
開教室六與前年同學生數爲二百二十人
宣統二年庚戌
二月設學藝練習會引起學生向學之心
三月學生全體遠足惠麓

四月自本校遊散場開小運動會
四月開闢學校園栽種花木教員學生共同作業
八月高等學生全體乘汽車至寧參觀南洋勸業會
八月省視學戴克敦莅校視察評語爲校中秩序甚整學生成績條理分明宿舍一律清潔等
十月學生全體乘汽車至石塘灣參觀惠北小學校運動會
十月學生全體與錫金城鄉各學校第二次聯合運動會
十二月開第二次學藝會
陳送南洋勸業會教育出品經審查會審查合格由農工商部頒給金銀質獎章各一件兩江總督部堂獎給三等銅牌江蘇巡撫部院發給三等獎憑等
十二月高等科第三屆畢業計尤鳳廷等十一人

宣統三年辛亥

校長黃豹光辭職教員蔡養默繼任

開教室六所與前年同學生數爲二百二十人

正月建築緊靠箬葉巷宿舍四間

正月設國文補習會算術補習會英語補習會俾學生對於重要科目有所補助

三月學生全體遠足惠麓

四月在本校遊散場開小運動會

四月省視學朱錦綬蒞校視察評語爲六堂上課皆有精神課餘補習會各就性之所近以類聚之求學之際得愉快之致堪稱善教寢室整潔膳堂肅靜人數衆多此境良非易得等

四月高等學生全體乘舟至石塘灣參觀惠北小學校運動會

九月在本校操場開第三次運動會發行會場新聞十二號

十月學生全體參觀軍政分府升旗禮

十月學生全體參觀電燈廠及商團

十一月補祝元旦學生全體舉行提燈會

十二月高等科第四屆畢業計殷鑑淸等十人

民國元年(陰歷壬子年)

校長蔡養默辭職教員張耀中繼任

本年歸無錫縣知事署直接管轄按月撥發經費惟初等級由無錫市政廳担任

開教室六所與前年同學生數爲二百八十五人

三月學生全體遠足惠麓

四月高等級學生旅行至高子水居

五月修葺應接室西首舊屋兩間爲浴室

國慶紀念日行祝賀式並舉行提燈會

九月省視學伍崇儀鄒楫蒞校視察評語爲校舍布置得宜具見規模編製清楚教授管理亦均合法學生發達成績優良頗爲社會所歡迎該邑縣校中可謂優良小學矣

陰歷十月初一日開十週紀念會學藝及運動分日舉行體操教員孫掞編印東林體育一册分贈來賓

陳送京師兒童藝術展覽會出品

十二月高等科第五屆畢業計過文獻等十八名

民國二年(陰歷癸丑年)

校長張燿中辭職教員黃龍驤繼任各級聘請級任教員爲本校行級任之始

無錫縣議事會議決本校裁去初等科專設高等更名曰無錫縣立第二高等小學校

一月開教室六高等四級補習科分兩室學生數爲二百四十人

三月撰定質樸二字爲校訓增訂訓話錄勵志錄行分膳法

五月陳送京師兒童藝術展覽會出品經審查會審查合格發給銀質獎章四件

七月第六屆畢業計華楨等二十一人

學年年度改變以八月爲始

暑假校長黃龍驤辭職許械繼任

八月二十二日行始業式

開教室五第四三年級各一一年級二學生數新舊爲二百四十人

改懸縣立第二高小匾額

改造舊教室四間添造新教室五間

自二年級起始添設商業科每週教授二時

九月添置軍鼓軍號各二件

十月學生全體旅行蘇州留園

國慶紀念日行祝賀式

選留各級國文圖畫等成績揭示黑板

購置足球網球等物規定學生課外分組運動

十一月校長赴蘇參觀

十二月修葺再得草廬

民國三年（陰歷甲寅年）

三月各教員赴滬參觀

四月一日起春假三天

五月添辦物理器械

六月職員學生全體攝影紀念
七月第七屆畢業計楊蔭溥等三十七人
七月十五日起暑假五週
建築依庸堂後靠左教員室四間改換應接室地板
八月二十二日行始業式
開教室五四年級一一二年級各二學生數新舊爲二百二十人
九月添置木球檯球等物改訂課外運動規則
十月增高沿河牆壁自東柵門起至自修室止
十一月重舖麗澤依庸堂磚地
十二月添招補習科生一級計三十五人
民國四年(陰歷乙卯年)
一月省視學鄭鼎元蒞校視察評語爲校風尙嚴肅重秩序井然有章學生宿舍亦整潔
四月一日春假三天

學生全體旅行惠麓
六月道視學徐崟蒞校視察評語爲上下課整隊頗有秩序生徒在教室膳室內甚爲肅靜
職員全體攝影紀念
編印本學年同學錄
七月第八屆畢業計陸道坤等二十一人
七月十五日起暑假五週
假期中大風拔木房屋略有所毀
添築自修室三間走廊一條
改築南國杏壇四間
八月二十三日行始業式
開教室五三年級二二年級一一年級二一學生數新舊爲二百二十二人
以勤毅樸誠四字爲校訓
每逢日曜日下午添設國文英文算術圖畫補習課

每日下午課畢後各級增加自修一時由級任教師監課
選留各級國文圖畫等成績改揭各教室前
九月添置各種體操器械
添置運動衣帽三十二身
增加技擊規定學生課外學習
十一月一日職員率同全體學生赴蘇參觀省立學校第二次聯合運動會
十一月二十日本校與無錫縣市鄉公私立學校聯合運動會計競技運動得獎最多者本校二年級生吳士楨
十二月添招補習科生一級計三十三人
民國五年（陰歷丙辰年）
二月九日校長赴蘇常道屬高等小學校校長會議
三月校長赴蘇州常熟參觀
四月一日起春假三天

職員學生全體攝影

六月省視學伍崇官蒞校視察評語爲編制整齊管理亦有秩序察閱實施教授教法均合

星期日午後令各生到校補習功課足使學生多獲進益又可堅社會之信仰是其優點

七月第九屆畢業計安鍾瑞朱文沅等五十七人

暑假校長許棫辭職辛幹繼任

八月五日招考新生計錄取一年級五十六人二三年級轉學學生各二人

八月二十一日行始業式

開教室五所三年級一室一二年級各二室學生數爲二百零六人

八月二十二日開職員會規定教授管理訓練大綱規定朝會儀式於每晨始業前舉行

九月二十七日（陰歷秋季仲丁日）邑紳公祭　孔聖燕居並道南祠停課職員學生一律

行禮以昭誠敬

組織販賣各種學用品學生以次服務

國慶紀念日舉行祝賀式

十月十四日學生全體旅行惠麓攝影於春申澗
陰歷十月初一日本校十四週紀念日行禮停課以表敬意
十月三十一日體操教員陸瀛赴揚州參觀省立學校聯合運動會
十一月六日地方紀念日停課
十一月十二日組織童子軍四隊成立由中華江蘇無錫童子軍總會編爲第二十一團
十一月十八日校長暨體操教員赴滬參觀童子軍大操
雲南起義紀念日童子軍總會發起會操以表敬意本校童子軍與會

民國六年（陰歷丁巳年）

南京政府成立紀念日停課慶祝
一月十九日起放寒假三週
三月二十六日（陰歷春季仲丁日）邑紳公祭　孔聖燕居並道南祠停課行禮是日童子軍旅行梅園實習炊事
組織學級園各級學生分別作業

四月一日起春假七天

組織課餘漫錄分說苑紀事雜俎三門由學生課外担任編輯

四月十三日起職員率學生分級謁東林先賢喻玉泉先生墓先是由前校長黃淡如先生發起嗣經職員會議贊成以是遂實行

四月十六日部視學錢家治蒞校視察

四月二十三日本縣童子軍會操本團與會

四月二十九日省視學鄒楫蒞校視察評語爲編教授預定錄設兒童圖書館組織學級園旨趣均合等

五月四日開春季運動會請陸筱槎先生等四人爲評判員縣長第三科主任縣視學均蒞會並贈奬旗

五月十四日縣視學孫思贊蒞校視察評語爲生徒風紀勤上課休課均有規則等

六月二日童子軍舉行露宿

七月八日招考新生計錄取一年級五十二人三年級轉學學生四人二年級轉學學生三

人
七月十三日行第十屆畢業式計陳耀奎等三十四人
七月十四日起八月十九日止暑假
修葺大門左右屋面十間又再得草廬向左一排五間改建廁所四架
八月二十日開學
開教室五所與上學年同學生數爲一百九十六人
八月二十一二十二日開級任教員會管理主任會全體職員會商訂管理訓練教授大綱
十月二日(陰歷秋季仲丁日)放學行禮
國慶紀念日行祝賀式並舉行提燈會以伸慶祝是夜職員與寄宿生在校聚餐以期養成親愛之美德

歷任職教員一覽表

姓名	字	籍貫	職務	任職年月	退任年月	備注
陶世鳳	丹翼	無錫	總理	壬寅十月	甲辰九月	開辦時有總理一席甲辰十月後始改設校長
李鎮華	豫巖	無錫	中文教員	壬寅十月	癸卯十二月	開辦之初科目未能完全第有中文教員之總稱
李瀚	企中	無錫	中文教員	壬寅十月	癸卯十二月	
蔣士棟	留萅	無錫	算術教員	壬寅十月	乙巳十月	甲辰十月後兼任監起居之名戊申年後改管理稱
葛權	執中	如臯	英文教員	壬寅十月	癸卯十二月	
秦廷鈺	守鍼	無錫	會計	壬寅十月	癸卯十二月	
華佐治	掌文	無錫	會計兼庶務	壬寅十月	丙午十二月	
章鴻遇	丙嘉	無錫	國文兼理科教員	癸卯十月	戊申十二月	乙巳丁未戊申兼任校長
顧倬	植之	無錫	修身兼國文教員	甲辰正月	丙午十二月	甲辰冬季兼任校長
余夢齡	小禪	無錫	國文兼歷史地理教員	甲辰正月	乙巳十二月	乙巳專任國文

歷年職教員一覽表

陳濬	蘅軒	無錫	體操教員	甲辰正月	乙巳六月	
胡克猷	訥若	無錫	英文教員	甲辰正月	甲辰十二月	
曹銓	衡之	無錫	圖畫教員	甲辰正月	乙巳十二月	戊申重任教員
顧鼎銘	介生	無錫	樂歌教員	甲辰三月	丁未十二月	
龔志遠	海澄	無錫	書記兼庶務	甲辰十二月	丁未六月	
孫錫皋	鳴仙	無錫	國文兼歷史地理教員	乙巳正月	庚戌十二月	
華鴻	宴吉	無錫	英文教員	乙巳正月	乙巳十二月	
宋萃鑑	辛伯	無錫	體操教員	乙巳七月	乙巳十二月	
鄒蔭棨	植甫	無錫	體操教員	乙巳十月	戊申十二月	
吳廷槐	蔭階	無錫	算術教員	乙巳十月	乙巳十二月	
黃龍驤	淡如	無錫	校長兼國文教員	丙午正月	辛亥十二月	丁未戊申改任監起居癸丑一月重任校長六月退職
陶守恆	達三	無錫	國文兼理科教員	丙午正月	壬子十二月	

黃　章	星若	無錫	監起居兼國文算術教員	丙午正月	丙午十二月	
秦同培	于卿	無錫	算術兼圖畫教員	丙午正月	丁未十二月	
張　維	季源	吳縣	英文教員	丙午正月	丙午十二月	
王宗浩	養愚	無錫	國文兼算術教員	丁未正月	壬子十二月	
朱岳鴻	錫鈞	無錫	英文教員	丁未正月	丁未十二月	
錢鑑瑩	鏡生	無錫	國文教員	丁未正月	己酉十二月	
張懋熙	季勉	無錫	國文教員	丁未正月	丁未十二月	
沈簡銘	錫鈞	無錫	會計兼庶務	丁未正月	己酉十二月	
虞文虎	湞洲	無錫	書記兼庶務	丁未七月	辛亥十二月	庚戌改任會計兼庶務
劉黎燿	然清	無錫	國文兼樂歌教員	戊申正月	己酉十二月	
平　衡	海瀾	華亭	英文教員	戊申正月	戊申十二月	
吳至剛	養正	無錫	國文兼歷史地理教員	戊申正月	己酉十二月	癸丑補習課一主任國文兼珠算教員

歷年職教員一覽表　三

歷年職教員一覽表　四

姓名	字	籍貫	職務	到校年月	離校年月	備考
華廷輝	鑑遠	無錫	手工教員	戊申正月	癸丑七月	民國元年二月兼樂歌教員
陶　贊	育臣	無錫	英文教員	戊申正月	戊申十二月	癸丑七月起改算術教員
侯元祥	秋華	無錫	圖畫教員	戊申正月	辛亥十二月	
黃豹光	蔚如	無錫	算術教員	戊申正月	辛亥十二月	己酉庚戌兼任校長辛亥改任管理員
錢鼎奎	湘伯	無錫	體操教員	戊申八月	戊申十二月	
許　棫	少仙	無錫	經學兼國文教員	己酉正月	壬子十二月	癸丑七月起任校長丙辰八月退職
俞箴墀	丹石	德清	英文教員	己酉正月	辛亥十二月	
唐鳳采	靖臣	青浦	體操教員	己酉正月	己酉十二月	癸丑七月任高一主任兼體操教員
陸壽禧	筱槎	無錫	體操教員	己酉正月	辛亥十二月	
蔡養猷	持志	無錫	管理兼樂歌珠算教員	己酉正月	辛亥十二月	辛亥兼任校長
梁鴻卓	稼義	丹徒	高三主任教員	庚戌正月	庚戌六月	
張　鑑	杏村	無錫	高二主任教員	庚戌正月	辛亥十二月	

汪昌期	跂予	太倉	高一主任教員	庚戌正月	壬子十二月	民國元年改任校長兼修身地理教員癸改任管理兼地理教員
張耀中	載臣	無錫	初四三年級主任教員	庚戌正月	癸丑六月	
孫掞	雨蒼	常州	體操教員	庚戌正月	癸丑正月	
高文海	涵叔	無錫	書記兼庶務	庚戌正月	壬子十二月	民國元年改任會計兼庶務并兼珠算教員癸丑七月始高一主任
范廷銓	寅伯	無錫	高三主任教員	庚戌七月	乙卯八月	癸丑高四主任兼歷史教員
孫㨗	德輿	常州	圖畫教員	辛亥閏六月	癸丑六月	
孫廣鎬	寅賓	無錫	管理兼算術教員	辛亥二月	壬子六月	
倪卓立	漢章	無錫	高一主任教員	辛亥二月	壬子六月	
黃克謙	受之	無錫	初四三年級主任教員	辛亥二月	壬子十二月	
顧祖瑛	子靜	無錫	理科教員	辛亥二月	甲寅六月	
過鍾粹	楫人	無錫	英文教員	辛亥二月	壬子十二月	

歷年職教員一覽表

陸　梴	厚軒	常州	體操教員	辛亥二月	壬子十二月
顧　淦	海容	無錫	書記兼庶務	辛亥二月	癸丑七月
李翊華	迪彝	常熟	英文教員	壬子七月	癸丑三月
張元烈	亦剛	無錫	會計兼庶務	壬子十二月	癸丑六月
沈承烈	佩甡	常熟	高三主任兼算術教員	癸丑二月	癸丑六月
王永珏	醉庭	無錫	高二主任國文教員	癸丑二月	癸丑六月
王　肱	干城	無錫	補習主任兼算術教員	癸丑一月	癸丑六月
惠兆軫	季良	無錫	體操教員	癸丑一月	癸丑六月
蔡辛庚	味畬	蘇州	體操教員	癸丑二月	癸丑六月
瞿　臯	銳鏞	常熟	英文教員	癸丑三月	癸丑六月
殷文煒	滌新	無錫		壬子五月	壬子十二月
沈庭承	景常	青浦	管理兼高三主任教員	癸丑七月	乙卯七月

丁鵬振	亦清	無錫	高一主任兼歷史教員	癸丑七月	乙卯七月
吳十枚	侍梅	無錫	英文教員	癸丑七月	丙辰七月
鄒家麟	同一	無錫	地理教員	癸丑七月	甲寅六月
沈壽桐	西苑	無錫	理科教員	癸丑七月	癸丑十月
陸福培	仲謙	無錫	手工教員	癸丑七月	丙辰七月
戴宗球	任先	無錫	唱歌教員	癸丑七月	甲寅六月
朱允中	執鈞	無錫	兵操教員	癸丑七月	乙卯七月
衛　昭	梅初	無錫	國文教員兼書記	癸丑七月	甲寅十月退任書記
李受昌	少白	無錫	會計兼庶務	癸丑七月	甲寅六月
錢基博	子泉	無錫	理科教員	癸丑十一月	乙卯七月
蔡寶圻	蕃千	無錫	會計兼庶務	甲寅七月	丙辰七月
袁松齡	九如	無錫	書記兼庶務	甲寅十一月	丙辰七月
龔敬釗	伯威	無錫	補習科主任兼國文教員	乙卯正月	丙辰七月

歷年職教員一覽表

七

歷年職教員一覽表

范渠成	灝若	無錫	補習科體操兼手工教員	乙卯正月	乙卯七月
鄧　楫	傅若	無錫	三年級(二)主任教員	乙卯七月	丙辰七月
唐光漢	際虞	常熟	二年級主任教員	乙卯七月	丙辰七月
陸鳳藻	翰飛	無錫	一年級(一)主任教員	乙卯七月	丙辰七月
顧猷鴻	景生	無錫	一年級(二)主任教員	乙卯七月	丙辰七月
曹允文	夢漁	無錫	地理教員	乙卯七月	丙辰七月
祝紀年	庚先	吳縣	理化教員	乙卯七月	丙辰七月
王　鶴	雲軒	無錫	圖畫教員	乙卯七月	丙辰七月　丁巳九月再任舊職
顧建勳	立夫	無錫	兵操教員	乙卯七月	丙辰七月
曹大文	成章	無錫	補習科主任教員	丙辰二月	丙辰七月
楊祥麐	毓材	常熟	二年級(一)級任兼地理教員	丙辰八月	丁巳七月

張其慶	篤夫	崇明	一年級(一)級任兼地理教員	丙辰八月	丁巳七月
蔡其標	虎臣	無錫	英文教員	丙辰八月	丁巳七月
朱蘇	贊卿	無錫	珠算商業兼書記	丙辰八月	丁巳七月
羅張	士彬	溧陽	兵操教員	丙辰八月	丙辰九月
張鵬翔	摶九	溧陽	兵操教員	丙辰九月	丙辰十月
胡振	汀鷺	無錫	圖畫教員	丙辰八月	丁巳九月

歷年職教員一覽表

六

現任職教員姓氏錄

姓名	字	年歲	籍貫	職務	住址	通信處
辛幹	柏森	三十二	無錫	校長	天下市辛巷	無錫北鄉辛巷
須寶楨	頌周	四十二	無錫	三年級級任兼商業	南延市蕩口	無錫蕩口鎮須萬春米行
徐正權	衡原	三十	青浦	二年級一級任兼唱歌	青浦小西門內	青浦小西門內小虹橋北首
周祖望	景風	三十八	江陰	二年級二級任兼歷史	江陰顧山鄉東莊橋	無錫轉顧山鎮東街源泰祥南貨號交
周澂	哲準	二十五	武進	一年級一級任兼地理	武通曹橋鎮	無錫轉漕橋鎮同豐洽號轉
潘淵	梓年	二十四	宜興	一年級二級任兼算術歷史	宜興陸平	宜興西河沿同德昌行轉交
衛肇煌	佐宸	二十八	青浦	算術理科	青浦東門紀清橋	青浦東門內紀清橋
傅煥燦	志式	二十	太倉	英語	太倉瀏河鎮	太倉瀏河西市

現任職敎員姓氏錄

陸瀛	士洲	二十七	無錫	普通體操圖畫唱歌兼童子軍團長	懷上市張涇橋	無錫張涇橋鎮
江呈祥	瑞書	三十八	江陰	書法兼會計主任	江陰長涇鄉北漍鎮	無錫轉北漍鎮江乾華號
蔣浩元	世剛	二十二	江陰	手工體操兼庶務主任	江陰西大街	江陰城內西大街
鄒忠英	贍繹	二十七	無錫	兵式體操	無錫市茅竹橋	無錫西門茅竹橋
王鶴	雲軒		無錫	圖畫	懷下市羊尖	無錫羊尖鎮

二

歷屆畢業生一覽表

清光緒三十四年戊申第一屆畢業

姓名	字	籍貫	住址	畢業後狀況
朱宗愈	仰韓	江陰	江陰夏港城隍廟前	辛亥病故
孫榖陽	式之	無錫	小河上	蘇州警務科稽查員
侯鳳岐	鳴西	無錫	小婁巷	家居
華廷燦	汝明	無錫	留芳聲巷	肄業常州中學
侯傳紱	惕承	無錫	大河上	警界
顧曾慶	受祉	無錫	三下塘	涇皋小學教員
薛壽圻	康侯	無錫	書院衖	家居
華宗仁	季瑞	無錫	中市橋巷	教員
王世芳	學敏	無錫	小河上	肄業常州中學
秦燮源	理齋	無錫	小婁巷	肄業民立中學

歷屆畢業生一覽表　二

姓名	字	籍貫	住址	畢業後狀況
陶泰基	平叔	無錫	江陰巷	肄業南洋大學中院
顧樹穫	滌生	無錫	虹橋堍	肄業常州中學

清宣統元年己酉第二屆畢業

姓名	字	籍貫	住址	畢業後狀況
虞森書	若仁	無錫	安鎮	肄業常州中學
華廷圭	汝傑	無錫	留芳聲巷	錢業
宋萃廉	叔勁	休寧	南門外	南門商團團員
王傳經	新宇	無錫	竹場巷	稅務處
稽　鏜	振夏	無錫	學前	家居
鮑昌進	惕愚	無錫	營橋巷	政界
過潤先	嗣僑	無錫	八士橋	肄業上海大同
薛壽銘	茂實	無錫	書院衖	家居
許金澍	鑑之	無錫	小河上	警界

清宣統二年庚戌第三屆畢業

姓名	字	籍貫	住址	畢業後狀況
尤鳳廷	鳴梧	無錫	留芳聲巷	稅務處
丁桐甲	亦尹	無錫	鳳光橋	教員
范宰均	猶龍	無錫	堰橋	肄業震旦
朱宗岳	嵩生	無錫	石皮橋	肄業南洋中學
單宗梅	有先	無錫	後竹場巷	肄業南洋大學中院
程昌圻	寄方	無錫	歡喜橋	肄業第一師範
胡立猷	炳若	無錫	堰橋	肄業商船學校
陳宗唐	鄂輝	無錫	小婁巷	肄業第三師範
虞炳烈	偉臣	無錫	槐樹巷	肄業第三師範
陸鼎瑩	鑑澄	無錫	留芳聲巷	肄業蘇州工業
黃均	頌平	無錫	清明橋	肄業南洋中學

清宣統三年辛亥第四屆畢業

姓名	字	籍貫	住址	畢業後狀況
殷鑑清	海賓	無錫	南門鄉殷浜兜	肄業大同學院
沈恩裕	一冲	崇甯	震澤八圻鎮	飛划營隊長
王學勤	進儒	無錫	小婁巷	肄業第二師範
嵇儲琛	韞如	無錫	虹橋下	家居
顧曾授	伋承	無錫	虹橋下	家居
顧曾錫	斐然	無錫	虹橋下	家居
蔣璟	振先	無錫	東河頭巷	肄業常州中學
顧祖楙	績成	無錫	花院街	肄業南洋大學中院
趙毓鎮	敬銘	無錫	新廟前	商務印書館
顧穀詒	燕東	無錫	張涇橋	肄業常州中學

中華民國元年壬子第五屆畢業

姓名	字	籍貫	住址	畢業後狀況
過文黻	黼卿	無錫	八士橋	肄業省立第一工業
王起鳳	補海	無錫	張涇橋	
龔鴻圖	翔南	無錫	城中茅梓橋	肄業第三師範
李湘	浩然	無錫	大河上	肄業省立第一工業
袁寶鋆	麗庭	無錫	中市橋	
李忠榦	啓運	無錫	孤老院巷口	
秦淦	清曾	無錫	大婁巷	家居
張元燿	星如	無錫	東大街	肄業省立第三師範
程光圻	恩九	無錫	槐樹巷	
孫景潞	懽生	無錫	小河上	肄業南菁中學
司馬梁	月卿	無錫	馬家裏	肄業省立第一工業
張公威	柔克	無錫	張涇橋	肄業南菁中學

許昌圻	仲康	無錫	西河里	
楊景成	紹文	無錫	江陂橋	家居
過錫良	葆初	無錫	八士橋	肄業南洋中學
楊椿壽	暢初	無錫	四郎君廟巷	
過湜	持沚	無錫	八士橋	肄業省立第二工業
吳爾恪	卓人	無錫	田基浜	肄業鍾英中學

中華民國二年癸丑第六屆畢業

姓名	字	籍貫	住址	畢業後狀況
華楨	國章	無錫	張涇橋	
吳孟華	毓東	浙江石門	大婁巷	
楊鴻模	作型	無錫	陳墅	
張炳樂	贊卿	無錫	清河橋	
嵇儲珩	宇經	無錫	學前	第三師範

華　鑫	達成	無錫	留芳聲巷	
鄧煥祖	君章	無錫	駁岸上	
胡炎光	耀明	無錫	修浦	
龔宜楨	栽卿	無錫	斜橋下	肄業省立第三師範
葛承訓	鯉庭	無錫	顧山	
鄧乃鴻	吉齋	無錫	東河頭巷	肄業省立第五中學
浦冠羣	劍秋	無錫	塘頭	
陸堯臣	聖俞	無錫	西門日暉巷	
孫秉銓		無錫	石塘灣	
薛炳生	才門	無錫	昇平巷	
薛光燾	伯卿	無錫	駁岸上	
趙克昌		無錫	神仙橋	
杜豐玉	健伯	無錫	駁岸上	

繆金池	頌湯	無錫	學前	
孫德先	誦芬	無錫	小婁巷	肄業省立第三師範
陶原穀	戩成	無錫		

中華民國三年甲寅第七屆畢業

姓名	字	籍貫	住址	畢業後狀況
楊蔭溥	石湖	無錫	留芳聲巷	肄業交通部工業專門學校
吳仲華	文卿	浙江石門	大婁巷	教員
秦大鈞	恩溥	無錫	大河上	肄業第三師範
辛一耆	易修	無錫	辛巷上	肄業第三師範
宋淼	泳生	無錫	張涇橋	肄業省立第三師範
諸錫光	祿卿	無錫	楊亭	肄業省立第三師範
張承堡	書城	無錫	清河橋	肄業省立第三師範
張嘉培		無錫	張涇橋	肄業省立第二工業學校

袁棨藩		無錫	小河上	肄業第二農業
陳昌照	星珠	無錫	東亭	肄業交通部工業專門學校
秦　濤	松曾	無錫	大婁巷	肄業東吳大學
吳邦偉	魁儒	無錫	稅務前	
張肇春		無錫		
侯根生		無錫		
吳季華	曉峯	浙江石門	大婁巷	肄業南菁學校
張爾凱		無錫	厚橋	
高昌黎		無錫	日暉巷	
史習謙	撝如	無錫	留芳聲巷	肄業東吳大學
王盛康	淙道	無錫	華大房莊	肄業東吳大學
陸鼎復		無錫	留芳聲巷	肄業南洋公學
朱國華	潔誠	江陰	五房村	

歷屆畢業生一覽表

顧高坊	仰瞻	無錫	百歲坊巷	
顧棨熙	雲初	無錫	承賢橋下	
高宏模	雲鵬	無錫	西門外	
杜鍾珩	楚紳	無錫	北岸上	
王福庸	育中	無錫	小河上	肄業省立水產學校
朱學瀛	登伯	無錫	前旺	
李組綬		無錫	水缺巷	肄業南菁學校
高昌邦		無錫	日暉巷	
鄒忠蔭	慰曾	無錫	新廟前	
過靜宜		無錫	大河上	
孫毓銓	玉徵	無錫	石塘灣	
侯繼昌		無錫	北岸上	肄業第二農業
許鳳華	叔威	無錫	東河頭巷	肄業南菁學校

十

姓名	字	籍貫	住址	畢業後狀況
舒曜	炳臣	無錫	亭子橋	肄業南菁學校
華學魯	希曾	無錫	前山	
李永昌	韓卿	無錫	淡村	

中華民國四年乙卯第八屆畢業

姓名	字	籍貫	住址	畢業後狀況
陸道坤	元淳	無錫	觀前街	肄業南菁學校
楊蔭瀏	亮卿	無錫	留芳聲巷	肄業第三師範學校
張學琳		無錫	長安橋	肄業湖北兵工學校
馬耀榮	眉良	無錫	小泗房街	
孫祖基	北晴	無錫	沙坟潭	肄業第二師範學校
朱宗潞	仰新	無錫	周師街	肄業南菁學校
周應鰲	鶴山	無錫	陳墅	肄業第二工業學校
袁寶坤	靜方	無錫	中市橋	

歷屆畢業生一覽表

陸曾祺	祥孚	無錫	喜春街	肄業南菁學校
楊軾	慕蘇	無錫	斜橋下	
華貽相	鈺臣	無錫	小婁巷	肄業南菁學校
華保昶	藝香	無錫	北七房	肄業第三師範學校
周緒	纘三	無錫	鳳光橋	
秦毓錦	尙齋	無錫	小婁巷	肄業民立中學校
吳百魁	占春	無錫	開元莊	
高昌煒		無錫	大河上	肄業南菁學校
唐森梁	逸民	無錫	後竹場	
顧名秩	松如	無錫	喜春街	肄業第三師範學校
章廷棟	頌良	無錫	斜橋下	肄業南菁學校
王夢熊	競任	無錫	小河上	肄業第三師範學校
胡方猷	叔若	無錫	村前	肄業第二工業學校

中華民國五年丙辰第九屆畢業

姓名	字	籍貫	住址	畢業後狀況
安鍾瑞	驥呈	無錫	澤上	肄業南洋公學
朱文沅	若汀	無錫	嚴家橋	肄業南洋公學
毛　荃	爾嘉	無錫	江陰巷	肄業南菁中學
章倫清		江陰	華墅	肄業南洋公學
路秉文	仲和	無錫	堰橋	肄業南洋公學
陸尊周	伯匡	無錫	北莊	肄業南洋公學
孔繁昌	蘊粹	無錫	駁岸上	肄業英華專修學校
王懋德	子昭	無錫	萬巷	肄業南菁中學
陳耀炳		無錫	堰橋	肄業南洋公學
王寅生	學溱	無錫	東河頭巷	肄業第三師範
鄒忠曜		無錫	小婁巷	肄業南洋公學

趙鴻賓	家度	無錫	真應道巷	肄業第五中學
朱文煜	少霞	無錫	南市橋	
裘維琳	玉岑	無錫	南門沙巷	肄業南洋公學
胡剛	壽楠	無錫	堰橋	就商
黃鴻道		無錫	窰上	肄業華英專修學校
諸虎臣		無錫	大王廟衖	肄業中華鐵路學校
吳獻可		無錫	駁岸上	
趙密	伯藏	無錫	斜橋下	商務印書館
錢蓉生	學時	無錫	鎮巷	政界
張學堯	衢孫	無錫	睦親坊巷	就商
程保圻	立丹	無錫	槐樹巷	改良私塾
高維蟾		無錫	王道人衖	肄業南菁中學
王虎如		無錫	神仙橋	

李正福		無錫	通運路	
朱學瀚		無錫	牛師街	改良私塾
秦昌濟		無錫	小河上	肄業南洋
宋國櫟	銓	無錫	南下塘	肄業浙江杭州第三東吳中學校
張文魁	東明	無錫	歡喜巷	改良私塾
孫宗楨	子剛	無錫	小河上	
秦宏濟		無錫	小河上	肄業南菁中學
杜應璿	仲熙	無錫	駁岸上	居家
孫承高	貽生	無錫	小河上	
陸浩坤	豪崑	無錫	寺前街	肄業南菁中學
沈全崙		無錫	鳳光橋	
顧名薰	鼎如	無錫	駁岸上	肄業南菁中學
胡森林		江陰	東河頭巷	肄業第二工業

肆届畢業生一覽表

諸　飛	超良	無錫	布行衖	肄業南菁中學
安國寶	廷芳	無錫	安鎮	肄業第三師範
楊樹仁		無錫	留芳聲巷	肄業南洋公學
楊鍾駿	文博	無錫	后暘坊前	肄業第五中學
張禎祥	硯云	無錫	南市橋	
楊昌祜	蔣侯	無錫	堰橋	就商
倪建業	文峻	無錫	后暘坊前	肄業中華鐵路學校
倪建章		無錫	后暘坊前	肄業民立中學
黃德純		無錫		肄業第二工業
朱復基	保山	無錫	上山	肄業第五中學
過元熙		無錫	八士橋	
金善鑑	衡士	吳縣	吳江	肄業第一師範
過文雄		無錫	南黃泥橋	

朱　樸	質敏	無錫	前旺	肄業英華專修學校
蔣厚基		無錫	河埒口	
程鵬運	翼南	無錫	嚴家橋	
周文治	國禎	無錫	清明橋	
華世忠	藎臣	無錫	喜春街	肄業南洋公學
顧　圻	百壽	無錫	百歲坊巷	
楊樹寬		無錫	留芳聲巷	

中華民國六年丁巳第十屆畢業

姓名	字	籍貫	住址	畢業後狀況
陳耀奎		無錫	天上市楊巷	肄業南洋公學
高祖武	念繩	無錫	無錫市神仙橋	肄業南洋公學
吳士楨		無錫	開原鄉仙蠡墩	肄業南京高等師範附屬中學
倪祖堃		無錫	景雲市坊前	肄業南京高等師範附屬中學

歷屆畢業生一覽表　十八

王昌琪	無錫	無錫市小婁巷	肄業南京高等師範附屬中學
秦兆衡	無錫	無錫市大河上	肄業浦東中學
謝頴悟	無錫	無錫市遊山船浜	肄業第五中學
趙　瑾	江陰		肄業第三師範
顧光樞	無錫	無錫市東河頭巷	肄業上海第一商業學校
諸泰圻	無錫	懷下市楊亭	肄業南通甲種商業學校
丁元生	無錫	無錫市盛巷	肄業上海中華鐵路學校
金如源	無錫	無錫市北門塘	肄業上海同濟學校
袁寶墀	無錫	無錫市中市橋	肄業上海圖畫專修學校
陳中和	無錫	天上市楊巷	肄業復旦公學
錢逸倫	無錫	無錫市小河上	肄業上海青年會
王　素	無錫	無錫市斜橋下	補習
張蔭煊	無錫	無錫市青石橋	同右

汪慶成	無錫	無錫市書院弄	同右
華世爵	無錫	無錫市喜春街	同右
蔡　煒	無錫	無錫市東河頭巷	同右
裘維鴻	無錫	無錫市岸橋街	同右
李龍寶	無錫	無錫市大河上	同右
陸鼎炘	無錫	無錫市留芳聲巷	同右
章國楨	無錫	無錫市斜橋下	
周浩昌	無錫	無錫市	補習
許炳綬	無錫	無錫市小河上	同右
孫保鼎	無錫	無錫市小河上	同右
趙鴻勛	無錫	無錫市眞應道巷	習商
馮太庚	無錫		習商
王炳焱	無錫	無錫市北横街	習商

歷屆畢業生一覽表

沈光福	無錫	無錫市蘇家街	習商
吳錦榮	無錫	無錫市盛巷	習商
蔣　瓖	無錫	無錫市中市橋巷	習商
錢一瓚	無錫	無錫市中市橋巷	習商

現在各級學生姓氏錄

三年級

姓名	字	籍貫	年歲	住址	通信處
方國章	鵬飛	無錫	十八	泰伯市鰲塔橋	無錫南門外望亭大牆門轉鰲塔橋
陸伯昆	醒儂	無錫	十八	新安鄉陸莊橋	無錫南門外新安鎮轉陸莊橋
辛浩泉		無錫	十八	天上市辛巷	無錫北鄉辛巷上
顧濂	士賢	無錫	十八	懷上市陳墅黃泥壩	陳墅河南懷新學校轉交
顧克昌	鶴年	無錫	十七	無錫市蘇家衖	無錫東門蘇家衖第四號
朱星南		無錫	十七	無錫市中市橋	無錫中市橋第八號
裘江齡	夢九	無錫	十七	無錫市沙巷	無錫南門內沙巷第二號
張卯卓	亞初	無錫	十六	北下鄉東亭鎮	無錫東亭鎮天益藥號轉交
顧理通	品伯	無錫	十六	無錫市蘇家衖	無錫東門蘇家衖第八號
黃志剛	中涵	無錫	十六	泰伯市碩望橋	無錫望亭轉大牆門碩望橋

現在各級學生姓氏錄

嚴有威	夢周	無錫	十六	開原鄉惠山鎮	無錫惠山山門口
趙家聲	振卿	無錫	十六	無錫市中市橋巷	無錫中市橋巷第十一號
華壽嵩		無錫	十五	青城市北七房	無錫北鄉石幢郵局轉寄北七房交
龔宜修		無錫	十五	無錫市小婁巷	無錫小婁巷第十八號
施錫麒	純侯	無錫	十五	無錫市小婁巷	無錫小婁巷第一號
裘維德		無錫	十五	無錫市岸橋衖	無錫南門內岸橋衖第十號
陸仁壽	文南	無錫	十五	無錫市北塘東街	北塘江陰巷口張同泰碗店間壁
顧名伊	莘如	無錫	十五	無錫市喜春街	無錫東門喜春街第十號
尤保祥		無錫	十五	天上市堰橋	無錫北鄉堰橋尤乾泰號轉交
裘維璜	石岑	無錫	十五	無錫市沙巷	無錫沙巷第二號
趙瑞星		無錫	十五	無錫市三里橋	無錫北門外三里橋西第二十一號
秦滌明		無錫	十四	無錫中市橋巷	無錫中市橋巷第二十九號
薛潤寶		無錫	十四	青城市北七房	無錫北門外北七房存義堂

談佩南	景浩	無錫	十四	無錫市周師街	無錫北門外周師街第三十二號
任渭清	少良	無錫	十四	無錫市光復路	無錫通運路第四號
顧　楫	作舟	無錫	十四	無錫市三下塘	無錫冉經橋北首三下塘
薛與齡	益三	無錫	十四	青城市禮社	無錫禮社鎭
丁汝楷	藕孫	無錫	十四	無錫市書院衖南	無錫書院衖第一百零五號
章倬清	漢昭	江陰	十四	無錫市喜春街	無錫東門喜春街冀中女學間壁
劉世芬	念清	無錫	十四	無錫市裏黃泥橋	無錫錦樹里第八號
張蔭涼	健松	無錫	十四	無錫市喜春街	無錫東門喜春街第三十一號
孫宗樞		無錫	十三	無錫市小河上	無錫小河上第三十五號
華世銓	夢建	無錫	十三	無錫市喜春街	無錫東門喜春街第二十三號
朱義基	君宜	無錫	十三	懷上市上山	安鎭張信盛協記轉交上山
顧曾培	栽臣	無錫	十三	無錫市斜橋北橫街	無錫斜橋北橫街第三十六號
章　桓		無錫	十三	無錫市小河上	無錫小河上第三十二號

鄒粟銘	思培	無錫	十三	無錫市三里橋	無錫北門三里橋源豐酒行內交
楊同川	至甫	無錫	十三	無錫市蘇家街	無錫東門蘇家街第二號
蔣曾煜	耀新	無錫	十三	開原鄉河埒口	無錫西鄉河埒口承敬堂
張蔭棣	周常	無錫	十三	無錫市喜春街	無錫東門喜春街第三十一號

二年級（一）

姓名	字	年歲	籍貫	住址	通信處
顧大本	道生	十六	無錫	無錫市便民橋	無錫南門內便民橋第四十二號
陳祖慶		十六	無錫	懷上市前山陳巷	懷上市張涇橋第十三國民學校收轉
廉　綮		十六	無錫	無錫市麻餅沿河	無錫北門外麻餅沿河廉永仁猪行
劉學堅	登瀛	十六	武進	無錫市斜橋下	無錫城內斜橋下北横街二十六號
孫在平	斗南	十六	江陰	江陰祝塘鄉陸家橋	無錫轉陸家橋
胡瑞蘭	秋苑	十五	無錫	天上市村前	無錫堰橋鎮大生堂藥號收轉村前
孫宗植	培生	十五	無錫	無錫市小河上	無錫東門內小河上第三十五號

秦汝鏞	覺聲	十五	無錫	無錫市虹橋下	南門內虹橋下第七十三號
張國熙		十五	無錫	無錫市三下塘	南門內三下塘旱橋街口第六十七號
糜熙瀚		十五	無錫	無錫市周師弄	無錫北門外周師衖內第三十二號
談競秀		十五	無錫	富安鄉大長圩	無錫戴溪橋馬恆泰肉莊收轉
朱仁基		十五	無錫	懷下市上山	安鎮張信盛號收轉上山
顧竹軒	鳳苞	十五	無錫	無錫市百歲坊巷	無錫南門內百歲坊巷第五號
鄧石麟		十五	無錫	無錫市映山河	光復門內映山河安仁巷第十四號
杜武鐩		十五	無錫	無錫市駁岸上	無錫東門內駁岸上杜留餘堂
胡 諤		十五	無錫	天上市村前	無錫堰橋鎮鴻泰號收轉村前
劉夔龍		十四	無錫	無錫市書院衖	無錫北門內書院衖劉撫院
劉思岵		十四	無錫	無錫市書院衖	無錫北門內書院衖劉撫院
顧 堉	三谷	十四	無錫	無錫市百歲坊巷	無錫南門內百歲坊巷第五號
胡紹元	滌美	十四	無錫	天上市胡家渡	無錫堰橋轉胡家渡胡德泰號交

33.

現在各級學生姓氏錄

孫祖蔭		十四	無錫	無錫市小婁巷	無錫東門小婁巷內第八號
侯導江	步東	十四	無錫	無錫市學前	無錫城內學前街
周　英		十四	江陰	江陰顧山鎮	無錫轉顧山鎮東街源泰祥號收交東莊
章仲清	尙虞	十四	江陰	無錫市駁岸上	無錫東門內駁岸上第十九號
楊壽圻		十三	無錫	無錫市西河頭	無錫西門內西河頭第四號
黃志德	中瞿	十三	無錫	泰伯市碩望橋	無錫望亭鎮轉大牆門華德泰號再轉碩望橋
倪鑑清	瞻庭	十三	無錫	景雲市后暘坊前	無錫南門外景雲市后暘坊前
袁同藩		十二	無錫	無錫市小河上	無錫東門內小河上第廿一號
許邦藩		十二	無錫	無錫市小河上	無錫東門內小河上下岸第二號
秦恩瑩		十二	無錫	無錫市駁岸上	無錫東門內駁岸上第十一號
徐鳳暄		十二	無錫	無錫市小婁巷	無錫東門內小婁巷口第十五號
周　仁		十二	江陰	江陰顧山鎮	無錫轉顧山鎮東街源泰祥交東莊
楊樹佸		十一	無錫	無錫市留芳聲巷	無錫南門內留芳聲巷第二號

二年級（二）

姓名	字	年歲	籍貫	住址	通信處
龔宜杓		十二	無錫	無錫市斜橋下	無錫城內斜橋下廿五號
許夢旋		十四	江陰	江陰馬嘶鄉許巷	無錫轉北漍許巷
許權		十二	江陰	同右	同右
韓鶴鳴		十三	無錫	萬安市錢橋	無錫錢橋鎮北街
龔炳勳		十三	無錫	無錫市亭子橋	無錫東門外亭子橋第四號
陳宗蕃		十四	無錫	青城市玉祁	無錫玉祁鎮（通航）
趙毓祥		十三	無錫	無錫市新廟前	無錫東南三圖新廟對河虹橋一號
孫浙寶		十三	無錫	無錫市小河上	無錫城內小河上少宰第
郭鈞一		十二	無錫	無錫市營橋巷	無錫城內營橋巷
楊紹通		十二	無錫	無錫市東河頭巷	無錫城內東河頭巷第十八號
張廷棟		十四	無錫	無錫市顧家街	無錫東門內顧家街第八號

榮宗濤	十二	無錫	開原鄉上蔣巷	無錫河埒口上蔣巷
胡　謨	十三	無錫	天上市堰橋	無錫堰橋鎮
倪丕烈	十二	無錫	景雲市坊前	無錫坊前鎮後街
郭頌齡	十五	江陰	江陰長涇鄉陳市	無錫轉陳市北前頭
顧光烈	十四	無錫	無錫市東河頭巷	無錫城內東河頭巷廿四號
張念駿	十四	無錫	無錫市喜春街	無錫東門內喜春街第三十號
孫瑞生	十五	無錫	懷上市陳市	無錫陳市河南
劉文灝	十六	江陰	江陰長涇鄉北漍	無錫轉北漍河西
史宗煜	十五	無錫	無錫市西橫街	無錫西橫街第三十六號
李國樑	十五	無錫	無錫市喜春街	無錫東門內喜春街第四十四號
張丑政	十三	無錫	北下鄉東亭	無錫東亭鎮欽家橋
季根培	十五	無錫	天下市長安橋	無錫長安橋西鎮
顧毓芳	十三	無錫	無錫市虹橋灣	無錫南門內虹橋灣

陳耀章	十五	無錫	無錫市小河上	無錫斜橋下小河上第七號
吳克剛	十六	安徽壽州	無錫市亭子橋	無錫東門外亭子橋北第五十八號
倪寅根	十六	無錫	天下市西河頭	無錫西河頭中市
倪邦烈	十五	無錫	北下鄉東亭	無錫東亭鎮東街東橋堍
繆蔭祖	十七	無錫	天下市長安橋	無錫長安橋東鎮繆義興號
楊肇蓮	十七	淮陰	無錫市水獺橋	無錫水獺橋下塘六十三號
鄧長茂	十五	無錫	萬安市鄧巷上	無錫錢橋鎮鄧巷上
張儒林	十五	無錫	無錫市南長橋	無錫南門外南長橋萬興煙號內轉
季東勳	十七	無錫	天下市長安橋	無錫長安橋東鎮
畢錫華	十七	無錫	懷下市畢家壩	無錫查家橋生生堂藥號轉
金光華	十六	無錫	無錫市西鼓樓巷	無錫老縣前西鼓樓巷十四號
盛錫泉	十七	無錫	萬安市盛巷上	無錫石塘灣盛巷上

一年級（一）

現在各級學生姓氏錄

姓名	字	年歲	籍貫	住址	通信處
顧贍岵		十三	無錫	住基上	無錫望亭交住基上樓底下
殷祖培		十三	無錫	無錫市外黃泥橋	無錫新街衖口第三十六號
盛錫鈺		十三	無錫	萬安市盛巷上	無錫石塘灣交盛巷上
張大煜	任宇	十二	江陰	江陰長鄉黃石山牆	無錫轉長涇鎮黃石山牆或無錫東門大婁巷三十四號楊宅
孫少卿	壽彭	十三	無錫	無錫市駁岸上	無錫駁岸上水龍宮對門
陳林泰		十一	無錫	無錫市北裏城脚	無錫北大街同益泰麻號
宋晟勳	景西	十二	無錫	無錫市小郲衖口	無錫北大街學海堂書莊
金福源		十三	無錫	無錫市北塘	無錫北塘金祥泰號
楊贊栴		十三	無錫	無錫市留芳聲巷	無錫留芳聲巷大樹下第二號
張祖詒		十二	無錫	無錫市鳳光橋	無錫鳳光橋顧宅
丁樹錚	再生	十三	無錫	無錫市東河頭巷	無錫東河頭巷第二十七號
俞佐逌		十二	無錫	天下市東北塘	無錫東北塘鎮恆茂染坊

王炳淼		十三	無錫	無錫市斜橋下北橫街	無錫斜橋北橫街第八號陶宅
榮光烈		十四	無錫	無錫市亭子橋	無錫喜春街周昇源號
顧毓澄		十二	無錫	無錫市虹橋灣	無錫虹橋灣第六號
華汝昌	克歐	十三	無錫	無錫市亭子橋	無錫亭子橋華益茂染坊
陶鵬書	昆泉	十五	無錫	無錫市小婁巷	無錫小婁巷第四號
顧　侃	慕陶	十三	無錫	無錫市喜春街	無錫東門內喜春街第五號
祝壽祺		十四	無錫	無錫市大街內	無錫南門外大街定勝橋第八號
王誦青		十四	無錫	無錫市通運橋	無錫通運橋匯通轉運公司
龔壽彭		十三	無錫	無錫市大婁巷	無錫大婁巷龔麗茶居內
陳巖雲		十四	無錫	無錫市大婁巷	無錫大婁巷第二十五號
沈志軒	沈鈞	十五	無錫	無錫市北塘	無錫北塘接官亭沈正興號
孫宗幹	士正	十六	無錫	無錫市小河上	無錫小河上第三十五號
鄧馥生		十四	無錫	無錫市光復門內	無錫光復門內映山河第十五號

現在各級學生姓氏錄

陸增康	晉千	十	無錫	無錫市喜春街	無錫喜春街第三十六號
曹曾祿		九	無錫	北下鄉查家橋（暫寓無錫小婁巷第一號）	無錫查家橋生生堂藥號
曹曾祜		十一	無錫	北下鄉查家橋（暫寓無錫盛巷第六十號）	無錫查家橋生生堂藥號
孫寶書	玉生	十一	無錫	無錫市小河上	無錫小河上第十七號
顧宗岳		十一	無錫	無錫市蘇家衖	無錫蘇家衖第八號
楊承緒	摩西	十二	無錫	無錫市留芳聲巷	無錫留芳聲巷第二號
程進德	日勳	十二	無錫	無錫市承賢橋	無錫南門承賢橋第三號
秦曾元	道明	十二	無錫	無錫市光復門內	無錫光復門內許家弄第一號
陳家鳳		十三	無錫	無錫市壇頭弄	無錫壇頭弄口悅心茶室
朱坤一		十二	無錫	景雲市前旺	無錫前旺
俞榮泉		十四	無錫	無錫市蘇家弄	無錫惠巷上第七號
周賡頤	霽礽	十一	無錫	無錫市大河上	無錫大河上下岸第十三號
胡同一		十一	無錫	無錫市斜橋下	無錫城中斜橋第十三號

竇鳳標	建霞	十三	無錫	無錫市新街巷	無錫中市橋旁新街巷桂香堂倉廳
孫萬鎔	漢章	十二	無錫	無錫市駁岸上	無錫駁岸上水龍宮斜對門孫宅
鄧宏甲		十四	無錫	無錫市喜春街	無錫喜春街第十九號
曹咨禾	景暉	十六	無錫	無錫中市橋巷	無錫中市橋巷第八號

一年級（二）

姓名	字	年歲	籍貫	住址	通信處
章植		十一	無錫	無錫市小河上	無錫小河上紙作坊三十二號
顧保椿	森如	十二	無錫	無錫市駁岸上	無錫駁岸上第二十一號
柳萬初		十二	無錫	懷下市柳家	無錫東湖塘大生義藥號轉
唐景河	福海	十一	無錫	無錫市大婁巷	無錫大婁巷第三十七號
錢振倫		十三	無錫	無錫市小河上	無錫小河上下岸第四號
張蔭梧		十一	無錫	無錫市喜春街	無錫喜春街第三十一號
胡學士		十二	無錫	無錫市小河上	無錫小河上少宰第

現在各級學生姓氏錄

鄭粟雲	恩熄	十一	無錫	無錫北門小三里橋	無錫北門三里橋源豐酒行
張銘恩		十三	江陰	江陰北漍鎮留墅頭	無錫轉北漍鎮金峻德藥號
陳鳳威	翔九	十一	無錫	懷下市倉下	無錫查家橋生生同藥號
秦寶順	州岡	十二	無錫	無錫市留芳聲巷	無錫南門留芳聲巷
錢國楨	初平	十三	無錫	泰伯市大西園	無錫東亭鎮徐萬益藥號轉錢曉山
趙柏生		十一	無錫	無錫市小婁巷	無錫小婁巷第三十七號
吳勝德	可均	十二	無錫	無錫市大婁巷	無錫大婁巷十四號
華汝亮		十一	無錫	無錫市亭子橋	無錫東門外亭子橋天和堂號
周宗唐		十三	無錫	無錫市亭子橋	無錫東門外亭子橋天和堂藥號
龔景綸	植三	十三	無錫	開原鄉藕塘橋龔巷上	無錫西鄉藕塘橋義和祥洋貨號
李福泉		十二	無錫	無錫市喜春街	無錫東門喜春街華德橋
馮贊照		十三	無錫	武進政成鄉余巷鎮	無錫轉橫林俞巷鎮益興號
陳月清		十三	無錫	天上市堰橋楊巷上	無錫北鄉堰橋尤乾泰交楊巷上陳元昌酒店

杜士奎		十二	無錫	無錫市亭子橋	無錫東門外亭子橋天和堂號
蔡殿楣		十三	無錫	無錫市東河頭巷	無錫東河頭巷第三十六號
張競顯	潮金	十二	無錫	萬安市石塘灣愼思橋	無錫洛社鎭愼思橋
陸秉泉		十三	無錫	天下市東房橋	無錫北鄉東房橋
奚士毅		十四	無錫	無錫市亭子橋	無錫東門外亭子橋天和堂藥號
孫宗枚	禹臣	十三	無錫	無錫市小河上	無錫東門小河上孫義莊三十五號
李祖榮		十四	無錫	北下鄉東亭鎭	無錫東亭鎭朝北牆門
羅　寬	義經	十三	溧陽	無錫市新廟前	無錫新廟前銅錫公所
喬宗海	淵泉	十三	無錫	懷下市喬巷	無錫東湖塘大生義藥號轉
陶　冶	子華	十四	無錫	開原鄉錢橋鎭	無錫錢橋陶恂記號
田光祖	念恩	十三	無錫	無錫市東河頭巷	無錫東河頭巷二十三號許宅
楊錫坤		十三	無錫	無錫市笆斗衖	無錫北門笆斗衖楊天成
秦寶林		十四	無錫	無錫市留芳聲巷	無錫南門留芳聲巷

現在各級學生姓氏録

張潤身		十三	江陰	江陰馬嘶鄉留墅頭	無錫轉北潝金峻德號交留墅頭
張蓮舟		十四	江陰	江陰馬嘶鄉留墅頭	無錫轉北潝金峻德號交留墅頭
江錦紳		十三	江陰	江陰長涇鄉北潝鎮西街中	無錫轉北潝西街江乾華號
倪世顯		十四	無錫	景雲市后暘坊前新石裏	無錫后暘坊前交新石裡
楊亞平		十三	無錫	景雲市后暘坊前鎮西街	無錫南門外后暘坊前西街
陸福成		十五	無錫	天下市東房橋	無錫北鄉東房橋第三國民學校
陸曾奎	星齋	十四	無錫	天下市東房橋河南	無錫北鄉東房橋第三國民學校
孫延		十五	無錫	無錫市江陰巷	無錫北門江陰巷
俞漢憶	文英	十四	無錫	開原鄉藕塘橋俞巷上	無錫西鄉藕塘橋興昌裕木行交俞巷上
陶坤泉	陽生	十五	無錫	無錫市北柵口	無錫北柵口第六百六十七號
龔漢良	惟一	十五	無錫	開原鄉藕塘橋龔巷上	無錫西鄉藕塘橋義和祥號交龔巷

歷屆畢業生國文成績選錄

學問與經濟相關說

第一屆畢業試驗國文科第一名　顧曾慶

嘗聞人言學問之博陋視乎理事之多少事少而簡者學問必陋理事實足以累學問也余聞其首而然之聞其末而疑之從而思之則誠自暴自棄之言也試察乎往古之人才博而多能者其學必深學陋而寡識者其才必短才之長短學問之所由也學之深淺經濟之所爲也學問之與經濟實有密切之關係而不可須臾離者也蓋學問者爲經濟之先聲而經濟者所以驗學問之實事也質而言之即學問與經濟互相並重者也試思之專求學而不理事則學問雖深而未免不合於時專理事而不求學則經濟雖有而未免無所根柢欲事之成安可得乎故學問者是得諸于己而經濟者施諸于事者也且也學問窒礙而不通往往悟于事理之中事理窒礙而難行往往明於讀書之時學問與經濟相關而不能離又如是也故經濟與學問必互相補助者也古人之所以處爲名儒出爲名臣者無他亦經濟與學問互相並重而知二者之有關係而已

平正通達筆亦有章法

李愬雪夜襲蔡州論

第二屆畢業試驗國文科第一名　虞森書

自古爲將之道貴能出奇以制勝不然則庸才也若能料人之所不能料爲人之所不敢爲者事雖不成已可爲千古之良將況能成其功乎昔者李愬任三降將乘雪夜而襲蔡州衆皆曰不可而愬竟成其功吾服其才之大而尤服其識之精焉夫忌敵者情也而彼乃厚結李祐以圖其成爭功常態也而彼獨拜迎裴度以敎其讓自古以來愬一人而已且夫兩軍相接非降者不能知敵之勇怯非降者不能知敵之情僞非降者不能知敵人地利險易使愬不於此時厚結李祐則襲蔡之舉吾恐其不能成功矣且行兵之道以機密爲上若愬于此時兵士咸知其所向則軍心必不固即軍心能固而日中進兵則蔡必有備即使無備攻之亦非易況斯時矣蕭重質擁精兵於洄曲若愬不于此時招致之吾恐精兵一至愬其危矣果如此愬尙得稱爲良將哉惟其用李祐而不疑冒風雪而不畏用降將所以知敵之情冒風雪所以乘敵之不備此其所以能制勝也兵法云知彼知己百戰百勝又曰攻其不測乘其不備若愬者可爲善用兵者矣而論者曰愬乘雪夜而破蔡州乃一時之幸耳不知善破敵者其進取之計未有不預定于胸中而可取諸臨事者也且其御降將也亦必有御之之術可知矣嗟乎世之不預定

進取之計而欲破敵者其不爲敵所陷者幾希視愬之襲蔡州寧無愧乎

議論明通出筆清利一結尤有無限感慨

楊震暮夜辭金論

第三屆畢業試驗國文科第一名 程昌圻

財者人人之所欲也求之惟恐不得況餽之乎然君子所受之餽必適于義而取之不適于義則不取也楊震之暮夜辭金可謂君子矣何也當震過昌邑之時王密懷金遺震以舊友之相交於暮夜餽之受之亦無不可也而震以四知戒密使之悔悟不致輕視于故友以失人之廉節且使密無賄賂公行之事此其志節可謂大矣夫人臨財而不取者少矣況與之而不取乎由此觀之可見震必適於義而取之非敢輕受人之餽也且密無故遺之金是不義之餽也震若受之是受不義之餽豈震甘爲不義之人乎是震不受而存大義故震之子孫得謂清白吏之子孫也曲禮曰臨財無苟得震之廉節其庶幾乎然後世之不顧大義而貪財者當以震爲法矣

言明且清筆不支蔓

商湯弔民伐罪論

第四屆畢業試驗國文科第七名 顧曾授

當人民困苦生靈塗炭之際則必有賢且智者出焉救斯民于水火之中而天下受其惠夏桀之時暴虐無度生民受其害無日不思與之偕亡也有聖人出焉曰湯鑒生靈之塗炭遂起而放之於南巢雖爲天下後世亂臣賊子所藉口尤且不顧於斯時也苟湯恐亂臣賊子之藉口聽桀之暴虐而不放之則生民受其害不知伊於胡底也且也湯苟不行此舉非特當時不能得其益又恐有害于後世焉何則苟無商湯開其端則伊尹見太甲之無道而不知放武王見紂之暴虐而不知伐當世之民亦必受太甲商紂之暴虐也無疑矣幸湯以民爲貴而敢於放桀當時固不得不謂受其惠而其弔民伐罪之功又及於伊尹武王之時矣後世之人遇昏君暴主而相繼起義者亦不得不謂無影響也嗚呼商湯之功大矣後世之人處商湯之時勿求弔民伐罪之名必求弔民伐罪之實慎之哉

簡潔明淨

論南宋議和之得失

第五屆畢業試驗　國文科第二名　程光圻

自古馭夷之道宜戰不宜和未有屈意求和而能長治久安者也當宋之時金人數寇中原徽欽北狩及宋南渡而後金勢日張寇氛不靖幸有岳飛韓世忠等抱忠義挾公憤以雪國恥自

任。故朱仙鎭大儀等之役。遂得以褫敵魄而揚國威。不意天不祚宋。使胡奴得逞其志。雖忠如岳韓。而秦檜抑之於前。張俊沮之于后。而渡河以北直抵黃龍之志不得遂。使數十年養壬之苦衷。血戰之奇功。廢之一旦。宋之社稷。亦一蹶不復振。嗚呼。是誰爲之。以使梓宮不可還。太后不可復。淵聖不可歸。宋室不能混一天下。而遂偏安於江左者。豈非秦檜之罪乎。然檜之力主和議也。亦非甘與正人爲讐也。特借此以自利耳。何者。檜雖身在宋。而心固在金也。蓋金欲求和于宋。不得不藉檜之力。檜欲取富貴于宋。不得不從金人計。以讐主戰諸臣。此飛之所以被誅。而世忠之所以隱身不仕也。嗚呼。飛若不被誅。世忠若不隱身。則此不共戴天之仇。何憂不能報哉。吁。此豈非議和之失乎。

簡潔老當

興實業以救國貧說

第六屆畢業試驗國文科第一名　華楨

嗟乎。吾國以二十二省之廣。四百兆人之衆。礦產動植畜牧之利。充溢國中。俯拾皆是。似其富可以稱雄于全球矣。乃今起視吾國。民貧如故。國弱如故。貨財日流于外國。利權半操于強鄰。賠款歲輸。外債日增。今欲培國本。濬利源。策國家之富強。資民生之利賴。取無窮而用不竭者其惟實業乎不虛之謂實有恆之謂業人人有業則國家之禍亂弭人人務實則土地之菁華出何謂實業曰農曰工曰商農知講學工知改良商知致遠是謂實業之振興吾國實業未嘗不講求其所以不振興者固由民之安于守舊而不知改良亦由政府之輕視實業而不知提倡有以致之也政府既輕視實業人民又限于財力雖有奇巧之心思莫大發展此我國實業所以不振興也爲今之計惟有多設實業學堂廣興實業公司深究實業之理由精求實業之方法何者宜種植何者宜畜牧何者宜蠶桑何者宜製造地利必辨物性必知人情風俗必加致察又宜保護實業之利權鼓勵實業之民氣更宜多開博覽共進諸會以啓發實業之心思而況西北邊疆礦苗最富東北濱海漁利尤宏尤宜設法採取以開濬實業之利源要在善用振興之法而已矣我國苟能振興實業則上爲國家致富強下爲民生資利賴此誠救時之先務治國之良圖也有振興實業之責者其知之

思議親切筆力緊快實能達出題之所以然

富強源于教育說

第七屆畢業試驗國文科第一名　楊蔭溥

今日我國之貧弱已達極點民則身軀孱弱十室九空國則師徒屢敗度支告匱憂國者莫不

曰興實業振軍備以謀轉貧爲富反弱爲強雖然其亦知富強必本於教育乎蓋教育者國家之精神命脈也苟國家之教育盛則其人民之道德必優美學藝必高深身體必發達人民如此國家何患不富強哉或曰今日中國之教育不可爲不盛矣學校林立學科完備讀書識字者日益加多而國家仍不富強者何故曰吾國之教育多普通吾國之學校少專門欲求富國者非振興實業不可欲振興實業非注重實業教育不可試問吾國實業學校有幾何哉欲求強國者非整頓軍備不可欲整頓軍備非注重國民教育不可試問吾國軍備學校有幾何哉此吾國之所以不富強也且富非徒恃實業也苟人人知生財之道理財之方且謀生之知識備獨立之技能則民富國可足然亦胥賴教育也強非專恃軍備也苟人人知愛國之理具合羣之心誓雪國恥抵禦外侮提倡勇武之精神養成國民之資格則民勇國可強然亦胥賴教育也語曰求木之長者必固其根本欲流之遠者必濬其泉源然則教育者富強之根源也且吾國地大物博開化最早據二十二行省之廣有四萬萬人民之衆地溫帶物產豐饒俗尚文明人才輩出苟能加以實業教育及軍國民教育則亞洲貧弱之國安知不爲世界富強之國哉是所望于有一國教育之責者

分寫合寫一氣旋於富強需教育之故實能道出題之所以然

振興國貨以抵制洋貨

第八屆畢業試驗 國文科第一名 華保禮

自海禁開創千古未有之奇局自商埠盛貽中國無窮之漏卮故處今日以衡時勢必以收回利權爲最要收回利權之事要不外振興國貨以抵制洋貨而已夫我國國貨絲茶而外以五金木棉爲大宗而絲茶尙爲輸入之利五金木棉則每年輸出之利爲數甚鉅欲思抵制惟有購用機器自開鑛產自辦紡織廠使國人之器械衣服取之無盡用之不竭如此則不言抵制而抵制，在其中矣攷吾國鑛苗極旺如大冶之鐵漠河之金萍鄉之煤開採已久頗著成效苟能各省仿行逐漸推廣則吾國鑛產日多開無窮之利源絕莫大之漏卮較之區區於薄物細故空言振興國貨者其大小輕重相懸爲何如也至於紡織權爲外人所握久矣向者紗布進口每年値四五千萬兩今則有增無減有識者所以亟亟設局自行紡織攷我國紡紗織布之廠除通州上海漢口外所在皆有近年以來獲利無算然通計全國不過數十處若能度水土所宜以次添設其爲民生日用之利豈淺鮮哉然欲開礦合法在乎擇精器通運道暢銷場推而至于研化學備物料設公司立分局而欲商辦有成又在政府立法以保護之欲紡織盡善在乎精工作更稅則便轉運推而至于播種洋棉購用新機講求新法而欲華棉有用又在工師設法以攙和之要而論之今之時非閉關自守之時也既難禁洋貨之不來即難保利權之不溢使於此而不設法挽回必有民窮財盡之患故處今日而開鑛紡織實爲抵制洋貨之大者遠者也但使土鐵土布多銷一分則洋鐵洋布多塞一分外洋利息少贏一分即中國利息少耗一分雖其外漏巵尙多而此二者已爲國貨之大宗矣今論者爭言排斥外貨但注意于日用所需玩好之末爲細已甚無關大局旣云抵制當就其遠大之事而圖之又宜擇其重要之事而提倡之也

立言能見其大用筆有條不紊饒有王景略捫蝨而談旁若無人之概

諸生來學三載於茲研究國文有無心得試各舉所知以對

第九屆畢業試驗（三年級一）國文科第一名　朱文沅

沅於癸丑歲自鄉閭私塾肄業本校學於補習科凡兩學期而升一年級其後逐年遞升因未嘗越級亦未嘗留級也駒光如駛倏已三載研究國文心得寥寥自愧有負師長大約國文分古今二種桐城派陽湖派不立宗派文之古者也近人所著文之今者也要之無論古今文之

派別與夫所以爲文之法皆研究國文者之所不可不知然欲語其詳則有諸大家論文在非沅之淺學所敢妄言茲特就半日之所知者約略陳之點題之法所以表明某文爲某題古人言畫龍點睛即此理也不知點題之法則不能明某文爲某題某題非某文矣起承轉合古人相續成篇之法也起貴突兀承貴分明轉貴矯變合貴含蓄四者之外命意宜避淺近也措詞當求簡潔也選字務取典雅也於是參之開合以助其瀾參之反正以振其勢參之譬喻以達其情參之頓挫以盡其致又恐迂緩也而馳驟之恐其堆疊也而錯綜之恐其首尾不相顧也而呼應之恐其脈絡不貫注也而綰合之苟能得之於心應之於手則行文之能事畢矣雖然之數者固沅三載以來之所研究竊有志焉而未逮不足以言心得者也若言心得當多讀古今名大家之文乃能窺其涯略非沅今日之所敢知矣謹對

掃盡陳言獨標眞諦後半摹倣柳州答韋中立書尤爲學古有獲生眞確有心得矣

言志

第九屆畢業試驗（三年級二）國文科第一名　秦宏濟

險阻橫於前而吾行不爲之卻危疑撓於後而吾意不爲之動孰主宰是孰維繫是孰從而策勵是曰有志在蓋志者氣之帥也事之的也功業之基礎進取之軌道也循是以往用力大者

則大成用力小者則小成違是則否是故先有希望而後有幸福先立乎名而後能責以實勢必有至理有固然若是乎則志之不可不立也顧曠觀古今縱觀時局國勢亦危急矣人才亦缺乏矣吾將何爲而可哉吾將牽車服賈持籌經商乎非不可以懋遷有無而非所願也吾將引繩削墨製氣尙象乎非不可備製用而亦非所願也吾將爲隴上之氓犁雲鋤雨乎圃中之子剝棗烹葵乎而吾以爲迂也吾將窮經問道修身立名因材施教警頑起懦乎然余以爲緩也今爲法治之國吾其從事於法律乎今爲競爭之世吾其致力於戰陣乎然而毛羽不豐滿者不可以高飛身體不強健者不可以行遠小子自問年齡幼稚尙不足以言志也方將進身中學鍛練其身體增益其智識開拓其心胸乃可靜歡默察擇善以從是時吾之志立吾之志堅矣今先生不以爲不才而辱問之願以異日

町畦獨闢趨徑殊高筆亦極擇灑自如之妙

國家富強端賴民力凡爲國民者宜如何痛自鞭策始不負此重大之責任諸生爲學有年必能深悉此義試各抒所見以言之

第十屆畢業試驗國文科第一名 丁元生

嗚呼國家存亡之理雖云天命詎微民力哉民欲富之則富貧之則貧民欲强之則强弱之則

弱國既富強則途無餓莩敵不敢侵何患乎亡哉國苟貧弱則民多饑寒外患日迫其存必不逮三稔也然則國家興亡匹夫有責之言信矣是故欲觀其國之強弱貧富但審其國民力之堅靡可也民苟耐苦而好勝尚公而知恥則其國必富且強雖猶貧弱其富強必有日矣使其國之民好逸而無事蔑恥而不自振則其國必貧而弱去亡不遠矣余統觀中外存亡盛衰富強貧弱之理無出此者若英美之富德日之強韓之亡於日印度之役於英是也古之范文正幼即以天下爲己任斷虀畫粥卒能建其偉業其所以刻苦奮勵痛自鞭策不使其稍有暇逸者亦爲富民強國不負其責任而已今中國之富家子弟咸終日無所事放浪形骸花天酒地以爲人生無上之快事而貧者汲汲於自營以國家置之於不顧僉不知其有千鈞之責任無尤乎國之貧弱也悲夫

議論正大筆致軒爽用意亦能到底不懈

◉勘悞表

現在各級學生姓氏錄

第一頁第六行第九字上係下字悞

第八頁第八行第五字六係四悞

第十頁第五行第十二字下脫經字

第十一頁第七行第十四字大係火悞

第十二頁第四行第五字生係森悞

第十五頁第十一行第八九字係江陰悞

大事紀

第二頁第四行第二十一字課字下脫本字

第二頁第十二行第六字及係至字悞

第五頁第九行第十二字訂係計字悞

第六頁第七行第三字陳應另行

勘悞表

第十頁第十二行第十五字之係三字悞

第十五頁第九行第二十一二字規定係並字悞

又第十八行第二字係織字悞

又第二字下脫販賣部三字

錫金學校重興紀事

（清）楊模 編撰

《錫金學校重興紀事》上、下兩卷，（清）楊模編撰，清光緒二十九（一九〇三）鉛活字印本。無錫市圖書館藏。

楊模（一八五二—一九一五），字範甫，號哲庵，無錫縣人。清光緒十一年（一八八五）拔貢，二十年經濟特科舉人。曾入張之洞幕府助辦自强學堂，後又任山西武備學堂監督（校長）兼總教習。光緒二十三年回錫與邑人秦謙培等於連元街創辦竢實學堂，倡導新學，培養人才。工駢散文，與鄧源、秦堅、秦寶璐、華世芳、裘廷梁和楊楷並稱『梁溪七子』，著有《哲庵文存》四卷。光緒三十年七月，因籌款辦學而抽米業税厘充學捐，引發米業惡少搗毀新學校舍及住宅的嚴重事件。後由江蘇巡撫攝兩江總督端方責令米商賠修。楊模所編這本《紀事》，記述了竢實學堂、東林學堂、三等學堂等三所新式學堂遭毁的經過和重新得到修復的情況。其卷首刊有珂羅版印刷的三所學堂遭毁的現場照片二十四張。上卷除收録有關此事件的電報、公牘外，還收録了無錫、金匱兩縣有關文件，並附刻了《金匱匪徒毁學始末記》，爲近現代無錫教育事業發展史留下了珍貴資料。

（夏剛草）

錫金學校重與紀事

(1)

溧陽尚書中丞眞

(2)

蟄龕主人五十四歲小影

(3)

竢實學堂操場歡迎之圖

東林學堂操場歡迎之圖

(4)

竢實學堂毀屋之圖

(一)

大門

(二)

客堂及辦事室

(三)

高等級課堂

(5)

竢實學堂毀屋之圖

(四)尋常級課堂

(五)圖書儀器標本堂

(六)教習房及寄宿舍

(6)

東林學堂毀屋之圖

(一)中門

(二)教習房及寄宿舍

(三)尋常級課堂

(7)

東林學堂毀屋之圖

（四）高等級課堂

（五）客堂及辦事堂

（六）圖書儀器標本室

(8)

三等學堂毀屋之圖

(一)客堂

(二)優級課堂

(三)初級課堂

(四)圖書儀器標本室

楊崇蘭堂毀屋之圖

(一)正廳東面

(二)正廳西面

(三)後樓

(四)後書房

(6)

錫金學校重興紀事卷上

電報

上端撫電　撫憲鈞鑒。米商匿捐罷市兩日。今晚聚衆二千餘至舍。刧掠索人。縱火房屋。危迫萬狀。速請鈞裁。電飭營縣。妥爲解散。不勝待命。楊模稟。冬。七月初二晚十一點鐘發

錫紳致京都同鄉電　錫金會館公鑒。米棍吞捐。聚衆焚掠。勒令合城罷市。學堂毀盡。危急。速電蘇撫。錫紳公電。初三日發

端撫致兩縣電　米行因學堂議加捐款。相率罷市。並毀壞學堂。燒毀楊紳模廳房。刖行輕聽謠言。亦有閉門者。查此事楊紳辦事操切。所請加抽米捐。本部院並未批准。稟內亦無捐及刖行之語。楊紳不洽輿情。本部院自當持平辦理。維聚衆罷市。律有明條。該行戶等萬不可妄聽訛傳。自生疑惑。仰即諭令一律開市。弗得遲延。致干罪戾。果能即刻開門。尚可從寬免究。倘再抗違。定將爲首鬧事之人。嚴拏重辦。以上云云。即刻繕錄多張。遍貼衢市曉諭。該令兩電均悉。境內敎堂。必須如意密爲保護。要緊要緊。撫院江。

錫金學堂致同鄉京官電　學堂議撥提米行廟捐。並未另加米董造謠各業皆捐。致激衆

怒。煽動匪類、逼迫罷市、初二晚掠楊宅、初三日毀竢實東林學堂淨盡。晚復焚燬楊宅。兩令模稜粉飾。朦稟上憲、乞會同鄉面稟管學。電致端撫、速商辦法、支

兩縣稟蘇撫電　撫藩臬臺鑒。米業罷市一案、本日已一律開市、地方安謐如常、特先稟聞。再初三日酉刻、楊模被焚住宅。餘火因風復燃、延燒房屋兩進。立即救息、查無縱火滋鬧情事。詳細情形、另行具稟。卑職詒鳴鳳稟　頃奉江電。兩縣各行已一律開市、業經電陳、教堂亦保護平安。堪慰憲廑。除遵飭照繕電示曉諭外。詳細情形、查明另稟。卑職詒鳴鳳支

蘇撫飭兩縣電　此案楊模等赴學院稟加米捐。批由該令提集趙藝等澈究。事關加捐。並未據該令將辦理情形具稟錄報、此次米行罷市、縣中先既聞有謠言、不能預爲布置、彈壓解散。已屬罷軟無能、目前又不能迅速辦妥、安坐衙齋、視若無睹、尤爲可恨、現已飭委王令念祖馳往。會同妥速查辦。總之罷市滋鬧。大干例禁、楊模等稟加米捐一事。該米行左右爲難情形。亦應據實來省稟訴。乃並無一字呈轅、輒敢妄聽謠言、聚衆罷市、實屬藐法已極。向來此等案件、無不由於匪徒造謠唆使、希圖搶掠漁利。迨至禍已釀成、匪徒已遠颺。無知貿易之人。反干法紀。其情不無可矜。該令等與王令向各米行切實開導。令其迅速一律開市。

一面密拿造謠匪徒。及爲首滋事之人。嚴訊禀辦。至開導之法。須督同公正商董。及地方素所敬服之人。分投諭告。亦非一紙示諭所能了事。惟愚民固屬堪憐。刁風亦不可長。該令務善體此意。妥速辦理。倘再措置乖方。或仍坐視不理。定將該令予以重譴。務即會同王令。飛速電聞。撫院支

端撫復同鄉京官電　戶部廉軍機楊商部唐兵部王商部楊戶部唐鑒。支電悉。貴邑米棍聚衆鬧事。已派員往彈壓。現在業經開市。城內安堵。當一面查拿首要。一面料理捐欵。務求持平辦理。祈勿念。又公呈請將公車賓興欵項改派學堂出洋。極是正辦。容批縣料理。地方欵項。任其虛縻坐耗。學堂轉不能提用。鄙意甚不謂然。正當切細清查提撥。恢張學界。以慰諸君子之望。方歌。

致京部學務處王書衡　轉呈張尚書鑒。無錫米業吞捐抗查罷市。挾匪燒搶。各學堂均毀。求速電端帥嚴辦。匡扶學界。張鶴齡楊模道霖魚。

覆無錫各學堂　無錫學堂公鑒。己禀管學電端撫。端前來覆電。拿首要。整捐項。意同。廉。七月初九晚自北京來電

張管學二電　蘇州端撫台鑒。閱致無錫京官歌電。知已查拏首要。料理捐欵。極佩藎籌。興學困難。望壹意匡扶。以善其後。熙。尤。

上海南洋公學轉張篠圃觀察鑒。書衡交蘇州魚電閱悉。已電致午帥矣。望轉告範夫昆仲。熙。尤。

蘇撫覆管學大臣電　尤電敬悉。錫金米行罷市一案。由於官紳商全不接洽。致釀此事。現已派許守星璧王令念祖前往查辦。鄙意先將首要嚴拿痛懲。學堂捐欵。亦須澈底清查。惟緩急操縱之間。不能不因時制宜耳。兩學堂已責成兩縣賠修。不准有誤學生講肄之期。俟有眉目。即當奏明辦理。愚莠未化。深自愧悚。仍求隨時匡救爲幸。方元。

公牘

邑紳王鳳儀等上撫院禀

爲學堂事重欵竭。持久難期。環籲恩准分捐絲米各土貨。以順輿情而綿教澤事。竊錫金兩縣於光緒二十三年。創設竢實學堂。所有學規及出入欵項。並由職模等縷悉禀明在案。惟查經費一項。開辦之始。未嘗請撥公家一錢。皆由本邑官紳商。勉力輸助。共計存洋六千餘元。凡購屋修理添置書籍器用及歷年開支修膳各費。至去年冬杪核計。僅餘存本一千八百餘圓。而每年開銷。極意撙節。約需二千數百元。除兩邑尊漕項分撥每年各一百元及他捐欵外。約歲虧洋一千數百元。若聽其支絀。不爲之計。至今屆年終。已將告罄。伏思學堂爲

應

詔興學培材之地。錫金紳商爲地方起見。合力鳩貲。先期設學。當亦大賢之所嘉許。惟値此廢興絕續之交。若無大宗接濟。深恐中輟半途。詳繹

詔意。學堂事在必辦。凡向未設堂之各州縣。皆將一律舉行。況竢實已成之局。與其舍之另

闢新基。轉多糜費。不若就此稍加推廣。較易見功。查錫金土貨。以絲米兩項爲大宗。商業此絀彼贏。迭爲消長。查常昭米捐成案。自光緒十七年稟蒙准蘇撫部院聶批准開辦伊始。商家糶糴。每石各取四文。先濟河工。繼修塔志。今與學堂均分。時閱十年。商民不以爲累。錫金米業。雖經恒善育嬰普濟三善堂及府邑等廟。按石抽捐。商民稱便。今

奉

明詔改設學堂。凡各紳商子弟。皆可就學。勉爲通材。揆諸百年樹人之義。其功效迥非尋常善堂邑廟可比。應請飭縣仿照常昭章程。每石糶糴各捐四文。永充埭實經費。由經董向各行抄數分收。至錫地絲觔。近年雖因售繭減數。統計每年價銀尚在百萬兩外。查本年浙省

杭屬紳士稟准

前浙撫部院余。每絲一大包捐銀二兩。撥充省垣學堂經費。請飭縣詳議。每包酌提銀若干。由學堂收支應用。以上兩項加捐。出諸賣戶爲多。於商情尚無妨礙。錫金事同一律。紳商慕義無窮。合多分少。費較易集。至各州縣烟膏店。既經清查普捐。撥充餉需。然土店之富。遠勝膏店之貧。似應

飭查各店底簿。月銷烟土總數。每兩酌捐錢一二文。加入賣價。撥充學費。店數無多。自易查
核。取之甚微。商亦無詞推諉。如蒙俛允所請。以兩邑之物力。培兩邑之人材。地方幸甚。再金
邑前建業勤紡紗公司。經理得人。歲沾餘利。應請准飭每紗一包酌提錢數文。又錫邑新設
保興麿麪公司。不日開市。亦應仿照按數捐輸。事出衆擎。在公司不以爲累。而學堂受惠實
多。以後懸爲定例。錫金地面。無論續開何項公司機廠。皆應仿照。一律按數輸捐。以昭公允。
其他地方各善舉。當不得援以爲例。如蒙一併
札飭遵照施行。庶學堂有所挹注。不致中墮。於
朝廷興學之年。實爲公便。至𡽪實歷年收支清帳。年終結算。皆可澈查。不敢稍存含混。以後
漸事擴充。益當撙節核實。無任虛糜。冀副
大憲大人節帑育材至意。除另稟
撫督憲外。伏候批示祗遵。謹稟。
光緒二十七年十月　　日稟
蘇撫院恩批

建設學堂。爲現辦先務之急。該紳等所設竢實學堂。創立有年。規模漸具。披閱所呈課文。亦均明晰有得。頗見踏實門徑。則以因爲創。尤屬便而易行。所請改爲官設。自應照准。所需經費。應於原有之書院公院彙核統籌。該紳等另稟請以東林書院改爲金匱小學堂。計其常年所入可得三千餘元。如停止課費。專撥堂用。能否藉籌挹注。以及稟敘之提捐絲米暨紗麪各貨。可否照辦。以資拓充。均應切實核明。分別辦理。至另稟所稱紫陽書院。以欵出於引捐。現竟改名鹺業公所。徒便商人之飲嬉醵遊。是因地收捐。既有取民之資。而數典忘祖。獨無惠士之實。何可置之不問。亦應核實查明酌辦。據請即改爲蒙學堂之處。現在經費支絀。與其多分名目。公項不揞。何如集力專歸。可期遠大。應否將竢實東林兩處。改爲一高等一蒙學。抑或力能分及。應另設蒙學。均宜詳查酌定。本部院夙知該二邑人士。稟山川雄秀之資。負奮發振興之氣。經濟文學。代有名人。有地方之責者。果能實心作養。獎勵扶持。將來成就。必有可觀。該二縣等何但將書院公欵。查明詳復。而置改創經營於不論不議耶。仰蘇派辦處會同藩司分別查核。妥議具詳。毋漏毋延。切切。另稟二件同呈閱竢實課文二本並發。

學董孫贊堯等上錫金二縣公呈

爲學堂經費支絀。各行籌捐甚難。請改撥各廟米䉤。永爲學堂之用。以紓商力而濟要公事。

竊維培植人材。以經理學堂爲要着。而辦理學堂。以籌集欵項爲先務。治等辦理以來。支絀情形。久蒙冰鑒。前經照會各商。量力捐輸。并蒙出示曉諭各在案。數月來。屢經集議。而捐欵迄無着落。治等平心商榷。從前邑中商務。以米業爲大宗。是以各善舉籌措經費。亦維米行最爲踴躍。近來米業遠不如前。而捐之者轉有加無已。殊非所以體恤商情之道。再四思維。與其竭澤而漁。爲不可終日之計。何如移緩就急。化冗欵爲的要之需。查邑中諸廟宇。自兩邑城隍廟外。若南水仙西水仙張中丞廟府廟延壽司祠山殿延聖殿。計共九處。兩城隍廟。則就所轄境內米行。各收一䉤。張中丞廟則統收一䉤。其餘各廟。均就其坐落地段。各收三䉤。本來各收四䉤。旋經普濟堂經費支絀。撥出一䉤爲普濟堂經費。故現均各收三䉤。髮逆肅清。迄今已四十年。從前尙以興復殿宇爲辭。今則各廟殿宇巍峨。早經興復。可無需此巨欵。即逐年不無修理。而其所收捐欵。除米行外捐項尙多。儘可足用。即使未盡興復。酌盈濟虛。以此項米䉤撥入學堂。亦先成民而後致力於神之意。況今廟貌旣極崇閎。其餘樓臺池榭。徒事修靡。賽會演劇。尤多耗費。舉國若狂。巫風日熾。地方陋俗。理宜嚴禁。本廟歲修。各捐可以數用。其餘糜費本在應節之列。現議將各廟米釐一律撥入學堂。以濟急要。前既有普濟成案之可援。現又爲

朝廷敦促之急務。揆諸情理。毫無關礙。即或有出而阻撓者。必係至庸極陋之流。惑於禍福鬼神之說。不知聰明正直之謂神。節各廟糜費之財。爲興學培材之用。神其有靈。且以爲禍不以爲福也。治等詢謀僉同。理宜合詞環請

老公祖大人批准施行。以本年十一月朔爲始。所有各廟米捐。一律撥入學堂。以充經費。並請出示曉諭。俾衆周知。實於學堂大有裨益。各米業又可無需另捐。商力亦可畧紓。得此挹注。明年各生徒修金。亦可酌量遞減。一舉而數善備焉。計無有便於此者。除呈錫金邑尊外。須至呈者。

光緒二十八年十一月十三日呈

錫金二縣照會各廟經董

爲照會事。據回籍沭陽縣教諭孫贊堯等呈稱。辦理學堂。以籌欵爲先務。前經照會各商量

力捐輸云云商力亦可畧紓等情。到縣據此。除批示外。合行照會。爲此照會貴經董煩爲查照。希將各廟米捐從本年十一月初一日爲始。一律改撥學堂。以資湊濟。仍將遵辦情形。刻日見復。事關興學要需。幸勿稽延。望切。須至照會者。 十一月三十日

錫金二縣告示

爲出示曉諭事。據回籍沭陽縣教諭孫贊堯等呈稱。辦理學堂。以籌集項爲先務云云商力亦可畧紓等情。到縣據此。除批示並照會各廟經董議復外。合行出示曉諭。爲此示仰兩邑米業人等一體知悉。爾等須知學堂經費支絀。現將各廟米捐從本年十一月初一日爲始。一律改撥學堂。以資湊濟。係爲移緩就急起見。務各遵照辦理。毋違。特示。

光緒二十八年十二月十五日示

學董孫贊堯等再上錫金二縣公呈

爲學堂經費奇絀。米捐積久支吾。呈求諭飭行頭。限日繳捐事。竊錫金兩公學堂開辦以來。經費奇絀。前經呈蒙照會。并示諭撥取米業各廟捐。藉充學費。當由 治等轉商各廟董及各段米行。兩月以來。迄無成說。惟念今屆學生。報名愈多。費用愈大。而各業舖捐。全視米業認

定。方能迎刃而解。若聽其游詞推諉。以致各業觀望。學堂從何取資。查向例錫金兩邑廟合捐一釐。本在四釐之外。且係社稷正神。擬請免查。其餘七廟。計張中丞廟一釐。六廟分段各收三釐。合計四釐。應請全數撥入竢實東林兩公學堂應用。此欵不獨出諸商家。無損於行。抑且其中尚有餘欵。惟八段米行。以三里橋爲首。其餘七段皆聽命焉。查有該處行頭張少和素著勤能。爲各行所推服。呈求諭飭該行頭。剋日書數繳捐。以應急需。倘有從中把持。准該行頭指名稟報。以憑詳府提辦。伏乞

公祖大人俯念學堂經費迫促。立賜諭飭該行頭張少和迅速抄繳。無任徇延。實爲公便。除呈錫金邑尊外。須至呈者。

光緒二十九年正月二十五日呈

錫金二縣諭米行頭

爲諭飭事。據回籍沭陽縣教諭孫贊堯等呈稱。竊錫金兩公學堂開辦以來。經費奇絀。前經照會并示諭云云。准該行頭指名稟辦。並乞俯念學堂經費迫促。立賜諭飭該行頭迅速抄繳等情。到縣。據此。除批示外。合行諭飭。諭到該行頭張少和即便遵照。迅將前項各廟米捐。

刻日書數收繳。事關湊濟學費。毋得徇延。切切。特諭。

光緒二十九年二月十五日諭

孫贊堯等三上錫金兩縣公呈

爲米行監守吞捐。呈乞嚴催全繳。以裕公款事。竊 治等前請將各米行本段廟捐。每石四文。撥充竢實東林兩學堂公費。已蒙諭飭行頭張少和限日抄繳在案。迄今旬餘。依然抗不遵辦。以致各業觀望。查錫金貨業。米市爲冠。業此者不下數千人。除現在帮夥在行者堅不吐實外。其餘歇業改業者亦復不少。公論自在。無不侃侃直談。據稱米行共捐買賣。每石一分。從前每歲可收洋四五萬元。分繳善堂各廟。祇有一成。高姓生意最大。開張最久。起家致富。實由於此。近年銷數減少。歲收不過二萬元。又經善堂邑廟整頓。然猶以銷數折扣。僅繳半數。每年實侵洋一萬元等語。復旁徵博引。衆口僉同。 治等前曾問過米行段董。所捐一分。作爲十釐分繳。今查各堂徵信錄。每釐收洋不及千元。確與所言相符。遂致各堂開支不敷。竊查地方公款奇絀。半由被各米行侵蝕之故。前請撥捐廟釐。實欲顧全各行體面。稍示微詞。令其吐出四成。藉充兩公學堂常年經費。所以聲明廟堂之外。各行尚有餘款。不復明言。待其省悟。詎知各段小行、尙可遵行。而三里橋各大行。則饕食無饜。串通行頭、分肥出抗、不思客商捐出之欵、交與行家。侵半不繳、即屬監守呑捐。揆諸律意、厥罪非輕、何况每歲萬金之鉅、應請霆威會銜立提該行頭張少和。剋日照數抄繳、如再抗違、即照包庇監守呑捐例。嚴押重辦、一面照會善堂、因何折扣銷數、查明各行有無與司事串通舞弊情事、重命整頓、至學堂經費四釐、即可照善堂抄數核繳、庶幾肅淸弊竇、實於兩邑學堂善舉、均有裨益。合詞

呈求

老公祖大人電核施行。除呈金錫邑尊外、須至呈者、

光緒二十九年三月初一日呈

錫金二縣諭米行頭

爲諭催事。案據回籍沭陽縣教諭孫贊堯等呈稱、錫金兩學堂開辦以來、經費奇絀、前經照會並示諭撥取米業各捐。藉充學費。數月以來。迄無成說。查八段米行以三里橋爲首。請諭飭該行頭張少和迅速抄繳等情。當經諭飭書數收繳去後。茲據孫紳等以各行串通行頭分肥出抗等情。具呈前來、除批示外、合行諭催。諭到、該行頭張少和立即遵照、趕緊抄數收

繳。以便湊濟學堂要需。毋再遷延。致干未便。切切。特諭。

光緒二十九年三月十九日諭

錫金二縣照會恒善堂經董

爲照會事。據回籍沭陽縣教諭孫贊堯等呈稱。錫金兩學堂開辦以來。經費奇絀。前經照會並示諭撥取米業各捐。藉充學費。數月以來。迄無成說。查八段米行以三里橋爲首。請諭飭該行頭張少和迅速抄繳等情。當經諭飭書數收繳去後。茲據孫紳等以查錫金貨業米市爲冠云云。分肥出抗應請飭提該行頭張少和剋日照數抄繳一面照會善堂因何折扣銷數查明有無侵吞分肥情事等情。具呈前來。除批示並諭催外。合行照會。爲此照會貴紳董煩爲查照。希即查明各米行有無串通行頭分肥抗繳情事。剋日具復核辦。望切。須至照會者。三月十九日

恒善堂經董顧景璐上錫金二縣公呈

爲呈復事。本年三月二十八日奉到照會。內開錫金兩學堂經費奇絀。撥取米捐。令吐四成。藉充兩學堂常年經費。一面照會善堂。因何折扣銷數。查明各米行有無串通行頭分肥抗

繳情事。剋日具復核辦等因。治等查賣買米商。無論豆麥。每石共捐洋十釐。向分恒善堂一釐。育嬰同仁堂合一釐。普濟堂一釐。兩邑廟合一釐。橋捐一釐。東平各小廟等合一釐。各段米行各有本廟四釐。共核十釐。此客商樂捐由行頭交堂廟分收抵用之實在原委也。詎知日久弊生。堂廟收數。衹有一二成不等。故於二十七年呈請前兩邑尊嚴加整頓。由堂廟公派司事。按日查帳抄數。原期實抄實繳。有裨善舉。而各段董以積習相沿。驟難復原。往返商酌。姑折五成照抄。此折扣銷數之實在原委也。現在兩學堂經費支絀。博訪周諮。讅知五成抄數。實以所收商捐之五成。分作十釐。每釐每年繳洋九百餘元。而橋捐一項。尚未如數。其各米行扣留五成。亦作十釐。每年共洋九千餘圓。兩學堂欲於扣留十釐之中。分抽其本廟所留之四釐。而廟董之常捐仍在。並不廢祀。在學堂經董謂各行尚餘六釐。似不爲過。且串捐係出之於民。猶奉大憲通飭准行。何況商捐牙蝕之欵。理令吐出。此兩學堂堅欲分抽四釐之實在原委也。茲奉照會查復。治等悉心籌商、擬請兩學堂合抽二釐。由各米行扣留八釐。似此委曲周旋。在兩學堂集少成多。暫濟急需。在各米行百十餘家。各出無幾。且非己資。是否可行。應否通詳。復候公祖大人核奪施行。至行頭張少和雖無分肥情事。而咸議其串通趨避。朦稟抗阻。玩視邑侯批示。未免不明事理。既奉照查。治等不敢代其隱飾。自招愆尤。合併聲復。除呈錫金邑尊外。須至呈者。

光緒二十九年四月十五日呈

學董陶世鳳等上錫金二縣公呈

爲呈請會銜通詳立案。並乞照會段董并善堂定期收繳事。竊錫金兩學堂經費奇絀。前請將各米行扣蝕商釐之本廟捐洋四釐。撥充兩學堂濟用。諸蒙諭飭照辦。並照會恒善堂查復核辦。旋據恒善堂呈復。奉批此項米捐。據請於各米行扣留十釐之中。由兩學堂合抽二釐以濟經費。事屬可行。諭飭趕緊核實抄數收繳。會詳立案等因。治等查前於光緒二十七年。恒善育嬰同仁普濟各善堂及兩邑廟整頓此項米捐。公議就恒善堂設立公帳房。公派司事。每日分段查帳抄數。五日照數收捐。彙集公帳房。按月分交各堂邑廟濟用。年終刊明徵信。現在兩學堂毋庸另行抄收。祇求照會恒善堂紳董。知照公帳房併收分支。以濟需用。並乞照會米行八段董。准於閏五月初一日爲始。兩學堂合抽每石洋二釐。即交公帳房併收彙交。并知照各段董。務須切實開導。自立主見。須知此項米捐。係客商捐出。兩邑公欵。無論經董紳士。即請全數追繳。亦屬分所應爲。各米行有何遁飾。現在原請四釐。既據恒善堂復奉批准。於扣留十釐之中。兩學堂合抽二釐。已屬體恤。如再任張少和勾串趙夔香欵害公。揑列各名。朦禀抗違。遷延歲月。應請追將原吞之十釐全吐。以洩衆憤而淸積弊。一面呈乞

公祖大人會銜通詳立案。實爲公便。除呈錫金邑尊外。須至呈者。

光緒二十九年五月初三日呈。

錫金二縣詳文

爲詳請立案事。據竢實東林兩學堂經董楊模等。以辦理學堂以籌集欵項爲先務。錫金兩學堂開辦以來。支絀情形。久蒙洞鑒。查本邑各廟向收米捐。以爲興復殿宇之需。今各廟早經興復。擬請將此項米捐撥入學堂以充經費等情。先後來縣具禀。據經照會恒善堂紳董查復去後。茲據該堂紳董顧景璐等呈稱。查賣買米商。無論豆麥。每石共捐洋十釐。向分恒善堂一厘。育嬰同仁堂合一釐。普濟堂一釐。兩邑廟合一釐。橋捐一釐。東平王各小廟等合

一廒。各段米行各有本廟四廒。共核十廒。由行扣交分收抵用。詎日久收數祇有一二成不等。於二十七年呈請嚴加整頓。由堂廟公派司事。按日查賬抄數。原期實抄實繳。有裨善舉。而各段董以積習相沿。驟難復原。往返商酌。姑折五成照抄。現以所收商捐五成。分作十廒。每廒每年繳洋九百餘元。其各米行扣留五成。亦作十廒。兩學堂欲於扣留十廒之中。分抽其本廟所留之四廒。茲治等悉心籌商。擬請將前項米捐。由兩學堂合抽二廒。仍由各米行扣留八廒。呈乞核奪等情。並據學堂經董楊模等稟請諭飭米行八段董。從本年閏五月初一日爲始。於前項扣留十廒之中。由兩學堂合抽每石洋二廒。即交恒善堂公賬房併收彙交。並照會恒善堂查照。一面會詳立案等情前來。卑職等伏查卑錫金兩邑竢實東林兩學堂經費支絀。經該紳董等議就各米行扣留米捐十廒之中。從本年閏五月初一日爲始。酌抽二廒。撥充濟費。與學堂不無裨益。自可照辦。除分別照會諭飭遵辦外。理合據情轉詳。仰

祈

憲臺鑒核俯賜批示立案。實爲公便。爲此云云

光緒二十九年閏五月初五日

常州府德批

查議收米釐撥充學堂經費。曾據該二縣紳士王鳳儀等連同絲土各捐。稟奉撫憲批有無窒礙。是否允洽。經費宜籌。商情亦不可不恤。仰司札飭府縣逐款查議詳辦。又據章鈞等以前情稟奉藩憲批。以一學堂而捐及衆商。輿情能否允協。出於樂從。恐未可必。且亦無此辦法。仰府飭縣確查妥議詳奪各等因。均經轉行遵照在案。爲時已久。並未查議詳復。茲據來詳。不於各善堂提捐內酌撥。而獨以各米行自行備用扣留五成捐款之中。分作十坐。酌提二釐。撥充濟費。但輸捐須出衆願。未便稍有抑勒。各商之樂從與否。未據查明聲叙。僅憑紳董議稟。遽行諭飭遵辦。迹近勒派。恐不足以杜衆口而順輿情。仰仍遵照前次憲飭。體察情形。諭商會董查議允洽。稟縣通詳核奪。非率行詳府立案。即可免人口實也。並即知照。毋再輕聽率辦。別生枝節。是爲至要。切切。繳。二十日

錫金二縣照會

爲照會事。光緒二十九年六月二十一日奉

常州府正堂德　札開。光緒二十九年閏五月十五日。據該二縣監生張錦釗等赴府稟奉

縣諭。各米行於自行備撥捐欵。酌撥充學堂經費。乞免立案等情。當經批候飭縣遵照詳批指飭勸諭稟縣通詳。正在核飭間。嗣於閏五月二十六日。續據該生等以商力有限。邀恩准予寬免稟陳前來。除飭掛發外。合抄先後稟批及收支各數。一併札飭。札到該二縣立即遵照前後批飭。應否准予寬免之處。察酌情形。會議通詳察奪。毋再草率抑勒。致滋藉口。是爲至要。切切此札等因。計抄先後稟批及收支各數到縣。奉此。查此項米捐。前經敝二縣詳奉府憲批示。即經照會邀集八段米董。趕速查議允洽。連名復候通詳核辦在案。茲奉前因。合再照會。爲此照會貴紳董煩爲遵照府憲前後飭批。會同學堂董邀集米董。聯名復候通詳察辦。並即查明兩學堂已收米捐若干。一併附復。幸勿再遲。須至照會者。

抄黏先後稟批及收支各數

監生張錦釗等稟爲抑勒苛派。要挾朦詳。環求電核恩免事。竊錫金竢實東林兩學堂經董楊模等藉詞辦理學堂。籌集欵項。在錫金兩邑憲案下呈稱。各米行侵吞米捐五成。指請撥取。以充常年學費。並與恒善堂董顧景璐等彼此串合。朦稟請縣會詳立案。驟然諭飭各米行遵繳。生等不勝駭異。夫學堂雖係遵　旨設立。大半將書院改辦。自有的欵。即不得已而勸捐。究不應任意抑勒。不待衆情樂從。而已率行上稟立案飭遵。歷來辦捐紳董。未有若是之不情不理者也。生等請帖開行。而收賣買客各貨捐費。每石計二分八釐。此係洋數。客貨在河下。有回艙開艙過船脚夫過笆力錢及各廟善堂捐。每石共開支錢二十二文有零。客貨在堆棧。有回艙開艙挑力斛笆及各廠善堂捐。每石共開支二十七文。此兩項均係錢數。而又不折不扣。在同治十二三年光緒初年。洋價每元可約錢一千一百餘文。近年來洋價踴賤。每元易錢九百文左右。以今較昔。是同一二分八釐。而已暗減爲八折。按現時洋價核計。約易錢二十四文有零。過河下貨。除去每石開支二十二文有零外。可餘錢二文有零。一遇棧貨。則開支共須二十七文。除收捐費錢二十四文有零外。實虧錢三文有零。通年截長補短。兩下尚難相抵。至於警察水龍善材保墓惜字惜穀施醫施藥義學給粥本境大王種種散捐。已無餘錢可支。均在籌墊之列。更有何欵侵蝕。恒善堂二十七年起抄數收捐。其時辦理此事者爲孫紳昌烈。公正明達。深悉捐錢均攤。只得五成之數。勢不能再行求多。今楊模所舉恒善堂經董賓士鏞杜學謙迎合學董意旨。於兩縣照會查復時。串同顧景璐朦稟請詳。囫圇吞棗。竟聲稱折收五成。尚有五成。指爲各米行侵蝕。堅請撥取充作常年學費。一若各米行絕無他項開支也者。并相率控人監守吞捐。又控人阻撓健訟。凌虐商人。要挾官長。前錫邑尊李於上月二十四日卸任。乃閱旬餘。忽有批准會詳之案。飭令遵辦之諭。殊難索解。生等集議。非不願襄善舉。實難身受惡名。用敢披瀝下情。并繕捐費收支清摺一扣。環求俯賜核奪。恩免立案。札縣諭飭楊模顧景璐等毋任苛派抑勒。則生等感戴鴻慈。曷其有極。謹禀。　計呈清摺一扣

買客加收每石費洋二分四厘　賣客四釐

買客每石支去回艙錢四文　賣客每石支去開艙錢七文　過船脚夫過笆力錢每石六文四毛（在堆棧多支四文八毛）各廟各善堂每石一分一釐五成折算實錢四文八毛

府批　此案據錫金二縣會詳。以學堂經費楊模請將各廟向收米捐。撥充經費。據經照會恒善堂董顧景璐等議復。所收米捐十厘。各廟堂共得六釐。其餘四釐由米行扣交。爲本段各廟抵用。嗣因收數不足。酌定各歸五成。現擬於米行扣留五成之中。分作十釐。由學堂合抽二厘。仍由米行扣留八厘。楊董等即請於閏五月初一日爲始。諭飭遵辦轉請立案等情。當查議取米釐撥充學堂經費。曾據紳士王鳳儀章鈞等先禀奉　藩撫憲批府飭

縣查議詳復、迄未復到。茲核來詳、各商之樂從與否、未據查明聲敘、僅憑紳董議稟、遽行諭飭遵辦、迹近抑勒、恐不足以杜藉口而順輿情、飭批仍遵憲飭體察情形、諭商會董查復允洽。稟縣通詳核奪在案、本府爲體恤商情起見、業已據詳批查、惟是勸捐固不可勒派、而輸飭亦不得推諉、來稟既稱非不願襄善舉、足見急公好義。縣詳亦未指稱侵吞、何至身受惡名、實無庸鰓鰓過慮。據稟前情、候札飭錫金二縣遵照詳批指飭勸諭集議、該職等亦即回縣遵諭妥議稟縣通詳核奪、毋稍爭持意氣、致妨義舉、切切。清摺附、

張釗錦等又稟爲欵竭時艱、董強商弱、瀆求矜鑒事。竊生等因錫金竢實東林兩學堂董楊模等與恒善堂董顧景璐等串合朦稟、請縣會詳立案飭遵、羣情迫切、聯名呈乞恩免。蒙批勸捐固不可勒派、而輸捐亦不得推諉、及該職等即回縣遵諭妥議稟縣通詳核奪各等因。仰見大人體恤商情、不棄微賤、憲恩高厚、感篆難忘。惟生等米行一業、於地方一切善舉、有他業或未波及、而米行則鮮有能免者、故各項散捐、因餘欵不敷支用、由各米行隨時籌墊、係屬實情。重以市面衰敝、時局艱難、虧折頻聞、支持非易、合市耳目、豈能盡掩。至於錫金學堂、東林自有的欵、無待外求、竢實自開辦至今、傳聞捐罰之欵、不一而足。

堂中學生。悉係紳富子弟。月出脩膳。約數甚鉅。邑中寒素窮乏者。未許問津。名爲公學。實則徇私。而該董等又復揚言經費奇絀。各業勒捐。一或不應。叱以抗違。動借學堂聲勢。咄咄逼人。無敢與議。更無敢與商。即向哀求。徒遭窘辱。該董楊模孫贊堯等聯名在縣一再誣控各米行侵吞。幸蒙錫金兩邑憲明察。得免誣陷。感荷實深。無如該董等心不甘休。勾結朦蔽。故上月二十四日前錫邑憲李雖然卸任。猶赶發飭於閏五月初一日爲始遵辦之諭。即此一節。該董等要挾情形。尤爲顯露。官長尚不能拒其請。商人更何敢攖其鋒。再四思維。仍有瀆求大人格外體恤。俯念各米行於散捐已多籌墊。實無餘欵存留。商力有限。難饜誅求。況竢實東林。並非義學善舉。紳富所踞。孤寒向隅。可否邀恩准予寬免。冒瀆嚴威。不勝戰慄企禱之至。謹稟

府批　此案前批業已詳盡。惟既一再陳求。應否寬免之處。仍候行縣照前後批示察酌情形。通詳察奪。

光緒二十九年七月二十八日

學董楊模等上德府尊公呈

爲環求行縣提究澈查。剔除中飽、湊濟學費。以免中輟。並興辦地方要公事。竊 治等先後稟准開辦錫金兩邑竢實東林高等小學堂。前因經費無出、稟准就本地籌捐、計業勤紡紗公司每年捐洋二百元。鹽公棧每年捐錢一百三十千文。以及紳富零星捐助。東林舊有歲入。合之本年應領串費。統算兩學堂歲出各款。不敷洋五千餘元。所有著名各業、因奉憲批。未便各項並捐。並未議及。惟查兩邑生意。以米行爲大宗。向章米麥豆每石賣買、除扣行用外。共扣捐洋十釐。撥恒善堂一釐。同仁育嬰兩堂合一釐。普濟堂一釐、兩邑廟合一釐、共撥四釐。自光緒二十七年整頓米釐之日起。由恒善堂設立公帳房。派司事按日抄數、按五日收捐。橋工一釐。由段頭包收。交恒善堂支用。又東平王廟及各小廟合一釐。南北各段六廟合四釐。往年米釐較旺。歲約四百萬石。近年稍衰。亦三二百萬石。歲捐洋四萬或三二萬元。今以最次之年二百萬石爲率。實抄實繳。每厘可捐洋二千元、各該行屢次爭執。照抄數改爲折半繳捐。每釐得洋九百餘元。統計各米行折扣堂廟橋工五釐之半。及其原有廟捐五釐全數。每年合洋一萬五六千元。各段頭經收廟捐、歷年修理殿宇。非若各善堂刻有徵信錄可憑。向無查考。並借迎神賽會爲名。開銷淨盡。治等以兵燹後數十年來。各廟宇業已次第完善。迎神賽會。本干例禁。稟請兩邑尊出示。並照會行段董。諄切勸諭。以廟捐作學堂經費。化無益爲有益。以合古者先成民而後致力於神之義。並不於捐外加捐。重累商人。體恤不爲不至。無如行段頭托詞延宕。相持日久。由縣照會恒善堂董顧景璐等出爲調處。以兩學堂分撥二釐稟覆轉詳。奉批查議收米捐充學堂經費。曾據該二縣紳士王鳳儀等。連同絲土各捐。稟奉

撫憲批。有無窒礙。是否允協。經費宜籌。商情亦不可不恤。仰司札府飭縣逐款查議詳辦。又據章鈞等以前情稟奉

藩憲批。以一學堂而捐及衆商。輿情能否允協。出於樂從。恐未可必。且亦無此辦法。仰府飭縣確查妥議詳奪各等因。均經轉行遵照在案。爲時已久。並未查議詳復。茲據來詳。不於各善堂提捐內酌撥。而獨以各米行自行備用扣留五成捐欵之中。分作十釐。酌提二釐。撥充濟費。但輸捐須出衆願。未便稍有抑勒。各商之樂從者否。未據查明聲叙。僅憑紳董議稟。遽行諭飭遵辦。迹近勒派。恐不足以杜衆口而順輿情。仰仍遵照前次

憲飭。體察情形。諭商會董查議允洽。稟縣通詳核奪等因。仰見

仁憲於興學之中。寓恤商之意。由縣諭商照會恒善堂會同學董查議允洽。稟縣通詳核奪。正在會議間。復奉兩邑尊奉札並錄監生張錦釗等以抑勒苛派串同朦稟環求恩免。先後稟批照會恒善堂仍會照同學堂經董各段米董。妥議聯名覆候通詳察核。並查明已收米捐若干各等因。治等不勝駭愕。細繹稟意。良由行段頭誤會詳批。何不於各善堂提捐內酌撥。而獨以各米行自行備用扣留五成之中分作十釐酌提二釐撥充濟費之語。視商捐公積。如米業私財。而忘其歷年乾沒鉅款之不義。用敢以無情之詞。朦混官長。汙衊經董。謂各廟不能廢祀。而以各項散捐。洋價騰跌。及回船過船開船脚夫斛笆力錢等項使費納入捐欵。牽混抵飾。不知各廟誕辰祭品。所費幾何。向由附近各店鋪分段承值。陳設彝器。誇多鬭靡。年甚一年。且各廟另有油酒行等捐。其原有廟捐五厘仍在。各捐何至廢祀。各項散捐。各業皆自行開支。米行有行用。豈能分文不出。回船等項。向章賣買客分認。斷無以捐欵開支之理。亦斷無以商捐扣留備用之理。至各善堂歲入九百餘元。各有應辦善舉。常年竭蹷。豈能分撥。現在商人既輸捐而各散。縣中無從諭知。行家因監守而吞捐。治等勢難集議。爲此環求行縣立提行頭張錦釗即少和到案。勒令交出歷年底簿。澈底查究。免其藉口不敷。將自認扣留中飽之五成。從寬自光緒二十七年起。每年約洋一萬元。限日繳案。此後實抄實繳、除學堂經費、或撥還善堂外。如現在奉文辦團、或推廣金邑北門外現行警察、使帮梟歛跡、以除民害、或仿照江甯現行新章、就恒善堂新置遷善局基地造屋、設立工藝局、收養無業游民。各習一技、技成工作。衣食有資、以防民亂。或立清道局、清潔街道河道、預防疫氣流行、以衞民生。或立醫局、延請教習、講求醫理、卒業給憑。方准治病、毋任庸醫殺人以重民命、凡此各項經費。酌數分撥、次第興辦。十年之後。地方大治、以視各段所得米捐。用以脩廟賽會。徒飾美觀、一廟誕辰、日夜演劇。各廟往拜、一切儀仗。窮極侈靡、舉國若狂。偶像送迎、如同兒戲、甚至爭道互歐。釁端屢釀、婦女燒香宿廟。幾無隙地、男女溷雜、到處便溺。擁擠穢臭。廉耻全無。弊端百出、孰有益、孰無益。盡人而知之矣。治等爲學費難籌。時慮中輟、及地方要公起見。伏乞

大公祖大人電核下縣施行、仍將辦理情形、遵諭通詳核奪、再賣買商船到行議定價值。任扣行用米捐、錢貨兩交。隨即開行。未聞商不允洽、爭執滋事、是十厘之捐。已存行家、與商家不涉、治等亦未各項並捐、米捐則分文未收、合併聲明、謹稟、

光緒二十九年八月初十日

常州府德批

查此案議收米捐、由縣據情詳請立案、因迭經、王鳳儀等稟奉藩撫憲批示。飭縣查議詳辦、故即明晰飭批、嗣據張錦釗等兩次稟求免捐、亦即飭縣察酌情形通詳察奪各在案、迄今日久、未據詳復而詳繹各憲迭飭、務使輿情樂從。原為捐欵未便勒派、致滋藉口。若照來況竟請行縣提案勒繳。不特與憲飭相背。且因籌捐而出於提追與抑勒何異、恐亦無此辦法、況事未允洽、能保衆商之必無後言乎、據稟前情。應候照案嚴催該二縣速遵迭次札飭。查議妥洽、詳請憲示遵行。至設立學堂、本為培植人材起見。前因胡麗榮等逞其邪說詖辭、假立學之名。為營私之計、既奉派辦處憲逐層駁斥。又詳奉撫憲批行通飭曉諭。並將錫金二縣所有紳民、各學堂由官嚴加查察。以杜流弊等、因業經轉行遵照、該紳等經管學堂事宜、併即遵飭辦理、以端學業而正士風、是為至要。十二日

學董楊模等上唐學院公稟

為劣生婪利喜事、把持商捐、阻撓學務、環籲恩准飭屬澈究法懲、以維學校事、竊治等先後

稟准開設竢實東林兩高等小學堂。所有教育規制。及學費奇絀。籌欵艱難情形。業經稟求清理積弊。照米釐各在案。伏念米商具有天良。既肯捐助善堂邑廟於前。何獨置學堂於不顧。所以屢梗成議。力肆阻撓者。治等廣徵輿論。其咎實由附生趙爕即子新一人。查該生名列膠庠。宜如何束身自愛。昔年就館教讀。尚知安分。自充府廟經董。復以其叔趙蘭初年老。冒充北上段米董。從此防閑寖弛。即如學堂係遵

旨設立興學培材之地。凡屬商民。稍明公義。猶宜共切扶持。况在士林。敢騰異說。惟該生素心仇視學堂。加以嗜利無耻。遇事生風。又家住北塘。平時聯絡各商。一切聽其指揮。前次治等稟定撥抽米釐。並非取諸行商。不過將歷年侵蝕之欵。不追既往。請從今年正月起。概予清釐。撥充學費。化無用爲有用。既有裨於學堂。仍無損於商計。凡商人明識者。皆以爲平正可行。該生身非米商。事不干己。乃堅意把持。視普捐之公欵。爲固有之恒產。以供其賭博冶遊恣情之揮霍。又慮前吞欵項。一旦傾吐。不得不堅怙前非。乘以抗捐爲名。坐收厚利。前者該生手持捐册。挨戶歛錢。作爲賽會之費。四月二十五日。府廟賽會儀仗之盛。闐巷塞途。窮奢極侈。自昏達旦。舉國若狂。一日之間。計糜費二千餘緡。藉爲報銷廟捐隱混彌縫之計。前

經呈請邑尊示諭禁止。迄未遵行。方今時局艱危。强鄰在境。中國人材消乏。正志士拊膺痛哭之時。不知該生是何肺肝。專以阻撓學務煽惑鄉愚爲急。該生年力方壯。苟能幡然改圖。從事問學。何嘗無尺寸進步。若聽其猖狂横決。不加懲創。非特地方之累。亦并非該生之福。又天四圖圖董監生張錦釗即少和。與趙夔狼狽爲奸。營私分潤。其情可耻。其罪亦復可誅。治等爲桑梓計。爲學校計。實未敢默爾而息。竊念學堂既由公立。紳力難於持久。必取給於商捐。錫金商業。米爲大宗。若米捐不成。則所有各捐欵。已認者莫不動搖。未認者更多藉口。治等歷盡險艱。成茲綿絕。設一旦經費不繼。使已立之成規。敗壞於一二人之手。心竊痛之。事屬切迫。謹合詞控訴。籲求

大宗師大人迅賜巡飭府縣。嚴提該生趙夔張錦釗到案。澈底訊究屬實。即將所管各經董事務。一律撤銷。責令改過自新。重溫舊業。地方幸甚。學校幸甚。至應如何量予薄懲之處。出

憲裁。裁非治等所敢擅擬。除禀

督撫憲外。伏候批示施行。上禀。

光緒三十年五月　日禀

學院唐

據稟劣生趙夔棼利喜事。把持商捐。阻撓學務。並有先充米行頭之監生張錦釗。狼狽爲奸。營私分潤各節。實屬猖狂橫決。亟應革究。仰無錫縣迅提該生等到案。撤底訊究。詳請嚴懲。以爲阻撓學務者戒。並錄報

督部堂撫部院查考。原稟仍繳備案。

竢實學堂經董上錫金二縣公呈

爲學堂焚毀據實呈請備案申報事。竊竢實學堂迄今開辦七年。蒙

前督憲劉　奏准改爲錫金高等小學堂。頒給匾額在案。因經費不足。籌撥捐款啟衅。本月初三日辰刻。突來多人。闖入學堂。見物輒毀。聚衆幾及千人。房屋折毀過半。並嘉獎立額及樂育英材橫額。均遭劈毀。書籍儀器。圖畫標本。裝修傢具。搗毀攜取。蕩焉無存。東林學堂及三等學堂。同時搗毀。業蒙憲駕親臨履勘。所有學堂被毀情形。理合據實開單。呈請貴縣備案申報。除逕稟

撫藩臬學憲並呈錫金邑尊外。須至呈者。

計黏呈清册一本

一房屋

大門三間　大廳三間　飯廳三間　小廳三間　藏書樓一間　藏儀器標本室一間　中西文課堂三所　東文課堂一所　教習臥室五間學生寄宿舍十四間　客廳一間　帳房二間　學生會客所一間　亭軒三座　僕人臥室三間　厨房三間　浴堂一間　厠屋二間

一書籍

江南官書局全書　江蘇官書局全書　上海製造局全書　湖北官書局全書　新譯各種書籍　西文書籍　東文書籍

一儀器圖畫標本

物理器械　化學器械　化學藥品　體操器械　動植物標本　動植物圖畫　礦物標本　礦物圖畫　各種地圖

一傢具

課堂桌椅　客堂桌椅　教習董事室桌椅　飯廳桌椅　教習室寄宿舍床具什物　僕人臥室什物　帳房用具什物　厨房用具什物

以上毁失詳細件數。現正確查分手趕繕清摺。一俟繕就。再當呈案。合并聲明。

光緒三十年七月初九日呈。

學董陶世鳳等上唐學院公禀

爲劣生奉押倖釋。糾匪焚掠搶毁各學堂。環求恩准扶持。飭縣緝黨嚴懲以維風化事。竊職等前經禀明錫金各學堂經費奇絀。剔除米董中飽。并具列阻撓把持之人。沐奉憲批。亟應革究。仰無錫縣立提附生趙夔監生張錦釗嚴訊詳候懲辦。以爲阻撓學務者戒等因。蒙此。嗣職等仍與各米董和平商榷。冀可從寬了案。禀乞恩施。免其革究。詎該生等慮傾私槖。益肆譸張。簧鼓衆聽。議卒無成。遂由兩縣令於六月二十一日。密拿該生趙夔張錦釗到案。分別管押。詎趙夔收押無錫學署後。私擅外出。刻發傳單。糾合族黨。於本月初一日逼脅各米行罷市。有動斗斛者。即加搶打。復造謠言。謂學堂將於猪魚蔬果日用各物。一概抽捐。煽惑愚民。釀成鉅禍。初二日陳汪二縣令見事機已迫。無術消弭。遂招各段米董議定。認捐一釐。

具禀完案。保釋二生。並未詳候
憲裁處置。詎趙夔出押。未及兩時。糾黨至二千餘人。鬨集職模私宅。前後圍攻。幸職模在堂
未返。否則立斃拳下。當即電禀
撫憲。並函催陳令。遷延不至。匪膽愈張。刼搶衣物。絡繹道中。復縱火焚燒大廳一進。房屋八
間。閤宅男婦。倉皇逃竄。迨陳令到塲。匪已漸散。樸滅餘火。初三日晨。該黨復至竢實學堂。將
圖書什物理化器具。搶掠一空。裝脩拆毀殆盡。拉塌房屋多間。復鬨至東林三等及錫金公
學。並加搗毀。計共毀學堂四處。是晚復三次縱火焚燒職模後樓一進。延及平房。計二十餘
間。閤城鼎沸。復逼脅各店舖。一律關閉。衆情益加洶懼。幸奉
撫憲電諭。設法解散。繼派委員馳赴勸導。初四日已一律開市。地方漸就謐平。泣念竢實東
林數學堂。經職等遵
旨設立。七八年來。歷盡險艱。成茲綿蕝。今一旦以劣生吞捐抗繳。嗾召徒黨。肆行搶毀。使各
教習學生。流離失所。日後重議振興。難之又難。職模夙抱熱心。横招衆怒。一身一家不足惜。
其如學校何。其如地方何。伏念我

大宗師大人主持名教。以興學育才爲先。今學界遭此奇阨。若不痛加懲治。以鼓勵士氣。恐蘇省學校。永無振興之期。謹合詞歷叙危險各情形。即祈鈞鑒。俯賜矜察。剔除學界之虎狼。商業之蠹賊。並咨行

督撫憲飭委清查。嚴緝凶徒。治以應得之罪。至學堂既毁。如何集欵修復。如何接續開辦。宜速妥籌善後事宜。以維學校而奠閭閻。實爲公便。再該生趙夔張錦釗出押。一面糾衆肇禍。即便挈家潛逃。其爲情虛畏罪可知。合并聲明。除禀

督撫藩臬憲外。伏候批示施行。謹禀。

光緒三十七年七月十八日呈

學院唐批

查該縣米業暨各店相率罷市。匪徒焚掠該舉人楊模住宅。並拆毁學堂各節。前據該縣通禀前來。業經批飭剴切曉諭。密拏查究。俾安地方。至據稱趙夔張錦釗二人糾黨肇禍。此中是非曲直。並批飭該縣務得確情。公平辦結在案。現在此案應如何辦理。以順輿情。學堂應如何設法興修。以全學務。既經通禀。即候

督撫部堂院查辦可也。

竢實學堂經董上許王二委員公呈

爲學堂被毁。書籍物件毁失無存。謹造具清册。叩求迅賜轉詳嚴辦。規復學堂事。竊錫金竢實高等小學校。因北塘米業藉端糾衆罷市。致被拆毁。當將大略情形。呈報　兩邑憲在案。業蒙

撫憲嚴飭賠修。凡在學界中人。無不同聲感激。惟學堂房屋裝修器具什物。以及歷年添置書籍儀器圖畫標本等件。並教習司事私物。爲欵甚鉅。邑尊僅將房屋約畧雇工興修。其餘物件概未過問。非特規復無期。即勉强開學。而書籍器物。一無置備。亦屬徒然。以紳民數年經營之心血。一旦盡付灰燼。并累及楊紳全家。皆由米業指使播謡。藉端生事。荷蒙訪拏在案。務懇嚴予懲辦。以儆效尤。兹將毁失各件。確實查明。造具清册。呈求　大公祖公祖　大人電核。迅賜轉詳。並懇設法規復。以維學校。實爲公便。上呈。

計呈　清册一本

光緒三十年七月日呈

錫金陳汪兩邑尊告示二通

爲出示曉諭事。照得竢實學堂紳董楊模因經費支絀。籌議抽提米捐。經楊紳稟奉學憲嚴批飭縣。提生員趙夔監生張錦釗到案撤究詳辦等因。奉經節次會勸事無眉目。隨即會傳面諭。遵照看管。嗣因該業認捐數目。紳商各執。由縣酌中勸定。每年津貼學堂捐洋一千元。即將文生趙夔監生張錦釗釋回完案。現據各米業咸以商力竭蹶。紛紛環求免捐。本二縣深知商難。當予允准一概不捐。隨發簡明告示。曉諭遵照。勿信謠傳。並諄切面諭照常開市各在案。孰知地方無賴。頃刻齊集。於昨夜擁至楊紳模住宅。口稱求免捐輸。不知如何遺火。將該廳房一造焚燬。本二縣備知此事。係無賴所肇。實與各米業無關。合行出示曉諭。爲此示仰米業及各業諸色人等一體知悉。務各照常生理。勿稍懷疑。是爲至要。切切。特示。七月初三日

按是日兩縣令爲匪黨所迫。已出有六言簡明告示。匪徒猶以爲未足。於是錢阿奇等逼縣復出此示。不啻向大衆具結。且其稿亦送米業閱改。方行繕發。錄此以志兩令疲軟無能之一斑。

爲會銜曉諭事。本月初四日奉

撫憲端電開。聞米行因學堂議加捐欵。相率罷市。並將楊紳模廳屋燒燬。兼毀學堂。別行輕聽謠言。亦有閉門者。查此事楊紳辦理操切。所請加抽米捐。本部院並未批准。稟內亦無捐及別行之語。楊紳不洽輿情。本部院自當持平辦理。惟聚衆罷市。律有明條。該行戶等萬不可妄聽訛傳。自生疑惑。仰即諭令一律開市。勿得遲延。致干罪戾。果能即刻開門。尚可從寬免究。倘再抗違。定將爲首鬧事之人。嚴拿重辦。即刻繕錄多張。遍貼曉諭等因。電飭到縣。奉此。查此案經本二縣剴切曉諭。業據各該行一律開市。照常生業。奉飭前因。爲此示諭各行舖戶人等知悉。務各仰體大憲持平保全之意。萬不可輕聽訛傳。自生疑惑。倘再抗違及造謠生事之人。定即遵奉憲飭。將爲首鬧事之人。嚴拿重辦。决不姑寬。其各凜遵毋違。特示。七月初四日

按端撫原電。所以計安反側。經縣抄錄曉諭。該匪徒等大爲滿意。將以此示刻之於石。以爲免捐免罪之鐵據焉。

錫金二縣紳士上許王二委員公呈

二品銜候選道薛翼運。前江西吉水縣知縣華文滙。前沭陽縣教諭孫贊堯。兵部主事陶世
鳳。浙江候補道過鑄。直隸候補知州章鈞、議敘知縣秦謙培、貢生李鎮華、二品銜候選道周
廷弼。四品銜分省補用知州顧森書。候選訓導秦寶瓚、龔志良。工部郎中秦敦世、候選縣丞
王鏡藻。華文川、汪廷六。候選直州同高汝琳。河南候補知縣秦瑞珍、浙江候補知府蔡文杰。
楊建綸。候選教諭陸紹雲。議敘同知顧銘書、江西補用典史顧光熙、舉人裘廷梁、華申祺、許
士熊。胡再福、俞復、陶光濟、副貢丁寶書、廪貢范廷銓、貢生吳濤。孫達均。廪生侯鴻鑒。龔士阜。
錢承駒。吳廷槐、顧倬、陳作霖、許棫、孫靖圻、增生曹銓、蔡文森、孫思贊。顧樹屏、孫光圻、附生趙
壽椿、胡爾霖、華文祺。華佐治、楊鼎復。陳濬、華國銓。黃龍驤。顧型。蔣士棟、嵇長康。吳廷枚、汪廷
襄。蔡樾。蔡文淼。顧大受。雷啟中。孫錫阜。秦同培。秦寶瑛。秦毓鈞。周壙、黃豹光。薛光鍔。裘昌齡。
監生張肇桐、馬雲駿、侯士綍、余夢齡。陳育、蔣士榮、秦銘博。蔣曾燠、華鴻、顧樹屏、嵇鏡。侯光迪。
陶樹金。秦鼎、許卓然、顧乃珍。張肇熊。薛丕基。孫開圻。周柏年。顧鼎銘、沈祖藩、楊蔭杭、陶樹森、
裘慶年。王傳浩具呈、
爲奸徒藉端滋事、大局攸關、後患無窮。公叩迅賜鎖辦。以維全局事。竊錫金兩邑米業藉端

糾衆罷市一案業經
撫憲嚴飭究辦。凡在稍有知識之紳民。固無不同聲感激。職等竊有慮者。恐奸徒之謠惑。遂
致是非之倒置、於斯案稍有窒碍、即於後來不無影響、有不得不於
大公
公　祖大人前披瀝陳之者、查錫金米商。以米業爲大宗。米業之有廟捐。始於同治初年、爲
興復廟宇之用。不數年各廟俱復。而廟捐至今未停。大半爲演戲賽會之需。餘則爲各行及
廟董所侵蝕。附生趙夔監生張錦釗。即北塘之段董。而兼府廟之廟董者也。自奉設立學堂
就地籌款之
明詔、職等集衆會議。僉謂官酌提廟捐。撥充學費。於商民無絲毫擾累。而學堂得經久之款。
此固詢謀僉同、非楊模一人之私見。各段商董。皆無異議。獨北塘上下兩段中。有最著名之
米商四五人、素喜生事。遂利用趙張之抗拒。己則隱爲主持。去歲與學堂涉訟。今歲四月間
之特別賽會。放烟火、與此次屢發傳單。糾衆滋事、皆此數行主爲之主謀。出錢出力。固昭昭
在人耳目。趙張不過爲其表面耳。兩邑令未識其奸。臨事又無決斷、遂致釀此鉅禍。艮堪浩
歎、今幸

撫憲洞鑒無遺。飭提究辦。是眞所謂嚴拿首要。得其要領。乃今甫獲一二。餘皆聞風避匿。竟復肆其故智。恃其材力。廣播謠言。遍貼匿名揭帖。或以復恐滋事相恫愒。或以波累無辜相詰責。凡爲伊等出死力奔走運動者。非暱於私情。即貪其財賄。而於闔邑之治忽。學界之前途。固在所不計矣。職等明知剛斷如

撫憲。明決如　仁憲。斷無慮爲彼等所淆惑。然自肇事以來。忽已兼旬。其公正無私而具有遠慮者。類皆潔身遠禍。緘默不言。其素挾偏見。與學堂爲仇敵。置地方安危於不顧者。反皆謬附淸議。危詞聳聽。縱賢長官銳意整頓。亦將無所適從。目前之巨害不除。異日之隱憂愈大。職等生長斯土。休戚相關。用敢不避嫌怨。披瀝上陳。合詞叩請

大公祖大人鑒核。俯賜迅予轉詳。從嚴究辦。以肅法紀而維全局。地方學校幸甚。上呈

光緒三十年七月　日呈

撫院端批。據情轉請核示由

據稟轉呈錫金兩邑紳士薛翼運等聯名公呈各情均悉。地方興辦學堂。官力不及。全賴公正紳士出爲助理。此次該兩邑竢實東林兩學堂。因籌集米捐滋事罷市。本部院已將辦理

不善之陳汪兩令嚴飭示儆。并責成賠修兩學堂。暨勒拏犯事首要在案。惟地方學務。既須鄉里集捐。亦必須有公正紳董。平心料理。方可永杜後患。如趙夔張錦釗之有意阻撓。播弄是非。致釀巨案。固王法所必懲。而紳董承辦學堂經捐鉅欵。亦必須有以徵信。此後方不致藉口生事。即地方亦庶幾永遠相安。查閱來呈。亦以維大局除隱患爲言。所見與本部院正相符合。現在楊紳既不在城。亟須責成該邑正紳。出爲經理。本部院素聞薛紳等通達事理。輿望允孚。亟應由該守等照會薛紳。將從前兩學堂收支各欵。先行清釐。據實造送清册。以資信守。並由薛紳等將竢實東林兩學堂事務。會同委員暨陳汪兩令。妥議章程。呈候核辦。以地方之錢。辦地方之事。固不容奸商把持抗拒。該紳等亦務籌妥善辦法。俾服衆心。則兩邑學堂之興。於該紳等實有望焉。除行布按二司並學務處查照外。仰即遵照繳。

坿議辦錫金善後事宜公啟

此次錫金兩邑聚衆罷市一案。不知者以爲加抽米捐所致。其實公稟　學憲。不過請酌撥廟捐。即趙張二人暫時押發學。捕兩署。亦爲議撥廟捐。並未有逼勒凌辱加捐等事。乃竟因此折毀各處學堂。焚燒楊紳家宅。凡此皆兩邑尊模稜推諉。致釀如此巨禍。往事已矣。今已將屆一旬。而學堂之拆毀。及聚衆鬧事倡首之人。至今未聞如何辦理。即兩邑尊所稟撫憲情形。亦未悉如何措辭。豈吾邑之紳民。以爲事過風平。可以置諸不問耶。但此事若竟聽其不辦。則學堂之一蹶不振。固不待言。而吾邑以後之辦事。必將種種棘手。且即以目前而論。民心不靖。匪徒充斥。此次放火折屋。既不予以懲創。則此輩造端生事。禍正未艾。如紳民隱忍畏葸。欲爲保全身家之計。恐繼此之禍發更烈。將不僅如楊紳之一家被焚而止。思之可爲寒心。是以吾等邀集同人。商辦善後事宜。其大要在懲辦滋事兇人。及興復學堂兩端。擬邀集闔邑紳民。公同具稟　撫轅。請將此案即速查辦。吾等爲錫金兩邑大局起見。然非爲楊紳一身一家之計。如願預名者。請如書名舉字於左。

錫金寓滬紳商同人公啟

諸公有願爲呈首者。請即署明。如不願者。則呈首自有人爲之。斷不妄將諸公大名。列作呈首。

記者按此啟實爲各紳董同具公稟之基礎。其端自滬發之。即派妥友赴錫。遍告同人。計自願到列名者九十餘人。亦足見吾邑士紳之克盡公義矣。

錫金學校重興紀事卷下

公牘

錫金二縣詳文

敬稟者竊卑二縣自奉

明詔。設立學堂。一曰東林。一曰竢實。以東林書院向有之經費。改作兩學堂常年的欵。事係創辦。挹注維艱。節經各經董設法籌勸。如僧道經懺。優人演戲。亦各盡其急公好義之誠。錫金商務。以米業爲大宗。卑金邑北門外。尤米商薈萃之區。向來賣買米商。無論豆米麥。每石捐洋十釐。內分恒善堂一釐。育嬰同仁堂合一釐。普濟及橋捐各一釐。兩邑廟合一釐。各段米行本廟捐四釐。東平等廟合一釐。此出各商樂捐。向折作五成實數。以所收商捐之半。分作十釐。每釐向繳洋九百餘元。二十九年分。每釐實收洋一千零十四元。學堂經董舉人楊模等邀米董附生趙虁等勸輸米捐。其大意謂此次米釐。係取諸買戶。與商無涉。扣存五釐。係入經手私橐。不追既往。本年正月起改充學費。而趙虁等則以所扣洋釐。有回船過船斛笆等費。藉爲諉卸。屢次會商。米業允捐六百元。嗣有八百元之說。彼此相持。迄無成議。光緒

三十年六月初四日。該舉人楊模等以前情稟奉
學憲唐批。據稟劣生趙夔棽利喜事。把持商捐。阻撓學務。並有兼充米行頭之監生張錦釗。狠狽爲奸。營私分潤各節。實屬猖狂橫決。亟應革究。仰無錫縣迅提該生等到案。澈底訊究。詳請嚴懲。以爲阻撓學務者戒等因。到 卑錫邑。奉此。卑職詒當查錫金米市。以北門外爲大宗。該生等住居金邑。且 卑錫邑並無案據。仍移知 卑職鳴鳳 會同辦理。先飭知勸諭。一味游移。隨於六月二十一日會傳到案。面加開導。仍復推諉。當即遵批送學看管。即據該業各董來案認捐。一經集議。相懸過甚。時 卑職鳴鳳 赴蘇省面稟地方事宜。經 卑職詒 酌中定斷。自本年七月起。由米業每年津貼兩學堂捐洋一千元。紳商允洽。即具認結。並請將趙夔等暫行交保。正在會稟籲乞 恩施。忽於七月初二日上燈時。外間謠傳米捐已定。學董楊模又赴省具稟。請飭各業一併捐輸。並有奸徒乘機揑造。即薙髮等業亦須出捐之謠。即經 卑職詒 出示曉諭。並分投彈壓。孰知無賴痞棍。煽惑愚頑。頃刻聚集。各持火把。擁至楊模家。求免捐輸。愈聚愈衆。大門以內。無容足之地。致將大廳三間。毘連之住房兩間。一併延燒。維時 卑職詒 聞信馳赴。人聲鼎沸。煙霧彌漫。不可嚮邇。迨經趕至。滋事之人均於火發後同時逃散。卑職

鳴鳳適於是夜自省旋署。當出會同彈壓。卑職詒查勘楊模住宅。大廳一進。均已焚燬。傳訊保隣人等。並無搶物情事。彈壓未竣。又聞竢實學堂被前項痞類前往打毀。飛馳前往。時已初三日黎明。即經實力驅散。全堂裝修書籍匾額傢具均已毀罄。堂屋幸能保全。堂內計毀坍小亭兩個。船式亭一間。即經派差保護。正在周歷四城。剴切曉諭。北門外米市停斛。其餘各業亦聞謠閉戶。西南兩門外舖戶亦相繼暫停。城內各店則安堵如常。卑二邑係水陸通衢。向爲匪類出沒之所。南北兩門外教堂林立。醫院書館又錯出其間。設匪徒勾結圖逞。波及教堂。卑職等身任地方。一身不足惜。何以仰對憲恩。當即會同親自周巡。竭力保護。並分飭巡典及北塘汛葉把總。相機調護。當據各業及米商人等籲求免捐。不得不姑如所請。至各業本不勸捐。楊紳赴省。更屬謠傳。發示曉諭。衆心始定。漸各走散。西南兩門先經開張。北門外亦陸續啟門。方事之殷也。卑職等均在北門外彈壓。不逞之徒。又赴金境東林學堂滋擾。除第二三進及西北角一帶房屋未被毀損外。其餘門窗書籍桌椅均被毀壞。又崇安寺租設小學堂。共瓦屋六間。草披三間。所有門窗書籍等項。亦遭打毀。即經卑職鳴鳳分別補勘。趕飭修整。時至酉刻。楊紳模被焚住宅。又報火起。立即馳赴詳加查察。祗有救護之人。

並無匪類混雜併力救熄。計延燒第四五進。計樓房七間。後門平屋四間。第一二進幸未延及。詢諸地保人等稱係上夜餘火因風復燃以致不及施救實未有人縱火搶物等語。查上次被焚。相隔已一晝夜之久。所供情節。不甚相類。然異口同詞。仍應復加考察。此皆起衅及當時之實在情形也。至初四日黎明。卑職等先後出城。逐段周歷。各店照常生業。各處教堂。亦皆安堵如常。當滋鬧之時。即奉

撫憲風聞電諭。當經卑職等摘要電禀。初四日又奉

撫憲電飭頒示。又經照錄曉諭。民心益增穩固。伏查此案實因學堂米捐棍徒藉此造謠。成此事端。此等烏合之衆。皆係不期而遇。與預謀約會者有間。即各店閉門。亦畏衆擾累所致。尤非預謀罷市者可比。惟造謠之徒。煽衆滋事。實爲此案禍首。亟應拏獲嚴懲。以肅法紀而儆刁風。卑職等有地方之責。既未能先事防範。又未能隨時獲犯。五中慚悚。應如何示懲之處。伏候　憲裁。除訪拿首要各犯務獲禀辦外。合將藉捐滋事情形。肅泐禀陳。仰祈

大人鑒核。俯賜察核示遵。虔叩

崇安。統乞

慈鑒除稟

各憲外。卑職嗚鳳 詒 謹稟

光緒三十年七月　　　　日

常州府德批

現據委員金令承熙會同該二縣照錄

撫憲先後電諭札飭開摺稟呈細加尋繹。已蒙指示周詳。且委大員督辦。自應逐一遵照。隨同　憲委妥爲辦理。并將辦理情形。由該二縣隨時據實稟府察核。毋再措置乖方。隱飾宕延。致干嚴譴。切切。仍候

各憲批示遵行錄報。會委續稟一件粘發。並移委員金令知照繳。各摺存。

撫院端批

據稟各情已悉。地方興辦學堂。本係近今要政。經費不足。早應由該縣等與紳商合力妥籌。方爲盡職。乃從前毫無布置。僅恃楊紳等一再與米商相持。屢議不決。直至稟奉

學部院批飭。將米董趙張逮案訊究。始肯從七月起。按年津貼一千元。已足見該縣等庸懦

無能。因循玩忽矣。查米商原捐每石十釐。每釐按年所收九百元至一千元不等。今米商津貼一千元。不過僅於原提十釐中提出一釐。爲數甚爲有限。核其情節。既與加捐不同。論其欵目。尚不及什一之數。何至米商心懷不甘。釀此巨案。此中必另有別故。非旦夕之事也。稟中又稱案定之後。紳商允洽。乃因外間謠傳楊紳赴省請飭各業一併捐輸。遂致有初二三連日焚毀楊紳廳屋。及竢實東林兩學堂之事。夫楊紳有無赴省請飭各業捐輸之舉。在造謠生事之徒。誠不足責。該縣等豈遂毫無見聞。既稱謠傳。亦必非倉卒可以集事。何以事前不能解散。至云各持火把。則楊紳之房屋明係被匪縱焚而稟中閃爍其詞。於初二則曰求免捐輸。於初三則曰並無匪類。豈因案情重大。反欲爲匪徒解免。爲該縣等自留地步耶。總之此案在楊紳辦事不無操切。然果得賢有司早爲調停。實力勸導。則米商認捐之一千元。何至訊押趙張後。始行遵斷。正由該縣等坐視不顧。致使紳商積不相能。然後匪徒從而煽惑。至破壞決裂。該縣等不過諉爲紳士之不洽輿情。推爲匪黨之造謠生事。不知聚衆罷市放火焚屋。不獨陷吾民於無辜。抑且令已有規模之學堂實心任事之紳董。一旦化爲灰燼。而地方愚蔽之習。愈結愈深。豈該縣等曾不一思。竟靦然爲民父母。張匪燄而壞學界乎。該縣等辦理不善。無可辭咎。本應立時撤參。徒以首要未獲。不能使該縣等置身事外。僅將陳令記大過三次。汪令記大過一次、以示薄懲、事關聚衆罷市。情節極重。必須先將造謠鬧事之人。拿獲嚴辦。米商認捐之欵、從前既稱允洽。亦不能因罷市遂致邀免。且此欵原捐。既有十釐。核其所支、不盡歸諸善舉、並澈底查明、撥爲學堂經費。須知學堂爲

朝廷飭辦要政。清提中飽。殊與加捐不同。衆商同一出錢、豈不願撥爲正用。斷不能聽一二商董把持謠惑。再釁事端。趙張於罷市一案、未必不曾與聞。亟須傳案質訊。不容聽其諉卸。應即飭由該縣等隨委查辦之許守王令。從速妥爲辦理。毋再彌漫至干嚴參。其焚毀之東林竢實。究竟毀去房屋幾間。書籍什物若干。併即查明繪圖稟報。查該學堂爲地方重務。該縣等未能先事防護。應即責成該縣等分別賠償。刻日興工。毋誤該學堂學生講習之期。此事關係該縣等考成。愼勿延遲不辦。至楊紳被燒房屋。應俟拿獲犯事之人。再行核辦。如敢稍涉延遲。則後悔無及矣。該縣等其熟思之。切切。仍錄報

督部院查核並候

學部院批示。繳。摺存。

記者按天下至奇至幻之言。未有如此詳文者也。今爲一一詮釋如左。備當世明眼人亮察。

（請飭各業一併捐輸至出示曉諭）　按七月初一日各紳董會議於竢實。以謠言日甚。於是華紳文滙裘紳廷梁等四人函請錫金出示解散。未見施行。迨出六言簡明告示。已在焚掠楊宅之後。案牘具在。可覆按也。

（迨經趕至至逃散）　按錫令後時到塲。僅支皮椅高坐塔坊橋上。亂黨洶洶。如無見聞。安有滋事之人同時逃散之事。

（適於是夜自省旋署）　按金令確見其於初二日下午三點鐘回署。蜷伏不出。至明日黎明。始步行赴錫署。

（並無搶物情事）　按三校及楊氏之物。緣無人彈壓。任人取携。滿街多是。行路皆知。彼之云云。欺人乎。欺天乎。

（身任地方至憲恩）　揣彼之意。若以爲教堂既已無事。其他學堂皆可置之不論。試問遵　旨設立培材之地。是學堂乎。教堂乎。恐彼亦輾然無以答也。

（訊諸地保人等至縱火搶物） 按錫金二令。明知其說之難圓。故姑託之地保人等之口。而復加以不甚相類等語。試思今之地保人等。實該令爐中之鐵。欲其圓則圓。欲其方則方。故劣幕此等措詞。似是至巧。實謂之至拙可也。

德府尊全批。 按此批明知燎原之火。由己而種。中心愧餒。遂不自覺其詞之含混。明眼人自能辨之。

撫批此事關係該縣等考成 按斯言在今日。可謂朝陽鳳聲。爲吾省牧令從未見聞之語。使大吏早發此言。縣令等自當仰體。較能實力承辦。與錢漕一律。其奈前之上憲從未提及何。

薛翼運等再上許王二委員公呈

爲遵批議覆。公叩轉請批示遵辦事。竊接奉照會內開。奉

撫憲批示。飭令職等將錫金兩邑學堂會商妥議章程。呈候核辦等因。捧讀之餘。莫名感戴。伏查錫金學堂。竢實首先創辦。當時毫無憑藉。僅由楊模等勸捐集欵而成。嗣因東林書院改爲學堂。曾經職等公議。將東林原有房產租錢典息。暨竢實所收捐欵。歸兩學堂各半分

用。而學堂又須津貼三等務實兩小學堂及理化研究會。並季課膏獎。遂致入不敷出。不得不從事籌捐。頻年以來。兩學堂經董既司學務。又兼籌捐。兩處辦法。又未能一律。議者固早知其難以持久矣。今幸蒙

撫憲興學育才。務求實效。既委　仁憲查辦滋事之徒。復飭職等妥籌善後之法。則改良進步。正在此時。職等當即邀集各紳會議。僉謂以地方之財。辦地方之事。必先使人人曉然於斯事之原委。事事有以徵信。庶能共樂輸將。退無籍口。而財政一事。司入者不得司出。尤爲緊要關鍵。今擬設立學務處一所。名曰錫金學務處。公舉四項經董。分任其事。凡東林竢實兩學堂及四處小學堂等。須由學務處籌款辦理或津貼者。均歸學務處管理。其東林竢實原有田產租息捐款。及以後續籌之款。統由學務處經管經收。各學堂用款。由校長照核准預算表。簽名向學務處隨時支付。進出各款。學務處按月榜示。年終彙刻徵信錄。呈報各署。並分送各紳商查核。以上各節。擬章呈覽。所有東林竢實兩學堂學務處并津貼各小學堂常年開支。核實預計。每年至少需洋一萬七百餘元。而原有之入款。暨以後確可籌集者。每年祇有八千六百元左右。尚短二千餘元。亟宜設法籌足。另具清單呈覽。至東林竢實兩學

堂自開辦日起截至本年暑假期止。從前收支各欵。已由各該經董自行分別具報。計尚虧洋二千數百元。其各學堂之被毀者。房屋木器。雖由兩邑尊興修置備。然工竣之後。亟須開學。一切書籍圖畫儀器。暨應用物件。縱不能照從前原有之數。一律置備。但就目前决不可少者。酌量購辦。統計東林竢實三等理化會四處。並學務處應用桌椅木器等物。至少非五千五百元不辦。此款尤爲緊要。如何籌集。職等尚無定議。應候

大憲批示祇遵。各學堂課程。以後或有應行改革之處。容由學務處學務經董會同各校長教習按照

奏定章程。妥議辦理。所有職等遵批會議緣由。是否有當。伏乞

大公

公祖大人鑒核。俯賜轉請批示遵行。實爲公便。上呈。

計呈 章程一件 清單一件 經董名單一件

謹擬學堂善後事宜。並設立學務處章程。恭呈

鈞鑒

一學堂爲培養人材之地。錫金奉

詔興辦。歷有歲年。邇求紳士之中。頗有衝突。甚或激成水火。而商業中人。尤未能深悉學堂情形。於經費盈虛。每多隔膜。遂致疑竇叢生。捐欵窒碍。循此不變。學堂永無發達之期。茲鑒前車。謹擬學堂善後統一章程。設立錫金學務處。於城內適中之地。租賃房屋。爲辦公之所。辦事經董務宜協力同心。屛除意見。以銀錢不沾手爲第一義。以界限分明各盡義務爲第二義。以推誠勸捐不仗官勢爲第三義。

右宗旨

一學務處擬分經董爲四項。

甲名譽經董。凡學堂遇有重要事件及特別用欵。應由學務處具柬邀請。到堂會商。

乙籌欵經董。學堂歲入之欵。如或不敷所用。由籌欵經董設法籌增。從前所收瑣屑之欵。亦由籌欵經董集議。酌量裁汰。

丙學務經董。主研究教育講習師範。爲各教員集思廣益之助。

丁稽查經董。主檢察學堂內容及財政出入。

右綱領及權限

一學務處爲學堂根本。公事較繁。應有住董一人。常川駐堂。另設書記一人。會計一人。幹事一人。爲辦事之助。東林竢實兩學堂。向有住董收支司事等修俸。今一切公事收支。統由學務處經理。此項開支。兩學堂即可省去。移作學務處經費。

一財政出入。務宜昭示大衆。方能取信。凡學務處所收房租典息及常年籌定的欵。並所收田租。按期收取後。隨即交付錢莊。並將每月實收細數及學堂用欵。懸示大門。凡欵項出入。應註明某莊經手。及收付日期。以便局外稽查。藉免疑謗。

一兩學堂常年用欵。照預算表按月由校長簽字送至學務處。換取經董憑條。向錢莊支付。學堂內如有特別用欵。由學務經董會同名譽經董會議決定後。亦由校長簽字支欵。悉如前法。

一兩學堂每月應造用欵月結。榜示通衢及學堂大門內。於下月初五以前張貼。另備一份。按月送交學務處。每年出入徵信錄。由稽查經董督同會計。於正月內造齊付印。分送紳商及城鄉各鎭。以二千本爲率。

一各業有常年捐欵者。各舉精於會計者一人。向學務處報名。於年假暑假期內。由稽查經董訂期招集。同查出入底賬。以資臂助。如有欵目不符之處。不妨逐條簽出。公事公辦。不厭精詳。慎毋蓄疑不露。退有後言。

一學堂官商交涉。文牘往還。及籌欵等事。業經移歸學務處辦理。至學堂內容。必研究教育之人。方能管理。今擬每學堂由各教習公推一人爲校長。總攝校內一切事宜。凡衞生清潔之事。及收欵用欵賬目。均由校長節制監察。又生徒之入學退學。亦歸校長主持。另由各教習公推一人爲監起居。於擔任教課外。兼監察學生起居動靜。以專責成。凡校長及監起居。均酌加薪俸。

一錫金私立蒙小學堂。家自爲法。規制參差。今擬凡受公中津貼之學堂。及蒙小學堂。應由學務處訂定章程。務令一律。

一延訂各項教習。應由學務經董。每年秋間公舉堪勝某項教習之任者若干人。送交學務處存記。以備多收學生。添設教員之用。如現在各教習或有更動。應由校長於存記教員內揀聘。以免各教習彼此不和之病。

一選派出洋學生。應由學務經董邀集名譽經董。按照文明議事規則。投票選舉。由名譽經董擇取多數者爲定。
一各業歲捐滿三百元者。應與學額一名。優免修膳。
一學務處所擬章程。暫行試辦以後或有應修改之處。應由各董隨時會議更改。
右辦法
一各項經董應酌定任事年限。年滿引退。以俟公舉。惟東西各國議事之法。取决多數。公理所在。無不服從。又必先有合例之人。方能操選舉之權。中國此時驟難仿效。今擬畧師其意。除學堂教習不必捐費准充議員外。其餘欲爲學務議員之人。必每人各出十元。捐助學費。方與選舉之權。臨時捐助百元以上者。以捐數最多之人爲議長。公舉之人由議長擇取多數爲定。應請
撫憲批准。方能照辦。
右年限
謹將錫金兩邑學堂承管産業典息常年捐項進欵數目。並各學堂學務處常年開支數目
開呈

鈞鑒

學堂常年進欵 洋三千元

房租典息約 洋一千二百元

義租約 洋二千二百元

串票費約 洋四百元 此款前經 大憲批飭舉辦三年爲限明年收訖即須停止但失此鉅款驟難籌備應否接續辦理請示祗遵

錫金兩邑尊冬漕捐 洋二百元

業勤紗廠捐 洋六十元

茂新磨麪廠捐 洋一百五十元

鹽公棧捐 洋六十八元

小課費約 洋二百元

錢業捐約 洋三百元

典業捐約 洋二百元

學生脩約

各業捐約洋六百二十二元此欵尚待籌勸錢典兩業既有捐則各業如堆棧土棧油業之類亦須酌捐方昭平允况爲數無幾似不難籌集

共計約收洋八千六百元

學堂常年出欵東林竢實兩處學額定六十名

教習司事脩俸約各洋一千六百元

聽差工食六名約各洋一百二十元

飯食約各洋六百元

茶水油燭紙張約各洋二百元

學生獎賞約各洋一百元

雜用修理器具添置碗盞洋燈日用零星一切在內約各洋三百元

教習聘金暨應用課本等物約各洋八十元

脩理房屋約各洋一百元

預備特別用欵約各洋五百元

共計約付洋七千二百元

學務處常年出欵

房租約　洋一百二十元

住董修金　洋一百二十元

司事三人　洋三百元

飯食常膳祗有六人然遇各董會議或有添膳之處故酌加　洋二百八十八元

聽差二人工　洋四十八元

雜用約茶水油燭紙張一切在内　洋一百八十元

共計約付洋一千零五十六元右爲學務處所議經費萬難再省從前東林竢實兩學堂各有住董收支司事等脩俸今一切公事收支統由學務處經理此項開支兩學堂即可省去移作學務處經費

津貼各項出款

季課　洋五百元

理化研究會　洋八百元

初等小學堂四處　洋一千二百元

共計付洋二千五百元

總共約付洋一萬七百五十六元

謹將公議選舉學務處四項經董開呈

鈞鑒

名譽經董

楊宗濂　孫昌烈　孫鼎烈　華文滙　陶世鳳

顧景璐　秦謙培　華鴻模

籌欵經董

章　鈞　薛翼運　周廷弼　單毓德　孫贊堯

孫鳴圻　孫藩圻　楊建綸　楊壽楣　華文川

王鏡藻　高汝琳

學務經董

秦瑞玠　丁寶書　俞　復　許士熊　蔡文森

楊蔭杭　孫靖圻　錢承駒

稽查經董

過　鑄　裘廷梁　秦寶瓚　華申祺

光緒三十年八月　日呈

撫院端批據情轉請鑒核示遵由

據稟會同籌議無錫金匱竢實東林三等學堂及理化研究會四處辦法。均屬有條不紊。切實可行。其經理財政。分用兩項經董。司入者不司出。尤足以昭大信而杜藉口。應准照辦。所有該四處常年經費不敷之數。即飭由該守等會同薛紳等就地妥籌。另稟核辦。總之振興學務。乃奉

旨飭辦之事。關係重要。且以本地之財。仍作爲本地培植人材之用。尤與別項籌欵不同。斷斷不容奸商刁棍。任意阻撓。薛紳等亦不必顧慮遲迴。有負厚望。現在開辦，費需洋五千五百元。應先在錫金兩縣不急公欵內借撥應用。俾得迅速興辦。將來俟經費籌定。即行歸還。其餘未盡事宜。仍由該守等與薛紳等悉心籌商辦理。摺開章程各條。候發學

務處覆加查核。採擇可以通行者。分飭各州縣一體仿辦。至米商中飽。斷斷不能不提。該守仍速遵照迭次批檄。澈底清查。妥籌稟辦。不得任其以趙張在逃爲詞。推諉延宕。切切。除行蘇藩司學務處外。仰即遵照辦理。此繳。各摺存。八月二十日

稟錫金二縣

具稟家屬楊升爲米棍率衆連日焚掠叩求詳辦事。竊家主山東補用巡檢楊文海。浙江候補鹽大使春灝。浙江候補從九植。五品銜舉人模。江西候補州判栻。湖北候補知府楫。商部郎中道霖。湖北補用知縣其昌。監生曾翙等。同居本城學前祖宅。大都仕宦在外。小家主亦多游學異鄉。家居半多婦孺。家主模經辦錫金高等小學堂。即竢實學堂。因經費支絀。與諸紳公議。酌分米行廟捐。歷經稟請辦理在案。不料於本月初二日夜。各米棍突聚匪類多人。藉口加捐。蜂擁而來。同時打破前後門而入。一時合宅老幼男女。驚惶逃避。匪徒肆行搶毀。擾及通宅。將第三進大廳全造七間反軒三間。並拔屋兩間。種火燒燬。燎原之勢。天明始息。幸大廳前有絕大天井。後有高牆。爲之遮隔。餘屋未及延燒。初三日自朝至暮。匪棍把持本宅。所有搶餘各件。取携淨盡。即晚復行縱火。將第四進樓房上下十四間。拔屋五間。及第五

進柴房四間。廚房四間。米屋二間。末造平屋四間。共房屋四十七間。一律燒燬無遺。所有通宅日用器皿及衣服首飾書籍契券等類。全行燬失。另有租住本宅王華兩家。一切物件。同歸於盡。所有失物細數。一面詳報本宅各家主。容後開具清單另行呈案。先將初二初三兩日被毀大概情形。除稟

錫金邑尊大老爺外。理合叩求

大老爺電鑒詳報。緝兇究辦。迅賜施行。上稟。

按此稟發後。續由家屬再具一稟。後開各房失單。約二萬餘言。金邑汪大令鳴鳳即出硃票。派差役一名。期限三日。人贓全獲。違予比追。

二品銜浙江遇缺題補道楊以迴等上許王二委員公呈　七月

爲匪棍糾衆不法。連日燒燬房屋。環求詳請飭屬懲辦。以靖地方而遏亂萌事。竊學前楊氏舊宅。爲遷城始祖肇興之地。通宅服屬同居。共有十餘房。不料禍於本月初二日晚。突有匪棍二千餘人。藉口米捐。各執火把。蜂至該宅前後門。分頭撞進。搗毀什物。搶刼衣飾。先將大廳全進燒燬。初三晚。除第一進門造第二進轎廳外。所遺後造上房樓屋。及一切平房披屋。

復行縱火燒燬靡遺。業經台駕親臨確勘。該事主亦已稟呈在案。竊思米釐一節。是非曲直。自有公論。早在洞鑒之中。無庸置辨。惟事外之人。遭此大刧。況於化日光天之下。胆敢放火燒屋。初二一燒不已。初三日再行縱火。焚燬一空。其中必有倡首唆使之人。若竟從寬免究。則已後地方之禍。何堪設想。治等誼關桑梓。分屬同支。未敢膜視緘默。幸荷

大公祖公祖 大人飭屬緝凶。陸續解省。澈底嚴訊。仍望轉據下情。稟詳

撫憲。聽候核奪。依法懲辦。以靖地方而遏亂萌。實爲公便。須至呈者。

撫院批據稟楊紳等同族公呈轉請鑒核示遵由

據稟已悉。查此案已先後拏獲趙械等十餘名。均經發交蘇州府從嚴審辦。其首先肇禍之趙夔張錦釗。亦經嚴飭懸賞購緝。認眞查拏。斷不容其漏網。茲楊紳模共院居住之族人同罹无妄之灾。情殊可憫。查兇徒放火燒人房屋。照例本有儘犯人財產賠償之條。將來定案時。自當飭令妥爲設法辦理。亦不令其喫虧也。除行布按二司暨蘇州府外。仰即

轉飭知照此繳。

同知銜安徽候補知縣楊志瀛等再上許王二委員公呈 九月

爲鉅案久懸。首要遠匿。環求恩准指名嚴緝務獲事。竊職等前以職族楊模私宅焚搶。兼毀學堂三處。呈請緝兇嚴訊。詳蒙

撫憲批飭嚴緝務獲。并援定例兇徒縱火燒人房屋儘犯人財產賠償之條。職等捧誦之餘。莫名感服。查米業肇禍。固首推趙夔張錦釗二人。然趙張二人貪圖小利。不過爲人鷹犬。其有貲望最高發縱指示之人。則爲高顯初即高光祖。去歲曾付洋百元。供趙控府訟費。此次開列行名。指揮徒黨。多半由其畫策。其次一爲開長裕泰行之陳伯賢。今歲府廟捐欵。歸伊經管。前次賽會及赴滬辦烟火。赴蘇運動一切。皆伊出貲同往。澈查府廟賬籍。情弊自昭。一爲開振茂行之陶念鈞。逼勒縣示。由其再三申告同黨。北里中人。共見共聞。以上三名。罪浮趙張。衆論確實。毫無疑義。現聞陶念鈞已解省訊供。惟著名陰險之高顯初。專主財政之陳伯賢。尚未就獲。逍遥法外。難保不與趙張通同勾結。再肇事端。恐此案永無了結之期。時逾兩月。事屬迫切。謹合詞呈求

大公祖　公祖　大人飭令添派幹役。指名跴緝。限期比追。一面申詳

大憲。俾得早日銷案。安輯商民。實爲公便。須至呈者。

撫院批。查米董高顯初即高光祖。把持米業。倡議抗捐。趙夔等均係聽其指揮。久經本署部院訪聞。札飭該守督同該令及錫金兩縣拏獲解省在案。茲閱來禀。核與訪聞相同。至稱開設長裕泰之陳伯賢。今歲廟捐。歸伊經管。運動一切。皆伊出貲。亦應一併拏案訊究。速由該守督同該令及錫金兩縣。限於文到之日。選派幹役。密拏高顯初陳伯賢務獲解省審辦。該犯等俱係有身家之人。倘逾限不獲。定係原差得賄縱放。即將該原差解省究懲。再此案肇禍之趙夔張錦釗等。至今尚未獲案。實屬玩延。應將陳汪二令嚴加申飭。勒令上緊嚴比玩差。設法購緝。總期迅速拿獲解報。事關 奏案。該縣等如仍不自振奮。日久無獲。定當白簡從事。該守現已委署常州府篆。責任較前尤重。亦須認眞督催。勿任久事延宕。是爲至要。除行藩臬兩司暨蘇州府外。仰即遵照辦理。此繳。九月十六日憲委移

無錫縣舉人楊模上許王二委員呈

爲備舉學堂創設以來。辦理艱難情形。臚陳鈞鑒。幷候轉詳察核事。竊錫金舊有東林書院月行官師兩課。僅及科舉之學。自奉
明詔。着各行省府廳州縣。遍設學堂。當邀同志公議。擬就東林設立學堂。紬於衆論。始改圖

另建。遂就僧院舊充廨署公屋一所。撥欵繳縣。購回立案。永爲竢實學堂。並由同人舉職董理學務。當於光緒二十四年春。稟定章程學規。延聘教習。招集學生三十餘名。開學授課。此竢實之原始也。計開校之日。所存銀錢不及三百元。然猶冒險爲之者。妄意綿蕝既立。然後可望官紳之襄助。較勝於空言之不足取信也。自是以後。除　兩邑尊歲捐冬漕項下各一百元外。無一可恃之的欵。又其時風氣未開。無從籌辦商捐。於是馳函遍告京外同鄉官。婉導本邑紳富。各請量力輸助。復孑身至閩至浙至滬。盡力敦勸。數年以來。計集貲不下六千餘元。藉以支付修薪火食。置辦書物等費。嗣後學堂漸次擴張。改良規制。於二十八年六月。

蒙

前督憲劉忠誠公以竢實開辦最先。已著成效。奏請傳

旨嘉奬。並賞給樂育英才匾額。復以竢實作爲錫金高等小學堂在案。自後漸議各商捐。如茂新麵粉公司業勤紗廠鹽公棧等項。屢經懇勸。始各分別書捐。復及典當錢業絲行各商。復由府稟准開辦串捐。每紙五文。中小學堂各半。從去年上忙收起。此歷年籌捐經費之實在情形也。所有開支欵項。自二十七年以前。規模稍狹。學生未能及額。每年僅付二千數百

元。已刻有歲計總錄呈縣備案。以後日漸擴充。學生多至七八十名。復請日本教習松本義成教授東文語。二年期滿。夏間已去。又以師資難得。選派吳榮鬯赴東學習師範專科。兼習工藝。復選派侯鴻鑑赴東學速成師範。已畢業歸。今年即充本堂教習。兼授理化等科。復添購理化各種器具藥料。費均不貲。每年約需銀錢五千元左右。此歷年學費撙節開支之實在情形也。竢實教育宗旨。一以孝親敬長忠君愛國爲先。痛戒末流狂躁僨張惡習。學生偶有踰閑。輕則記過。重則立予斥退。復時時苦口勸導。以培養名譽。專精自治。冀備他日國家之用。其教科則修身國文經學歷史地理算數英文體操。近添物理化學圖畫東文。並稟蒙

管學大臣張榮　批答。深相褒許。惟以府中學堂未建。無階可升。尚未舉行畢業之典。其程度稍高考入京都各學堂。及蘇甯各大學南洋公學者甚夥。間有私費出洋游學者。此歷年教育進步之實在情形也。至校內一切書籍。歷請撥發甯蘇滬鄂各局官書。其儀器圖畫西書各種。歷承中西同志饋贈。或購自東瀛。餘則備價陸續購置。類皆煞費苦心。搜羅珍異。固非旦夕所能立辦。伏念職　以不才無學之身。膺茲教育重任。歷有年所。嘗赴東瀛查考大小各

校。多所取裁。復以竢實一堂。不能容受多名。爰偕同志改設東林學堂。其餘小蒙學堂。如三等南北學堂。及鄉間胡氏嚴氏各小學。皆竭力贊成。冀學章統歸畫一。數年以來。晝作夜思。官骸俱悴。宜若可告無罪於梓桑矣。至寒家衣食粗足自給。昔年遨遊公卿。頻邀幣聘。今爲家鄉子弟通籌學務。自以公義所在。未嘗支取薪金。而忌者旣震其高名。復詫爲異已。積久而怨謗愈繁。且經費不充。必資挹注。遵照憲飭。就地分籌。公議以米石爲商業大宗。猶慮加捐困累。遂議分撥廟釐。剔除中飽。計絲毫無損於商民。詎該行頭趙夔張錦釗倚爲世產。慮一旦傾吐。爰肆把持。纏訟年餘。稟蒙

學憲唐　批飭革究嚴訊。爰復播煽謠言。刋發傳單。糾衆分馳。逼勒罷市。七月初二三兩日。遂公然搶刧職宅。衣物一空。兩次縱火。大廳以後房屋四進。燒燬淨盡。復搗毀竢實東林三等學堂三處。坐使家口流離。書物蕩盡。數年心血。盡付東流。此堪爲痛哭流涕者也。竊念學堂係遵

旨設立。職當舉世不爲之時。不自揣度。力任其難。因忌生怨。因怨成謗。同情扶翼者。如鳳毛麟角。其餘悠悠之口。非特毀職之名譽。並欲毀職之身家。搢紳之林。尚未能曲加原諒。何論

無識之商民。職 返躬自省。亦知委蛇可以徇世好。詭隨可以博衆懽。誠以興學事重。必從眞實處立脚。不敢稍存諉卸之心。兼素守無辨止謗之箴言。遂不屑向人致辨。又以熱心寡助。不自覺爲衆矢之的。以遭此非常可慘之奇禍。且慮嗣後學界中鑒爲前車。致礙進步。此尤區區隱衷。無窮歉疚者也。今者業蒙

撫憲鑒察。遴委

大公祖 公祖 大人履勘確查。嚴緝首要多名。陸續解省。嚴訊懲辦。並會同公正各紳。籌議學堂善後事宜。必能進步改良。漸臻美善。藉爲職 補過之地。感幸同深。茲謹將自開校以來歷年收支欵項。造立清册。及教習學生等名單。呈請電察。并祈轉詳

各大憲鑒核。實爲公便。再職 於今夏五月奉

鄂督張 電招。委派湖北學務處參議。兼辦文案。并催速赴。當以經辦本籍學務。尚未就緒。義難遽離。電覆請假一月。今又閱兩月。即應赴鄂。惟鉅案未結。理合靜候

大憲批示祇遵。合并聲明。須至呈者。

計附呈 竢實學堂歷年收支清册一本教習學生姓名單一紙 附前刻歲計總錄一本

光緒三十年八月二十日

撫院端批據情轉請鑒核示遵由

據稟已悉。查楊紳模自剏辦學堂以來。經營七載。卒能勸集鉅欵。辦有規模。熱心毅力。誠爲不可多得。乃因稟提米商中飽起衅。匪徒造謠滋事。致罹无妄之灾。殊堪矜憫。茲經拏獲滋事各犯。發交蘇州府從嚴審辦。其首先肇禍之趙夔張錦釗。亦經迭飭嚴拏。期在必獲。所焚房屋。仍俟將來定案時。查照定例。酌核辦理。以示體恤。楊紳既經湖廣督部堂張電調赴鄂委用。而現在東林竢實兩學堂。亦已由該守照會薛紳等接辦。自應准如楊紳所請。俾得早日啓行。除行藩司學務處外。仰即傳知楊紳查照。此繳。抄册刻錄清單並發。

臬臺朱批同前由

楊紳於風氣未開之先。創立竢實學堂。提倡後進。由是逐漸推廣東林學堂。兼設蒙學小學。數載經營。足徵締造苦心。比因經費猶缺。請提扣存米鹽。奸商把持。惱羞成怒。慫恿同業。挾制罷市。甚至拆毀學堂。延及紳家。不能不歸咎於地方官之消患無術也。現在學堂建復。該紳已退交薛紳等經理。觀其稟陳各節。藹然有道之言。愈見大公無我。良深慰佩。

至滋事之犯。業已陸續解省訊供懲辦。庶幾稍遏刁風。該紳既膺鄂督之聘。亟須前往。自應准如所請。俾可啟行。仰即知照並飭錫金兩縣趕將開學日期具報。仍候

撫憲批示。繳。

竢實學堂歷年辦理情形述略 附

問竢實剏辦以來。是何等主義。答是進取主義。非保守主義。進取故冒險。

問竢實是何等學堂。答是公立學堂。合官紳士商之力辦成。故曰公立。

問竢實學生歷年名數若干。答初開二年不過三十餘名。後漸加多。前歲至多時有九十餘名。今年數班合計共七十二名。

問一年經費開支若干。答初年不過每年二千餘元。後漸擴充。至近歲約四千餘元。

問費從何出。何以但取商捐。答初年風氣未開。係勸募各紳富集欵至六七千元。除冬漕捐外。餘無一可恃之欵。後始議由東林書院歲撥助一千餘元。另議商捐。先從各公司入手。後由當業錢業。漸及米捐。

問歷年何以無報銷。答自光緒二十七年以前。刻有歲計總錄。呈縣備案。且有月結歲結。懸

榜示衆。以後二年半。今已抄列清册。呈明憲委備核。

問既有商捐。復收學費。多口之憎。實始於此。答學堂用欵甚多。商捐有限。故不得不收學費。且平人尚且解囊。豈有肄業學生。獨無當盡之義務。故學費議減則可。全免則不可。　張管學云。將來大學堂亦要收學費。

問歷年開支帳目。其中豈無浮冒情弊。人言豈盡無因。答自問二十年來熱心向學之人。尚不至爲竊盜之事。此條不敢答復。

問教育事重。何以拋荒。獨以全力辦捐。答此事最爲傷心。若有專司財政之人。供我挹注。自當全副心力。專辦學務。今以外交荒其本業。所捫心滋愧者也。

問學堂開辦已久。何以輿論尚未翕然。答我若造一觀音庵。十日一演劇。廿日一賽會。必且頌聲載道。然終不肯以彼易此者。此我之拙也。

學董過鑄薛翼運等九十五人上許太尊王委員請轉詳銷案公呈

爲米商悔過認賠。環求轉請恩施超釋。以順商情事。竊本年七月初錫金米㾭藉捐糾衆罷市滋鬧一案。業蒙

撫憲札委　仁憲。莅縣彈壓。分別提犯解省訊辦。並奉批飭照會職等。速將學堂善後事宜。剋期籌議舉辦。遵經職等先將學堂辦理章程。妥籌改訂。一面邀集米業段董、議允酌撥原抽米捐。以充學堂常年經費。並移撥橋捐。歸還開辦墊欵。先後稟奉批准各在案。現在學堂已于十月初一日一律開學。地方亦安靖如常。士民感戴。無有既極。惟該米業因奉提各犯。尚有在逃。一時未能定讞。羣情疑沮。以致市面不克復原。職等目擊情形。隱憂同切。不得不代爲瀝陳上塵憲聽。查錫金市面。向以米業爲大宗。該業所抽米捐。初本爲興復各廟之需。繼則各善堂亦稍有分撥。然大半仍歸廟用。而廟董又悉由米商兼充。出入一手。即難免訾議。當學堂經董稟請分撥廟捐以充學費。適趙夔張錦釗爲廟董。蓄意抗拒。引高顯初陳伯賢陶念鈞等爲己助。議久不决。學董乃直揭其中飽。趙張復藉以激動其族黨同業諸人。與學堂訐訟。逮學堂控奉　學憲批發飭提趙張押究。高顯初等不即出爲轉圜。以致市中失業無賴之徒。藉口播散謠言。挾逼各行停斛罷市。而外匪之匿迹境內者。即乘機混入燒搶。各米商見事機危迫。亟央董出爲調停。希冀認捐免禍。則已無及。此七月初二三日滋鬧之原委實情也。此案趙夔張錦釗固罪無可逭。陶念鈞已到案供認不應從旁妄議。高顯初向充段董。于趙張抵抗之始。既不出爲勸阻。復因訐訟與學堂積不相能。陳伯賢以廟董值年。乃特賽盛會。耗鉅資以長凶燄、至釀成鉅禍。雖非伊等初心所及料。然責以妄爭意見。貽誤全局。咎實難辭。現惟陶念鈞己逮案訊供。而高顯祖陳伯賢等已先期避匿。想因懾于霆威。不敢遽出投首。刻值新貨上市之際、各段米董以案懸未結。商情惶惑。市面日衰。亟思挽救。邀集高陳陶等三姓親族並北塘各米商、一再協議、共認籌賠欵例洋二萬二千元。書立期票。按期將欵交存錢莊。擬以二萬元賠還楊紳住宅。並同居各房衣物等項。以二千元捐建學務處房屋。以表米商悔過之誠。先將期票交職等查驗。請合詞籲懇恩施。從寬結案。職等伏查自肇衅之日起、迄今已逾三月。米市衰落已久。若不亟出維持。誠恐牽及他行。敗壞市面。且各米商多係艮懦無識、即間有附和趙張、旋即省悔、前已認撥廟捐二釐。充學堂常年經費。茲又合力認賠鉅欵、央懇代求、其惶悚下情、實堪矜憫。職等復與楊族一再磋商。該族人等原以遭此奇禍、宗祏震蕩。百口播散、圖籍衣物。泯然無遺、莫不異常憤懣。幸蒙撫憲力持公議。疊次嚴飭緝兇議償、以杜後患。　憲台遵奉方略、次第措施。得以漸臻安謐。該族感戴同深。自願和平了案、以期仰副撫憲戢暴安良至意。職等顧念地方。難安緘默。除趙䕫張錦釗楊壽康尤根保等情節較重。應俟緝獲另行嚴辦外。所有到案之附生陶念鈞業蒙斥革衣頂。可否寬予保釋。其未到案之高顯初陳伯賢暨或有與此案牽涉。尚未奉補提。並已提而情罪較輕者。可否一律從寬。分別免提發落。俾各自新而安商業。錫金市面全局幸甚。如蒙恩准。由職等轉着各該親族。赶將高顯初陳伯賢等尋回。取具悔過切結。送縣申報備查。其應賠楊紳各房燬失之款。由職等提繳縣案。伏候批飭楊姓族長等具領分別散給完案。所有米商悔過認賠懇恩超釋情由。職等不揣冒昧。謹合詞環懇

大公祖公祖　大人鑒核。俯賜轉請

大憲大人批示祇遵。實爲德便。上呈。

常州府許轉錄

端撫院批　據稟已悉。此案前據該守等稟據無錫金匱兩縣衆紳公呈。證以本部院先後委員察訪各情。米行滋事因緣趙䕫張錦釗出面抗爭。而高顯初陳伯賢陶念鈞實不無暗中助焰。雖拆毀學堂。縱燒房屋等重情。非該三人始願所及。究因該三人妄爭意見。不爲力

加勸阻。任令凶焰鴟張。以致釀成鉅禍。是以迭飭嚴拿審辦。並飭該守等照會該紳。速將學堂善後事宜。籌議舉辦。節據該紳等先將學堂章程。妥籌改訂。米業段董議允籌撥原抽米捐。充學堂常年經費。業經本部院批飭准行。茲據該守等稟據錫金兩縣轉據紳士薛翼運九十五人。瀝陳錫金市面。以米業爲大宗。此案一日不結。人心一日不定。即商業一日不能復舊。並據各米商一再協議。共認銀洋二萬二千元。以二萬元賠還楊姓所受虧損。以二千元建造錫金學務處房屋。以表米商悔過之誠。合詞稟懇從寬結案。由該紳等轉經該守等稟請結案等情前來。查培植人材。固以振興學務爲急。而商情市面。亦當量加體恤。力予維持。至楊姓被毀房屋衣物。照律本應追賠。事由米行抗捐而起。茲經該業籌欵賠還。尙屬允協。其捐修錫金學務處房屋。亦足以示薄罰而儆效尤。姑從寬准如所請辦理。在押之生員陶念鈞。先經斥革。應俟定案時准予保釋。高顯初陳伯賢均從寬免予逮案。惟聞該二人俱曾捐有職銜。未據查明聲叙。實屬疏漏。應飭常州府錫金兩縣迅即查明高顯初陳伯賢曾經捐何職銜。稟請斥革。並飭各該族長取具高顯初陳伯賢等悔過切結。呈縣轉報。嗣後不准再行干預地方公事。至情罪較輕之趙棫趙作賓等。由司督飭分別斥責發落。其與此本有牽涉未經飭提者。姑准免提。仍由常州府督飭錫金兩縣。隨時查看辦理。認賠之欵。該紳等業經驗明存莊。除捐修學務處之欵。由該紳等提取建造外。其認捐之二萬元。即由府縣傳知楊姓族長。赴縣具領分給。已獲各犯。業據蘇州府審有確供。由司速行分別議擬。詳候核奏。逸犯趙夔張錦釗楊壽康等。飭縣嚴緝。勿任漏網。獲日另結。餘悉如稟辦理。希蘇州藩臬兩司會同學務處轉飭遵照。仍錄報

護撫院查核。此批。

奏牘

兩江總督部堂劉片

再勸學育才。自應官爲提倡。亦須地方紳士自行籌辦。輔官力之不足。庶衆擎易舉。日起有功。江南士子。學有淵源。素知講求根柢。欽逢

朝廷舉行新政。崇尙實學。莫不感激奮興。爭自磨礪。以期仰副

聖主造就眞才之盛意。如上海縣葉成忠獨力捐建之澄衷蒙學堂。辦有成效。業經議約大

臣工部尙書呂專案奏奬。茲查有無錫縣竢實學堂。係五品銜舉人楊模中書科中書單

銑。德候選州同高汝琳議叙知縣秦謙培附貢生王鏡藻等籌欵設立。開辦數年。規模大備。俊髦日興。即改爲高等小學堂。實足以樹先聲而資觀感。合無仰懇

天恩

傳旨嘉獎。並准由臣製給樂育英才匾額。以示鼓勵。出自

逾格鴻施。理合附片具陳。伏乞

聖鑒。謹

奏

光緒二十八年五月二十一日具奏欽奉

硃批着照所請。欽此。

江蘇巡撫部院端片

再據署無錫縣陳詒署金匱縣汪鳴鳳稟稱。無錫縣紳舉人楊模等創辦竢實東林兩學堂。因經費不足。欲就米業原有商捐中抽提四釐充用。米商相持未允。曾由楊模等於本年六月間稟請江蘇學政臣唐景崇批飭嚴提米商趙虁張錦釗到縣認捐完案。乃趙虁

等心懷不甘。因楊模進省。造謠謂各業亦須一律捐輸。奸徒乘機播弄。突於七月初二初三等日聚集多人。擁赴楊模住宅。放火燒去廳屋數間。又分投將竢實東林學堂。一併拆毀。并因楊模內宅。未經延燒。復兩次放火。將住屋後進一併焚燬。一面勒令各業閉市等情。經奴才分別委員前往。彈壓勸諭。始於次日一律開市。旋委候補知府許星壁前往查辦。所稟情形。核與該縣等所報大致相同。伏查興辦學堂。原係地方要政。紳商籌捐經費。亦屬常情。若該縣等早爲主持。必不致釀成巨案。乃竟坐視不顧。致使紳商積不相能。匪徒從而煽惑。事起之後。猶不能立時解散。以致放火罷市。肆意橫行。尚復成何事體。該縣等辦理不善。咎無可辭。應先將該縣陳詒汪鳴鳳一併摘去頂戴。勒令查拿匪犯。賠脩學堂。以觀後效。至匪徒動輒生事。尤非地方之福。本年鎮江因警察聚衆罷市。相距不及半年。復有今日之事。若不從嚴懲創。必致相率效尤。現據該縣等陸續拿獲匪犯錢阿奇施阿和等八名。并有首要在內。應一面飭縣嚴行審訊。務得確情。盡法懲治。一面仍飭上緊訪拿餘犯。弗令漏網。俾儆凶頑而維學務。其餘一切事宜。隨時分別辦理。除俟訊明後再將辦理情形奏報外。理合會同兩江督臣魏光燾附片具陳。伏乞

聖鑒謹

奏

光緒三十年八月初三日奉

硃批知道了欽此

前署撫院端 護撫院效 會銜奏結錫金毀學案摺

奏爲無錫金匱兩縣匪徒拆毀學堂。米商抗捐罷市。現經辦結。將辦理情形恭摺具陳。仰

祈

聖鑒事。竊照前據署無錫縣知縣陳詒署金匱縣知縣汪鳴鳳稟稱。無錫縣紳舉人楊模等創辦竢實東林兩學堂。經費不敷。欲就米商原有商捐中抽撥濟用。未允。後稟經江蘇學政唐景崇批飭嚴提米商董事生員趙夔監生張錦釗到案。趙夔等心懷不甘。輒造謠言。謂各業亦須一律捐輸。奸徒乘機播弄。突于本年七月初二初三等日。聚衆罷市。兩次焚燒楊模房屋。並將竢實東林等學堂一併拆毀。經奴才端方分別委員馳赴彈壓勸諭。始於次日一律開市。旋委現署常州府知府許星璧現署陽湖縣知縣王念祖前往查辦。

當經奏請將陳詒汪鳴鳳一併摘去頂戴。勒令查拿匪犯。賠修學堂。奉
硃批知道了欽此。嗣許星璧等會同無錫金匱兩縣。勘明楊模及其同居族人房屋。共焚
大廳三間。側屋二間。樓房七間。後偏平屋四間。所有衣物器具。搶毀無存。估計約値庫平
銀二萬餘兩。竢實東林兩學堂及崇安寺蒙學堂門窗全被拆毀。堂器亦皆損失。竢實學
堂。情形較重。先後拿獲匪犯錢阿其岳子斌苗阿榮朱阿福曹保大麻子阿全。並應訊之
丁殿臣陶彥君高隆生等。解省發交蘇州府審辦。竢實東林兩學堂。爲各學生講習之所。
不容延誤。迭經催令賠修。旋於九月間據陳詒汪鳴鳳稟報。已將竢實東林兩學堂房屋。
賠修完竣。並捐銀添置書籍器具等情。即經飭委許星璧等詳加查驗。工程堅固。書籍齊
全。遂與紳士議定章程。於十月初一日開學。所需開辦經費。暫在該縣積穀生息項下。借
撥動用。其無錫金匱兩縣米捐一項。向分十釐。以充善堂經費及橋工廟捐等項。名雖各
有專支。實則中多浮冒。現經許星璧督同縣委。剴切開導。米商感悟。痛悔前非。允於廟捐
內撥提二釐。以充竢實東林兩學堂常年經費。並將橋工一釐。撥歸學堂。以還借墊之開
辦經費。均自本年九月十一日爲始。每月分別繳呈。又因楊模等被焚房屋衣物。照律本

應追賠。事因米商抗捐而起。該商等情願籌集銀洋二萬元。賠償楊模所受虧損。另銀洋二千元。建造無錫金匱兩縣商辦學務公所。並據聲稱該處市面。以米業爲大宗此案一日不結。人心一日不定。即商業一日不能復原。籲請免究既往等語。隨經批准照辦。以恤商艱在案。前據蘇州府知府許祐身詳稱。遵提該犯錢阿其等悉心研鞫。據供本年六月無錫金匱兩縣紳首楊模等因竢實東林兩學堂經費不足。擬抽收米釐未允。稟經江蘇學政飭縣勒提米董生員趙夔監生張錦釗到案。每年認捐洋一千元。趙夔等心不甘服。捏造謠言。有謂各業亦須一律捐輸。在逃之米商楊壽康尤根保起意罷市。挾制邀允。已獲之錢阿其岳子斌在逃之雷三大陳貴琳劉瑤卿顧盤生朱阿金朱小雲共十人。寫立名單。脅令各米行一律罷市。遂於七月初二日先赴公所會齊。令將各行米斛。搬入公所。各持火藥香火。齊赴楊模家放火。燒燬大廳三間。側屋二間。適遇無錫金匱兩縣前往彈壓。持衆擁鬧。挾制出示免捐。旋復至竢實東林兩學堂及崇安寺蒙學堂。拆毀墻壁門窗等項。書籍器具。多遭損失。次日因知楊模住房未焚。聚衆赴楊模家放火。焚燒樓房七間。後偏平屋四間。匪徒貧民麕至。衣物器具。搶毀無存。陶彥君丁殿臣高隆生均各開設米行。被脅罷市。馮士生因往公所閒看。經楊壽康令其照料茶水。俱未同謀滋事。維時朱阿福曹保大麻子阿全。與未獲之大阿順孫阿榮至楊模家探看。因縣中所派巡勇王得勝持槍攔阻。疑係楊姓保標之人。扭住拷打。致傷腦後髮際兩腿兩臂。旋即釋放。朱阿福曹保大復同楊壽康至蒙學堂。幫同拆毀。苗阿榮於火起之後。乘火搶得衣物兩箱。嗣經事主查知。反以空箱向其勒詐。逞兇滋鬧各等情。分別按例議擬。解由署按察使朱之榛審轉前來。奴才效曾提犯覆審無異。奴才等伏查東林竢實兩學堂。本係縣紳創辦。經費不足。自不能不由該紳就地籌捐。果使紳商籌辦得宜。原不至滋生事端。釀成鉅案。乃因商民與紳士不協。輒即聚衆罷市。打毀學堂。並焚紳士房屋。情節至重。本年鎮江曾因籌辦警察。罷市滋事。未及半年。復出此案。若不嚴加懲辦。竊恐奸徒紛紛效尤。不獨紳士興學之心。因此退阻。且刁徒於地方公事。亦不免多所牽掣。關繫大局。殊非淺鮮。此案錢阿其岳子斌聽從聚衆罷市。打毀學堂。焚燒房屋。實屬愍不畏法。應請依刁民假地方公事強行出頭聚衆逼勒罷市尙無鬨堂塞署並毆傷官長爲從絞監候例。均擬絞監候秋後處決。苗阿榮乘火搶物。事後復向事主勒詐兇鬧。應比依兇惡棍徒無故擾害良人實在情兇勢惡者發往極邊足四千里安置例。擬發往極邊足四千里安置。朱阿福曹保大麻子阿全拷打巡勇、致傷多處、雖已平復、究屬惡橫。且朱阿福曹保大並有帮毀蒙學堂情事。應比兇惡棍徒擬軍例。量減一等。擬杖一百徒三年、惟查該犯等均係素不安分之徒。一經解配。勢必中途脫逃、仍回原籍擾害。是有擬罪之名、仍無懲辦之實。應請將苗阿榮改爲監禁十年。朱阿福曹保大麻子阿全各監禁五年。俾昭儆戒。陶彥君丁殿臣高隆生被脅罷市。應請依刁民聚衆罷市被脅同行者杖一百例。擬杖一百。馮士生代楊壽康照料公所茶水。亦有不合。應請酌照不應重律擬杖八十。陶彥君係由文生捐貢。業已斥革。免其斥責。仍追貢照咨銷。丁殿臣高隆生馮士生分別斥責發落。學堂業據賠修。米捐亦經照擬。楊模燬失財產。並據米商籌欵賠修。惟造謠釀禍之趙夔等。起意滋事之楊壽康等。現尙在逃。應仍飭查拿究辦。其餘無干開釋。未到免提。省累。署無錫縣知縣陳詒署金匱縣知縣汪鳴鳳。雖事前辦理未能妥善。而事後賠修學堂。緝拏匪犯。尙知奮勉。惟前犯尙未弋獲。例有應得處分。應請

旨給還頂戴。仍交部議處。除造具供招咨部外。謹會同署理兩江總督臣周馥恭摺具陳。伏

乞
皇太后
皇上聖鑒。謹
奏奉
硃批刑部議奏。欽此。

錫金縣學堂經董楊模等上管學大臣禀 附錄

爲縣學興辦有年。歷陳教育主義及辦理艱棘清形。並附呈譯刻各書。禀求
鈞核樹案審定示遵事。竊無錫自光緒二十三年秋間。邑紳公議籌欵在邑城連元街購置上壽僧庵公屋一所。作爲小學堂。顏曰竢實。即於明年正月。詳擬章程學規。開堂授課。初定學額三十名。歷授經學歷史輿地倫理小學論說尺牘算學英文。兼授體操。以立自强之基。廣購圖籍以收觀摩之益。又以東海頹波。浸淫內灌。凡教育宗旨。壹以孝親敬長忠君愛國爲先。稍矯末流狂躁僨張惡習。期年以後。頗有進步。來堂就學者日益衆。二十七年後添設蒙學初級館。教授幼童。學額漸次擴充。同人益加砥礪。當創辦之始。衆情未

附。不免謠諑環生。歷時既久。輿論漸孚。羣知歸嚮。二十八年五月。蒙
前兩江總督部堂劉具奏。以開辦數年。規模大備。俊髦日興。改爲高等小學堂。并請
傳旨嘉獎。並製給樂育英才匾額在案。欽奉
硃批着照所請欽此。是年復增東文課。延日本人松本義成教授。計中學共分列甲乙丙三課堂。及英文東文兩課堂。共設五堂。現届學生九十名。測算外兼授粗淺理化圖繪等科學。自以江南各屬小學堂開設尚少。遠近聞風。朋來就學。故亦兼收客籍。以期畛域無分。惜齋舍無多。經費有限。以不能廣收爲憾。至錫金兩縣。風尚漸開。一堂慮難容納。二十八年。復議就東林書院。添設東林高等小學堂。生徒五十名。於十月朔開學。城廂復添設三等城北務實勉强樂羣各小學堂。公同研究教育新理。學規務期畫一。縣北天授鄉附生胡汝霖等勇於任義。捐資先後設立蒙學堂七所。生徒共四百名。寨門鎭嚴氏借義莊屋。改設經正蒙學。並足爲各鄉倡首。職等學識疏庸。疚心時局。冀爲
國家培植眞材。爲桑梓開通風氣。惟一年之內。堂中應用各費。如中外教習修金。及各膳貲。添置圖書儀器及雜用。不敷尚鉅。官紳之佽助有限。商民之協濟易窮。數年來[illegible]硊經

營勞怨不辭。謗譏不避。迄於今日。依然捉襟見肘。時時仰屋興嗟。除隨時呈商府縣就地籌欵外。所有歷年辦理艱棘實情。不得不瀝陳顛末。環求

大人准予立案。以垂永久而免中輟。實爲公便。再竢實同人嘗採集歷年各生課本。刻有竢實學堂課文二册。復從和文中譯成最新學校管理法最新教授法二册。中等地文學教科書一册。另編小兒性質述一册。立論則守中正而戒畸邪。取材則採其長而遺厥短。冀

上副

尙書大人振提文化力挽頹風之盛心。以後續譯續編之書。尙當日出不窮。遍餉學界。所慮數年編緝勤劬。奸商射利無饜。若任其翻刻朦混。實足貽悞士林。查上海文明書局編譯各書。稟蒙

鑒審給與版權。水禁翻刻。卑堂開化爲心。事同一律。可否援例稟求

俯賜鑒定。予以出版自售之權。如有書賈翻刻竢實學堂編譯各書者。准其據實就近指控示懲。庶足鼓勵寒畯。勉爲譯材。或於中國文明進步。稍有裨益。伏候

恩准施行。東南學校幸甚。上稟。

計呈各書目

光緒二十九年六月　日禀

管學大臣張

會同管學大臣榮　批

該舉人等創辦竢實學堂。嘉惠鄉里。成效昭然。爲蘇省縣學堂之冠。本大臣知之有素。佩慰良深。據陳辦理艱棘情形。爲之感喟。紳士建設學堂。以輔官力之不足。全賴地方官實心保護。籌欵接濟。方能擴充盡善。造就宏多。如漠然坐視。甚或視同贅疣。所謂父母斯民者。未免有愧。除如禀立案外。仰隨時呈請兩江總督部堂江蘇巡撫部院轉飭該管府縣。加意維持。以規久遠。該舉人等亦當力任其難。始終勿懈。本大臣有厚望焉。譯刻各書。准給版權。◎如有書賈翻刻射利。即就近指控懲辦。書存覈。寫本發還。繳。

惠麓懽迎圖叙

光緒甲辰季夏我　大中丞湮陽端公恭膺

簡命。實自荆楚來撫三吳。凡四閱月。移權兩江。未幾復拜巡撫湖南之
命。　中丞稔吳士民謳思之未艾也。爰乘輕艫。攜賓從。歷探金焦天平虞山之勝。旋莅無錫。
陟惠麓。酌二泉。憇寄暢園。煮茗竹爐山房。題名若冰洞。捫烟蘿。尋古碣。復登絕頂。俛矚具區。
淩風高翔。三萬六千頃。若納懷袖。暮色蒼茫。徜徉不忍去。時仲冬二十有六日也。翌日命駕
竢實東林兩學堂。遍進諸生。審驗科學程度。諄諄誨諭。若父師之於子弟。移晷不休。懿哉何
襟抱之曠邈。而情愫之切摯歟。夫膊膊大塊間。視惠山一微塵。具區一杯勺。竢實東林。在中
國學界中。亦森林一枿芽耳。　公乃不遺微碎。惓惓有餘思焉。原夫吳俗誕放。育聾痼蔽。數
千百年舊習。深中乎人心。自奉
明詔。與世更新。六七年來。學風稍振。同志數輩。苦營綿蕝。冥行索塗。爬羅喘汗。曾不得尺寸
進步。今秋伊始。巫風大張。奸饕磨牙。鉅釁俄作。一日之間。學校三四。攘毀殆盡。生徒叩心。行
路歎嗟。龍峯削色。湖波嗚咽。　公獨超然遐覽。默運方畧。大仁蘇痍槁。大義鋤梗强。月未兩
匝。列校重新。規範加密。程格加隆焉。今者青年學子。謳懽迎之歌。虡紞如五鼓之思。若之何
能恝然於其懷也。邑之耆老搢紳學界同人。望　公顏色。若慰飢渴。而又惜攀挽之無術也。

乃引惠麓懽迎之盛典。屬秦寶瓚爲之圖。楊模叙其巻耑。以永勾吳士民無窮之思云。

竢實學堂懽迎歌二章

旭日初昇東海東　色映大旂紅　公昔曾飛鞋　荆湖遍播維新種　今茲雨露濃　句吳近咆文明風　長江流域學界青年一一生光寵　龍峰具區山水英靈隨地湧　謳歌千里同　神化肇始讓皇封

卓犖元戎彩幰臨　小隊滿郊垌　江東今重鎭　夷吾亮節指揮定　尙武在精神　國民教育備干城　雷霆一震雰霧潛消復我光明境　天高水長口勒豐碑誰與並　兒童竹馬迎　祝我寰海永澄淸

楊模謹撰

東林學堂懽迎歌

大帥纛掣天風涼　衛士盡龍驤　馬首歌東嚮　長江學界被影響　我武踵維揚　振旋軍樂聲洋洋　昔日荆湖今日句吳一例文明咆　亞雨歐風維新鼓吹公遺餉　况値慶無疆　凱旋合祝壽而昌　東林學派天下隆　自昔共推崇　風濤倏沸湧　晦霾學界人震動　雲翳撥長空　平章幸遇裴晉公　上馬殺賊下馬露布男兒無闒茸　國民

義務體育精神須知重　桑戟望元戎　兒童處處懽迎同

禧袞康謹撰

錫金學校重興紀事卷下終

附刻金匱匪徒毀學始末記

嗚呼噫嘻吾今而知世界野蠻之舉動其手段之暴橫其思想之怪妄故秦政焚書坑儒之慘毒重演於數百愚民之手而以一二斯文敗類士林謬種爲主謀爲吾輩百思所不到者孰有如無錫今日學界上之大洪水哉夫無錫以風氣早開聞於他境湖山秀麗物產阜盈其所產人物爲南北省教育界提倡之主動力復爲東西洋留學生之主人翁高矣美矣然說者謂凡百新政俱操縱於經濟錫金之地點適得震澤流域灌輸之利便米市商埠雄長東南於是絲米兩大宗之出產物遂爲輸送挹注之母財經濟界有此天然之利益以之辦教育養人才前途之希望豈有涯涘哉不謂破壞教育界之大怪物即出現於恃爲經濟灌輸之米業內霸梗廟捐勒衆罷市縱火刼掠毀拆學堂有米董趙藝爲主謀而以張錦釗爲之副此豈非文明公敵哉然吾黨同志方謂學界上經此大變劇有官吏紳董在不患無良善之結果乃觀於兩邑令之昏瞀乖張始而畏事繼而僨事終且敗事非特不爲學界上謀昭雪之方以蓋前愆而挾一保全功名之心朦蔽上憲籠絡邑紳而邑紳之謀私利報私仇者且甯得罪於淸議不敢開罪於暴徒而擠人崖下有便私圖者又未嘗無人焉非可怪之

甚耶。顧自今以往。吾邑不辦學堂則已。如本地紳民尚思講求教育。爲錫金學界洗羞。則當另籌方法。以處置此事。故特將此次肇禍之始末。陳其原委以備在外鄉先輩與衆鄉親之觀覽。其肇亂種種之原因如左。

(甲)兩邑學堂之成立與其內容

夫今日之抗捐發難者。必以侵吞學堂經費爲藉口。謂常年捐欵。俱爲學堂總理人所分。若無錫則不然。觀於兩邑學校。開辦極艱。而學堂內又極爲整飭。知其必藉各項捐欵以組織之。夫現時存在之學校。若竢實。若東林。若三等公學。非俱爲他省所著聞者乎。惟東林自有經費。本不藉各業之捐項。三等錫金兩公學。俱係同人之力組織而成。其不捐各業。皆與上同。然以上諸校。除三等公學設立多年外。餘種一二年間耳。竢實學堂係光緒戊戌年間。楊模獨力所創辦。初爲民立公學。至癸卯年。因定章各縣立小學堂。乃與東林書院並改爲錫金官立高等小學校。而學堂內之總理。仍屬楊君。雖有副貳。而一切義務。則惟楊君肩任之。事專力奮。故規模得遂恢擴。至於今日其學堂之內容已可與東邦高等小學校相伯仲然則苟統計當時全座學堂校舍之收買價値。與以後校內之一切重新建築。悉事修理。暨藏書圖畫理化器械博物標本之購置陳設等。在在需大宗之經費。又何疑焉。矧此校已七閱星霜。而開辦常年兩項經費。尙無一可恃之款項。用資補助。則每年間之出款。其他且不計。即以教習司事人等之開支計算。其數已達三千元以上。（東西文兩教習已去一千元左右）故一般耳無聞目無見之流。以爲學堂學生既收學費膳錢。即不應再捐他款。此非夢囈乎。直至今日學堂被毀後。一二稍具眼珠者。始見學堂藏書之富。與學校用品之精良完美。乃恍然曰此等殆無一不需巨欵者。（按本校藏書樓上六大書橱中凡上海製造局江蘇江南湖北官書局中出版書。其種類無不備。即以新書及洋裝書籍論。凡自近年陸續購辦者。其價值亦達千元以上。然四大書局之書。尙賴楊君運動之力。無錢領歸者耳。如言其價值。則無慮五六千元。今悉數毀刼一空。以後欲出資購置。蓋亦難矣）悔之晚矣。

（乙）楊範夫氏之人格及其歷史

無錫有梁溪七才子之稱。而楊君範夫其尤著者也。楊君文章經濟。彪炳一時。名著於大江南北。故自舉拔貢後。即遊南北省。各大憲幕府。所至皆倒屣迎。及領鄉薦歸。觀於時局之日非。即日傾心於教育。經營擘畫。不遺餘力。而竢實學堂之成立。即在此時。然我國當此時期。

凡各省官吏。尚不諳學堂創辦之規則。又不知教育之法程。故凡封疆大吏之欲興教育者。無不懽迎楊君。而君終以注意於桑梓。苦心孤詣。思欲栽成後學。不願分身擔外省學務。而各省大吏則需之益亟。洎乎去歲東游日本。考察學務。歸。管學大臣長沙張氏聞聲相思。延聘充大學堂教員。及劉總督保舉應試經濟特科。復奏列竢實學堂開辦最先。已著成效。得旨嘉奬。楊君聲譽既高。益自奮勉。而熱心教育。亦隨之日進。故學界中人咸目爲最重要之人物。雖然。德修謗至。道高毀成。故楊君當此時代。思利用其爲人信仰之能力。以求擴張學務。注意於米釐輸入最大多數之廟捐。而米董趙張二人之無名腫毒。亦由此發酵者。無錫先達顧梁汾詞中有云。（不是世人皆欲殺。怎顯憐才眞意。不信道竟逢知己。）然則北里米業之仇視楊君。得毋出於憐才之眞意。將令楊君有知己之感乎。

（丙）學堂籌款與米業之交涉

楊君之振興竢實學堂也。其事業逐年發達。至客歲更思大加擴張。致於外來之欵項。需之益亟。試觀學堂歲出之欵。如校中一切應用書籍圖畫。以及理化器械博物標本。皆爲近歲所購置。較之前歲。其價培增。而資送學生出洋之費。以學習實業師範兩門者。至達千元以上。尤爲用欵之大宗。楊君運籌佈算。知非得一甚大之捐欵。以爲後援。則學堂現在之狀況。恐將陷於困難之境。而地方上收捐之最大者。則又莫如一百二十家米行。每石輸納五釐。以爲廟捐。一年之內。總數已達萬餘。楊君與同人從長計畫思化媚神佞鬼無用之財爲養士育材有用之費並剔各廟董侵蝕之私肥辦地方上重大之事業而米業之發達。又以北里爲最。故北里米業之抽撥廟捐。爲數亦巨。吾嘗聞米業中人之言。謂北里各米業捐入本廟者。苟亦如南里米業。每石實收四五釐。以作本廟之用。則都城隍神像可以鑄金而祀矣。蓋聞各項米業之捐。每石共一分數釐。而彼預於每石進出之貨內。將各項捐錢提出。其於本帮之賣買。則每石總捐二分。於客帮之賣買。則每石加捐一分。又加扣串錢每元各四釐。即客貨貸帳一元之貨。得足錢九角九分六釐是也。而其各捐之支出也。先於每日傍晚。由各段之大脚班。抄各行每日進貨之石數。每石當繳錢四文之九折。其抄數之實數。即歸各段米頭存册。而本廟之釐捐。即照各段行頭所記之實數。每石收捐四釐。其他之三堂兩廟捐半之。聞北里米捐。其收入當較西南數段。加增數倍。惟每日之抄數。翔實者少。凡視敫趙王四姓之大米行。以及荳市之客貨行。從無一石之抄數。故諸捐皆不納。無論廟捐。此外如三里橋一段各行。抄數最守規矩。然舉北里四段米市所抄石數。通盤打算。每萬石不過出抄二千石。即近來三堂兩廟捐。稍加認眞。然亦不過每萬石中出抄三千石以上耳。今欲責令各米業撥廟捐。則必先令各米業整廟捐。而凡素捐廟釐之行。因是之故。亦必勒令不捐廟釐者。將廟捐之公欵提出。彼中人一旦恐失此相依爲命之利源。所以鋌而走險也。此楊君與北里米業交涉之所由啓也。不謂米董趙夔愚而自用。又恐吞蝕之私囊。一旦爲强者所取。故首持强梗主義。而行頭張錦釗和之。非特廟捐不允分析。且從中百計阻撓。必使學界上一切籌畫。俱歸失敗而後已。是以舉楊君所欲撥相當之廟捐。故移作盛大賽會之用。（即四月中所出府廟之謝酒會。騎馬多至一百餘頭。其他儀仗莊嚴之奢費稱是。愚民之聚觀者。皆頌趙張二人之盛舉不去口。其實皆所以調楊君。而使之無可奈何者也。）而控楊君於最疾教育之常州府德元。反誣以藉學歛錢之名。楊君迫於不獲已。遂控趙張於學院。而坐以阻撓學務之罪。此楊君與米業交涉之原始也。

（丁）北里米業之反抗計畫

自控告趙張二人霸捐之結果。乃有唐學院重懲趙張飭縣斥革嚴辦之公文。縣令奉札後。

與紳士商議。紳士告楊君。姑勿將二人提案。嗣各紳與米董議輒不就。意頗恚。於是縣令乃出朱票提二人到案。然則彼以提押太亟責楊君。猶非灼知當時情勢者也。及朱票之出提也。趙張先願撥捐每年六百元了案。及見朱票後。將以百金緩頰。縣差不允。卒擁二人至金署。金令汪鳴鳳以事關錫邑。須由錫令審判。却之。錫令陳詒不獲已。乃邀金令過署會審。兩令扮作紅白面。陽致詰問。將刺得二人辦護語。以定案。故縣令第一句好堂斷。即謂二人曰。『此案本不干本縣事。故依我等意。儘可將此通融辦理。奈楊某勢力甚大。我等若稍放鬆。彼必與我等爲難。最好你等有力量。能自向楊某處交涉。』二人聞此一席話而仇視楊君益次骨。戎心之起伏於此矣。及訊畢。將押趙夔於學署。押張錦釗於巡檢署。北里米業中之同事者。推行頭五人前請。願將二人保出。兩令怒叱之。乃退出。彼等知事不易了。又聽有司語。若非壓倒楊某。我輩必無立足地。故自二人入押。北里米業初次集議時。已有各米行同時罷市。以爲挾制官長反抗廟捐之成議。幸當時爲城西持重之米董所尼。計格不行。而紳董之與米董和平會議。亦迄無成就。中間復有普濟堂與北里米業交涉之事。以爲之梗。米業中人計無所出。乃復謀行賄。俾私釋趙夔。出押得給一日之便假。以商反抗事。由是傳單暗發。（傳單上只署北里米業同人公啟。不及他段。正足爲他日歸獄張本。故此單出發後。彼中人亦隱悔之）謠諑繁興。至六月二十九晚。即有米夥集衆鼓噪至楊宅事。匈匈然嚙殺楊老虎嚙殺楊老虎之聲。口流傳載道矣。然此時禍燄欲熵未熵。兩令苟聽從邑紳言出示曉諭。以靖人心。燎原之禍。尚可以杯水覆之也。乃兩令竟褎如充耳。而翌日十下種。北里米業先罷市。各米夥四出搶斗斛。（皆客貨行中人。）有不從者。搶刼掠毀之。而各米業不得不懾其威而隨其後矣。此初一二兩日事也。（至初一日先搶奪行斛。使不得交易。至初二則米舖升斗亦有被搶者。）由是貧民咸蠢蠢欲動矣。

（戊）米業暴動之有恃無恐

當一百二十家米業已迫勒罷市。各業尚未被其影響。在城諸紳董及學堂教習。咸集議於竢實學堂。錫令繼至。邑紳董即獻議曰。事亟矣。請公以四事安民心。暫紓目前之難。一請邑令出示勸諭。暫免提捐。二請放出趙張。以安北里米夥之反側。三請前任無錫縣知縣裴大中出任調停之事。且謂裴公係吾邑好官。深得各業之信任。若得裴公一言。無論捐否。皆可聽命。第四請召集各米董。懇切曉諭。使勿鹵莽肇事。自取疚戾。且請電催金令回城。同商善後之策。而錫令祇允電招金令。及召集米董開導事。而以上之事俱不允。且請北里係金邑界內之地。今欲出示。必須俟金令會銜。本縣斷不獨擅其責。至開釋趙張之請。則謂米棍居奇。橫行無法。此風斷不可長。況此係大憲之意。豈能輕縱。至於裴公調停一節。則絕不加可否。末後且出一語以詢諸紳曰。認捐一釐可否即了案。時楊君亦在座。即對曰。一釐尚可勉從。若在一厘以內。不如勿提。邑令遂返。教習與紳董之有識者見邑令如此憒憒。皆太息而散。而趙張私黨亦三五成羣。在外刺聽官紳消息。及久無文告。乃以爲果與本縣無干。可以實踐（與楊君交涉）之說。而焚燬楊宅搗毀學堂之禍。皆以縣令一語爲導機。初二日薄暮。各米董每年承抽廟捐一釐。已於署內具結。惟擔貨賣物之徒。（北塘灣有客貨行二三十號。其店主與店夥專做無本錢買賣。名曰掮客。米業中人深惡之。爲之上一渾號。遂有掮皮箱客人之名。）貪吝成性。深恐衣食之見奪。故迫爲暴動之舉。使邑令先事預防。勸之以理。迫之以威。待其一律開市。再爲設法。則其事可息。乃邑令於米業罷市後。袖手旁觀。不發一示。故彼輩遂疑罷市一節。隱得縣令之贊成。則縱火刼掠。喊殺楊某。搗毀學堂。彼縣令亦不能干涉。此米棍之所以有恃無恐也。縣令之罪。上通於天矣。

(己)楊宅被焚情形與楊模之出走

初二晚上燈時候。予自崇安寺乘涼歸。至大市橋堍。即見無數短衣椎髻少年。執大杖。匈匈渡橋。絣東大街向錫署過。且揚言我等共燬楊宅嚮殺楊某去。而其時北里米夥以稽查南里米業不從罷市者。適自南里折歸。與同黨相會合。人數驟增至千餘人。一時人衆勢橫。旅行者爭避道焉。先向錫署問捐項之究竟。且請交出楊某。錫令對以『捐項須向楊某去議。教我亦無法。可竟向伊家尋去。』各米棍聞言。即直薄楊氏宅。破前後門而入。其時匪徒絡繹如梭織。同宅居者七八家。什物悉搗毀一空。而各房之婦女孩稚。號泣奔避。視兵燹盜劫之禍爲尤慘云。顧棍徒之意猶未愜。乃縱火焚燒。付廳事於一炬。合宅婦女有蛇行匍匐。啜泣草萊者。楊族人有終宵伏處荊棘間。風露攢骨。困憊萬狀者。最可憐者。楊氏廳事中適停本房之靈柩二所。親見火勢蔓延將及。呼天慟哭。乞憐於觀者。請爲移徙。後雖移向天井中。上以水棉覆之。火威薰炙。俄頃欲枯。即將棉絮潑水數回。依然爲火所炙乾。及天明火息。而是柩不至成灰燼。已厚幸矣。吾邑救火會本以踴躍著聲。當時逼於暴威。恐以灌救逢其怒。故僅保近鄰。不肯爲楊氏援手。錫令聞火警。遲遲故不發。約過二點鐘後。始乘轎赴火所。駐於輿楊氏遠隔之塔坊橋上。坐觀一二小時。即返。暴徒見邑令亦坐觀成敗。意益得肆毒益甚。先是各米業恐肇鉅禍。於錫署認捐每年一千元。已具結。趙張亦開釋。楊君自謂可無事。乃從容赴某紳之招。未久而暴徒即踵至其門。故飲未數巡。而家宅悉被搗毀之報已至矣。但楊君聞警之下。竊計暴徒肆毒已極。故函催錫令後。即電稟撫院。及火警之報繼至。楊君計無所出。祇進省面稟端撫一着。爲在席諸公所贊成。然而更已闌。夜向晨。雇人招舟子頗不易。及侵曉。始得主人幹僕爲之部署一切。與同人執手行。楊君此時仰觀晨星微明耿耿。俯視溪河流水淙淙。一腔憤血。忽起忽落。同人處此何以慰我。爲地方謀公益爲學界開生面之楊君哉。然語有之。道高一尺。魔高一丈。歐西學界巨子如盧索陸克輩每因規畫地方大計。爲鄉里所不容。卒至倉皇出走者。遙遙如相應。吾知楊君苟一念及此。可以無悲也。

（庚）闔城罷市與各學堂之被毀

自楊宅被毀後。暴徒於歸途之便。即沿街敲擊各舖門戶。去來凡四起。且聲稱明日各業中有一開市者。必搗毀。各店舖如聞盜警。噤不敢發聲。暴徒始呼嘯去。此爲翌晨闔城罷市之一原因。抑斯時也。亘患已成。人心紛如亂絲。爲邑令者獨不可先事明示通衢。詳告以並無加捐各業事。爲稍謐人心計乎。洎乎各業已罷市。店夥及棧房碓坊各傭工一無所事事。凡執業稍下賤。與平素不安本分者。皆樂從米棍後。揚言三十六行皆加捐。凡停道旁相問答者。悉一般下流社會人。傳述楊某藉學堂斂錢語。風聲一播。即肩挑負販者。咸惴惴以加捐波及爲懼。計惟有搗毀竢實學堂。使楊老虎無負嵎處。更搗毀一切洋學堂。（邑俗多目新設學堂爲洋學堂。此聲至今未已。）使學堂捐無所附麗。庶幾大快人心耳。而同時之屠夫麪夥輩。又自覺餘勇可賈。躍躍欲試焉。此又爲各學堂被毀之一總因。有此二原因。遂於上午十點鐘拆毀連元街竢實學堂課堂齋舍數十間。舉堂中一切用具理化器械。與藏書樓之圖畫標本等。蹂躪靡遺。十二點鐘拆毀崇安寺三等公學。及器具圖畫標本等。下午半點鐘搗毀城東東林學堂器具圖畫標本等。而貝巷上錫金公學之毀。及籬牆水平桿秋千架等。殆爲暴徒最後之放煞手處耳。然暴徒雖猛惡。究不足當船廠中人之一吒。故諸校皆破壞。而錫金公學獨保全。從知爲邑令者。苟於諸校未毀前。調集營勇練勇快壯警察等持械馳警。擬槍作勢。則暴徒可立驅也。乃一再不謀。竟釀成學界之奇禍。則吾不得不以此事爲兩邑令正名歸獄矣。總計此次各學毀失之數。竢實不下二萬元。東林約五千至七千元以上三等公學約垂二千元。錫金公學亦達千元以上。而邑令一着之差。竟擲三萬元左右之學堂價值於邑令我亦無法之一語。悲夫。聞當暴徒拆毀竢實時。有一自稱陳少爺之壯勇者。突放空槍一響以警衆。當即飽受老拳。繫復拽至金署。金令怒責數百板以謝衆人。眞咄咄怪事。

(辛)楊宅第二次之被焚

夫官場之對付境內亂事也。每以事起倉卒無可設法一語。奉爲保全功名蒙蔽長官之金科玉律。然天下事第一著錯爲無心第二著錯爲有意。是亂事再起。焚掠疊見。邑令不能更以事起倉猝無可設法爲他日寬解之地明矣。乃縣官之高坐衙齋也。竟於暴徒焚掠毀學毒焰薰天飛鳥不落時。漫不加措意。而惟箝口結舌爲能忍自安之良官箴焉。故初三日下午十點鐘。而楊宅第二次之縱火焚掠又見告矣。嗚呼暴徒。殆俗所謂一不做二不休乎。然亦有故焉。吾聞彼中人言。自昨日縱火後。僅燬去廳事一幢。與房屋六七間。楊某從叔兄弟輩咸被大不利。而楊某之住房在後一進者。獨不與。故此次發縱指使人。悉以焚燬最後一進房屋爲達目的地。然楊氏之全宅。凡聚族而居者七八房。自此次焚掠後。而全族之精華殆盡矣。令吾睹此。血爲冷。胆爲寒。吾且不暇他顧。而惟遲遲以待縣令之措置。孰知其一著不算錯。更思彌縫第二之錯著。以蒙蔽上憲。致一電稟曰。『初三日酉刻楊模被焚住宅。餘火因風復燃。延燒房屋兩進。立即救息。並無滋鬧情事。』夫楊氏一再被焚掠。而曰並無縱火滋鬧情事。斯已奇矣。且火不出於縱。則彼暴徒藉口『天火燒』一語。兩邑令殆亦贊成之乎。且吾邑所見失火多矣。安有初二日酉刻所縱之火。至初三日酉刻復燃。而有此機緣相湊之事乎。

(壬)地方擾亂後之怪現象

當七月初三日。各業既一律開市。店夥與客匪徒。熙來攘往。三五成羣。凡巷議街談。無不以三十六行同時並捐爲口頭禪。(其實此次妥籌學堂經費。並無加捐各業事。而三十六行並捐之謠。則因其時適有商部委員楊道霖者亦便道歸里。集諸紳會商。擬開無錫商會事。思撥地方上各種捐項。爲開辦費。當時獻計者有二十四行可捐之說。此風一播。而不幸之學堂議捐。適丁其厄。故一時盲詞瞎語。指鹿爲馬。遂釀此鑠金銷骨之讒口也)以學院嚴懲趙張二人之公文爲鷹鼎。(學院札飭語頗嚴厲。聞當下批判時。曾詢知無錫阻撓學務如趙某者不少。故有爲阻撓學務者戒一語。北里米業中人。乃竟疑爲非出學憲意。故即由趙夔之族人某親赴學院前。攔輿遞稟、學院唐見稟中有楊模藉學歛錢語、意甚駭。故有『沒有此事』一語。而趙氏悞會學院公文。果無其事、果係僞作、故於歸後遂起『此事學院並不知現在正在暴怒時候』之謠、而學院札飭皆僞之說竟藉甚也）然擾攘之中。另饒一種陰慘氣象。髣髴四十年前被兵景況、計初二日未刻金令汪鳴鳳已自省歸。見事急匿不敢發聲。乃運其規避處分之故智。揚言是晚夜分始歸。翌晨。錫金兩令並步行而出。分頭勸各業開市。無奈縣官趨於前。米棍踵其後、一勸導、一禁阻。故各業店門。凡爲縣官故開放者。皆不得不攝於米棍之威、隨即閉歇。且當日一般無知愚民。與不肖士林有爭取楊氏什物者。有爭拾各學堂書籍標本及理化器械者。及旁晚。謠傳本府將至、北里米夥又排戶發給長香一束、冀每戶各出一人。迎迓府憲、爲要挾辦理之準備。本府卒未至。而兩令仍無計可安各業心。後由亂黨要挾四事。一須將米董所具允撥廟捐之結抽銷、二各項一律免捐。三焚燬楊宅拆毀各學堂事悉不究。四須電稟撫院。俟其允准。始可各復舊業。兩邑令俱如所請。亂黨始意滿歡呼四散、至翌晨、各業遂一律開市矣。抑當各校已毀、闔城輟業時、錫令曾出簡明告示一。『有學堂請抽廟捐。兩縣已求允免。並不加抽各業。着即一律開市。』四語。而米棍忽貼一梅紅箋之揭帖於上。謂『縣官出示朦混百姓。若不交出楊某立即拆毀縣衙』云云。書頗工。不類買賣中人所書。該亂黨之百端要挾。目無法紀。即此可見一斑。且當時更有一可憐可笑之怪現衆。即各廟董同時揭貼紅箋。聲謝拆毀學堂之功。而楊宅隣右薛氏竟黏貼『劣隣縱火』之謝火單。此眞地方上未有之怪象矣。

(癸)米棍發難時之秘密運動

團體美名也。然召集私黨而爲無意識之舉動。則爲强盜之團體。秘密結會。良諡也。然因營么匿之私利。以犧牲拓都之公益。則爲鬼鬼祟祟之秘密運動。而非堂堂正正之秘密運動。此事之初起也。聞北里米業中之狡黠者。曾以極秘密之運動。借米業公所積餘堂爲集會所。惟欲究其議會堂中之內容。與主議者爲何如人。因當時曾將積餘堂門反扃。自外視之。若空無人。故非會中人不得知其究竟。然聞與會之西漳帮及巢湖帮。皆列座。(蓋西漳帮爲土貨出產之大宗。巢湖帮爲客貨輸入之大宗。北里米夥以彼兩帮有左右無錫米市之力。故欲利用之也)而會中重要之文件。皆由門限下相遞送。然果欲知其中主謀者爲何人可用歐西偵探家理想之方法鈎稽之但得究其平日於米鑵加入各捐項侵吞最甚者。與恐此次分撥廟捐將清剔其中飽者。爲某某等行。某某等人則此中主人翁固己呼之欲出矣顧以吾最近之調查。而知北里米業。每石扣捐錢二分。與二分二鑵不等。而其全數肥私。不肯報抄一鑵者。以祝敖趙王四姓所開之大米行。與荳市裡二三十號窮凶極惡之客貨行耳。趙張二人既顧全本身之利害。而復借猩猩惜猩猩之好計畫。以運動二三十號客貨行。爲其死黨。並牽引同業中畧識之無稍有勢力者。爲其出謀發慮。人固宜爾也。故其時趙張方羈押。而積餘堂中之狗頭軍師大有人焉。聞彼黨曾立一花名册。凡列名者。多至一千數百人。其欵式則兜作一大圈。以示無分首從意。若此册爲人所獲。可使無正兇之可緝。並立一生死簿。凡願列名者悉打一本人之手印於上。注明凡有爲此事殉者。則小夥卹銀三十元。大夥卹銀五十元。死者之家。小夥每月撫銀十元。大夥每月撫銀三十元。以爲永例。其撫卹兩項銀欵。皆由積餘堂開支。死者無後。由積餘堂爲立長生牌。春秋享祀。凡爲首者被死刑。言明衆必爭請代死。一不可而再而三。以至無數。頗欲踐如可贖矣人百其身之一言。而代死者之獲報亦如之。此所以悉出死力以仇視楊君破壞學界而絕無顧慮而爲首之張趙與無名之趙張所以爲暴徒所推一時竟若有三頭六臂也夫以上諸舉動。在彼視之固自以爲有團體。有規則矣若繩以正當之談判則仍不失爲三等野蠻之舉動惟彼黨中『勿傷人』『勿搶物』之兩規律謂之猶賢乎義和拳。

結論

記者掇拾以上語既竟不禁擲筆三歎爲吾邑學界前途慟爲無錫地方人民嘆自今以後。吾不敢再以地方自治一語浼人耳。並羞聞他省他府縣人。以無錫風氣開先一語相誇耀矣。雖然此毒燄之爆發也。而曰非邑令前後措置乖方。有以釀成之。恐兩令亦不能作此自解語也。特邑令之普通識見。以境內之各業罷市爲功名撤手之大關頭。以地方上仇視學堂之公案。爲含糊粉飾官官相諉之不了案。故兩令之電禀蘇撫。祗以各業一律開市地方安謐各節。爲告慰憲廑之一端。而各學堂拆毀之情形。可以不提一字、以省電費。官場中之翻雲覆雨固如是矣然而紳董者。即爲他日地方自治之議政員。而有監督邑令之義務者也。而教育普及者。爲他日地方自治之出產地。各紳董尤當視爲布帛粟菽之家常物。極十分之注意。以責成官府保護之。使造乎圓滿之區域者也。故官府無保護學堂之實心。則必處地方之紳董。其責望於邑令者尙未至。欲減輕自己之擔負。並以減輕官府之擔負。而兩令遂視錫金紳董爲無人。錫金學堂爲無物。而不甚愛惜之心生矣。不甚愛惜之心生。故此次之鼙亂。兩令對付學堂。其於事前之應加保護。事後之應謀恢復。可悉以推諉粉飾四字。一筆勾消矣。不然。今日官吏之考課。非以境內學務之若何發達。若何廢弛。以爲殿最者乎。吾邑令苟亦仰體此意。則於兩邑學堂之不甚振興者。當多方以勸導之。獎勵之。經費不足。則或捐廉以補助之。或籌地方公款以挹注之。是此次學堂之籌捐。本宜由縣令預爲設法。與各紳商熟商。不當以籌措捐項事。俾楊君獨任其難。而復以辦事操切一語議其後者也。乃兩令之對於學界。絕無分明鄭重之心。至幷他日考課上報最之一端。而亦不惜犧牲之。蓋彼惟知錢漕贏餘。足以肥私。命盜處分。足以去位。故不肖頑鈍之官幕。必於此兢兢焉。若夫遵

旨設立培育人材之學堂。則辦以實力。旣無平餘可分。應以虛文。亦無處分見及。且疾視楊君日日以籌捐喧聒。乃思借衆商之蠻力壓倒楊君。以洩平日之私憤。故此燎原之毒燄。實自彼高坐堂皇。時諉卸一二語。種此火線焉。竊料賢明上憲。爲地方大局久遠計。必不能不

以無情之白簡加諸於送學界入深淵陷商民於不義之錫金兩大令也雖然吾邑老成諸紳董以公義論固同被切膚之災者也當駭機初發時則縮項結舌噤同寒蟬甚者不願報案欲退保東林擇期開校者其囂頑無恥之徒甚且播造謠諑多方抵巇冀遂落阱下石之謀吾欲覼縷述之爲全國學界中人告則恐泚我纒墨污我唇舌世之有心人但讀楊君辭董一呈致友數書亦可略見梗概已嗚呼吾邑學界上何不幸而祇有楊君一人以兩肩擔盡艱難險阻之鉅任而前勿爲挽後勿爲援以陷於四面楚歌中耶吾邑紳董中何不幸而生此一班凉血軟脊骨鐵面皮以爲不肖官吏牛馬走拜獻身爲暴徒之靈倀又將於破碎糜爛之學界上大展其蕩婦撚酸之雌風耶雖然往事已矣至吾邑青年諸同志與素有熱心之一二鄉先生老前輩獨非地方之主人翁可爲楊君作後勁者乎夫楊君本抱入地獄救衆生之宏願者也顧欲入地獄以救衆生即不得不與魔鬼相挑戰今茲魔鬼雖跋扈而我等諸同志苟執兵以隨其後奮勇肉薄以陷敵陣則最後之勝利固屬意計中事他日得以凱歌一曲爲裝聾做啞諸紳董破岑寂則楊君可以無憾而我等亦可以大慰者也

竢實學堂最初之歷史

（民國）丁福保 編撰

《竢實學堂最初之歷史》不分卷，（民國）丁福保編撰，民國六年（一九一七）十月抄本。無錫市圖書館藏。

竢實學堂是無錫近代第一所新式學堂，係楊模（字範甫）創辦於清光緒二十三年（一八九七），第二年二月正式開學。校址在無錫城中連元街，今稱連元街小學。丁福保是該校最初的算學教習（教師），任職凡三年。丁福保（一八七四—一九五二），字仲祜，號梅軒，别號疇隱居士。無錫城中書院弄人。清末秀才，後又隨著名數學家華衡芳等學數學。博學多能，精通算學、醫學、國學、佛學、道學、文字學和錢幣學。一生著作達三百多種。其中，《文選類話》、《説文解字詁林》、《佛學大辭典》、《古錢幣大辭典》等尤爲巨著。

民國六年（一九一七），竢實學堂創辦二十周年，當時校名已改爲無錫縣立第一高等小學校。校長朱正色（字鏡澄）致信丁福保，誠請他爲竢實學堂二十周校慶寫一點回憶文章，以志紀念。他在上海寓所欣然撰寫了《竢實學堂最初之歷史》一書。書中除了他自己所撰的《第一日開學》、《學生功課》、《算學四季課》、《經費》、《藏書樓》、《戊戌雜記》、《廉振聲家傳》等篇外，還收録了當初公文《創設竢實學堂之公啓》以及張保熙所撰《己亥年中文功課表》、《諸生自習算以來所造之境淺深各有不同試論之》和楊壽柯所撰《庚子春季功課述》等文章資料。尤其還記録了光緒三十年（一九〇四）無錫所發生的米商毀學事件，竢實學堂被毁，楊範甫先生的住宅亦同時被燒毁。不久，新思想戰勝舊勢力，學堂又很快得到修復。稿本爲無錫留下了近代教育界和社會新舊思想激烈鬥争和演變的歷史軌迹。

（夏剛草）

梅軒先生閣下大鑒
道範未由識
荆爲憾
閣下學究天人才貫中西著作等身今之班馬也
聲蜚東亞不獨爲梁溪光也正色未學菲才猥承
重寄於罪戾間遺誤必多倘承
鄉先生不吝教正少免罪戾其爲於幸豈易言哉
抑不獨於幸已也伏念

無錫縣立第一高等小學校用牋

閣下邑之先達實與範老暨汀詩先生爲本校
經綸鉅手歲月易逝倏已廿稔其中經過事實
夙無系統紀載而賢士大夫苦心孤詣艱難締
造之功掩（湮）沒不彰更數十年后其可無繁其
迹無考者能錄遺者亦蓋寡有心人雖欲考證
紀述所據不已僅存乎文獻無徵數典忘祖者亦
閣下之所深慮者也因擬彙錄廿週概況以昭源
流資考證至甲辰以后正色係三仲秋少偎

無錫縣立第一高等小學校用牋

子靜鈞先生分期追記甲辰以前爲本校開創時
代篳路藍縷之象
閣下實親見之提要撰述爲本校著開創史者
舍
閣下其誰則用敢冒昧上瀆若以請倘不以所請爲
非分而
辱教之幸甚甚抑本校開校紀念日或云舊曆正月
廿四日或云二十六日或云十九日衆說紛紛莫知所適從

無錫縣立第一高等小學校用牋

哀桂
閣下何如并此奉懇無任主臣佇候
德音並頌
台祉
晚朱正色謹啓 十月十七日

無錫縣立第一高等小學校用牋

竢實學堂最初之歷史

吾邑學校以竢實為最先開校至今已二十年矣今校長朱君鏡澄以福保於開辦時曾濫竽其間徵求紀述最初之歷史乃以疇昔之所聞見者拉雜書之然不能詳也民國六年十月二十六號丁福保識於海上寓廬

創設竢實學堂之公啟

楊範甫先生苦心擘畫創辦竢實學堂幾毀其家身歷艱辛者屢矣竢校至今日有學生數百人得以漸臻美備其篳路藍縷之功不可沒也回憶光緒二十三年冬季有創設竢實學堂公啟散布於城鄉即範先生之手筆也茲錄之如左

蓋以時局日新人材難得吾邑舊有東林書院經費不敷帖括詩賦之外未遑他及欣值南皮張制軍權節兩江慨然以振興文教為已任前經邑紳聯銜歷呈以一邑之物力興一邑之人才查本邑地產所入以絲繭為大宗請於山戶賣繭時核算繭價每洋銀一元捐錢三文合成每擔鮮繭捐洋一角在商富為衆擎易舉在書院則積少成多兩蒙督憲批准施行當即呈明府縣尊詳列收支欵項議定推廣妥善章程請頒告示各在案因思此舉為仰體大憲盛意作育本邑英才起見諸君子宏獎為懷自必同心好義樂觀厥成況各家皆有賢子弟可以奮發觀摩究心當務之急以備他日國家之用實為賢父兄所樂聞恐未周知特修短啟布告遐邇此係創辦之始事事艱難凡學堂修葺之資及出入總數細目當由監院詳列清冊每屆年終榜諸廳事以昭大信期於共見共聞誓不沾染絲毫上欺皦日所願合襄盛舉隆起多材上副大僚開物成務之心待收梓里百年樹人之效至深跂禱

第一日開學

光緒二十有四年戊戌正月二十四日為竢實學堂第一次開學之日是日午後二時監院楊範甫先生總教習華若汀先生中文教習秦鼎臣先生英文教習許侶樵先生算學教習蔣留春仲懷兩先生及錫金兩邑尊均到校率諸生在　孔聖前行三跪九叩首禮及師生相見禮是日來賓甚多內有華若溪先生章定菴先生秦牧卿先生今皆相繼下世矣裘葆良先生與各來賓暢論創辦白話報之益歷數小時方散

是日若汀師住於堂内、與余談算學甚久、若汀師謂代數學甚難讀、遠不如代數術之易解、又謂筆談所載之八線開方亦從他處摘來、我自已亦不甚明白、又云算式集要此書甚好、惟其中公式間有非密率者、　又云數學理極佳、此書已寓微分之理、微積溯源當與代微積拾級同看、此二書宜相輔而行、若但看微分、則余之筆談最易明白、微分一卷做一年方成、積分一卷做二年方成、　又勸余於算學一門、不必用功、如最求精深、亦不能施諸實用、或多用功則心勞夜不成眠、或有因此以致吐血而死者、余之所以至今未死、因不肯過於勞苦故也、若汀師之言如此

　余之第一日開學

蔣先生昆仲因事不克來城授課、範甫先生遂改聘余教授算學、是時余肄業江陰南菁書院、得範甫先生書促余回無錫、以二月十六日到竢校、遂與諸生行相見禮、即以是日上課焉、

若汀師贈余行素軒時文一部、謂余曰、稿中有逢蒙學射於羿一篇甚可觀、今之習算者、皆逢蒙也、余遇逢蒙多矣、言之喟然、　又謂李壬叔奈端數理甚難讀、一句有長至二三行者、壬叔好書畫骨董、然不能別真偽、又好吃酒、嗅鼻烟、身體極肥胖、而兩手極小、余戲謂之曰、君頗似蜘蛛、壬叔畫圖、每以剪刀代規、所作之圖、大抵草率、似不甚用心者、壬叔至京師時、已患中風症、凡一切算學之事、皆門弟子代為校閱、壬叔極和氣、未嘗以算學家自負、與今人滿面孔盡是算學氣者、有霄壤之別、余曩時與徐雪村同造小輪船一隻、壬叔一點不懂、所説都是外行語、

若汀先生亦上講堂教算學數次、所教者大抵加減乘除、往往故誤其答數、學生見其答數有誤、即呼曰、錯矣錯矣、若汀先生即曰果錯了、宜改正、究竟爾比我好、學生為之哄堂大笑、若汀先生又謂余曰、一平圓以兩直線分之為三塊、欲令其面積各相等、如有人能想出一公法而能繪此圖者、雖夜半來敲門、余必披衣而出、願學習其畫法也、

　保存二十年之學生名字單

秦岱源字申吉年十五　鄒為東字榮庭年十七
蔣彭齡字駿騏年十六　胡福葆字松翰年十五
吳菊初字　　年十六　龐　校字魯芹年二十三
趙　硈字　　年十四　張保熙字叔滋年十五
范學海字百川年十七　范學濂字希周年十六

侯毓汶字希閔年十六　童道明字芝汀年二十五
錢戒三　裘大來　年十六
王汝宇字昌先年十四　楊曾同字君異年二十五
錢萬康　年十六　楊曾詰字煥芝年二十一
楊曾詢字谷受年十六　林志定字挹山年二十二
林志安字鶴皋年十五

右共二十一人為族校開學時第一次學生名單、迄今已歷二十年矣以余所知若秦岱源張保熙范學濂侯毓汶等均學成而頗能有所建樹、其成就均未可量也若余則馬齒徒增學殖益落、跧處海濱百無一是回首當年愧對諸生多矣

是時另有學生六人列名如左

胡煥章　年十六　許嘉澍字湛之年十三
胡　鎮　年十六　胡貴讓　年十五
胡佩衔　年十六　高文煥字仲章年十六

在許侶樵先生房內讀書宛然另闢一私塾其後許君往上海南洋公學胡煥章許嘉澍高文煥即改入族校肄業

學生功課

學生功課分三類上午中文午後兩點鐘至三點鐘算學、三點鐘以後英文、夜間有夜課、溫習日間所授之功課歷史輿地修身等包括於中文之內、約半年後又添體操一科算學以筆算數學代數備旨為課本

算學四季課

邑中向有官課師課每月各舉行一次、官課者知縣主其事師課者東林書院山長主其事所課皆四書題時文也其後東林書院添設四季小課以經史詞章命題第一次舉行時余幸列第一名是時鄧似周先生亦來會課竟屈列第三閱卷者為秦莅風先生、其後四季小課即停辦、故若汀範甫兩先生會議添設族賽算學四季課以繼之、其經費皆歸族校籌備春季課首題為元代異同論、及命題評定甲乙、皆若汀先生任之余連作二卷皆用他人之名、託人抄寫不使若汀師知之及榜發列超等第一第二名共得獎賞十餘元余即以此款買文具各物為獎賞堂內諸生之用夏季課余均用他人之名連作二卷亦列一二兩名秋季課則未作適顧枚梁先生作一卷若汀先生因此卷為駢文以為必福保所作故抑之在十名之外及案出始知其誤莫不拊掌大笑冬季課卷余

仍列第一名、明年四季課照常開課、余不復再作課卷矣。

經費

本校經費每年之皆由範先生羅掘而來、故以一人為叢怨之府、余所能記憶者、為錫金兩邑侯各捐一百元、東林書院四季小課六十二千文、華紳楊紳捐各三十元、薛南溟先生之繭捐四百元、某項公欵下之利息洋一百六十元、每年約八百八十餘元、此外尚有零星之罰欵不能一定、此每年經費之大略也。

藏書樓

校中有藏書樓一所、其書大抵由範先生禀請各大憲札各省官書局捐入經史子集略備、至燬學堂時、散佚殆盡矣。此樓不難恢復也。若主其事者一面徵求藏書、一面嚴定藏書章程、吾知捐入之書籍、必源源而來。不才亦頗願將書籍捐入。古人有言、請自隗始。

戊戌雜記

戊戌五月、謝吉士應夏季算學課、余力勸其來堂讀書、至七月即來肄業。

六月、吳稚暉、俞仲還先生等議創三等公學堂於崇安寺。

六月、楊管西先生來堂教諸生體操、至七月初旬、管西有湖北之行、體操遂停。

是年正二月間、若汀師住校內、後往上海、至七月抄回錫、仍住校內、孫小槎先生極贊賞開方古義、積較術、華師云此為吾最得意之作。

若汀師曰、昔鄒敬甫先生謂余曰、古算書不可不看、如算經十書、其造語之精、文理之好、無以復加、勿以算法之淺近而忽之、此言我頗以為然、故舉以告子。

八月六日、範甫先生有山西之行、應武備學堂總辦之聘也、接辦校務者為高映川先生。

九月杪、英文教習許侶樵先生赴上海南洋公學為師範學生、至十月十五日、裘劍岑君來代英文課。

十二月十五日放年假、學生到者二十有六人。

本年功課之大略、王生一書述之頗詳、茲錄如左。

答友人問竢實學堂有何功效書　王傳鎏

辱承賜函垂詢敝學堂開設以來有無進步、具徵關心吾邑興學之事、厚意殷拳、既感且悚、竊念敝學堂開辦已將一載、祇以經費支絀、未能擴充規制、茲就現行之條質言無隱、以答明問、學章每日清晨入塾、秦先生講授經史大義、温習經書、疑則起立請問、間日作論說、初級生則演白話、務以宣明事理為主、每日行事、登諸日記、平時文理隔閡難通者、今漸覺明順、能達己意、師復勤加筆削、一一指疵茅塞為之頓開、午刻畢課、鳴鼓聚飯、游息一時許、復從丁先生受算學課、初習加減乘除、繼習開平方立方三角幾何、功夫稍進者、兼習代數、演草必詳、有誤則師為改正、講明其義、三點鐘後、復習英文、讀拍拉瑪而理特初級書、諸生各分班受課、違規則記過、過有大小之分、每季大課、奬賞有差、復立功課分數簿、晡時畢業、兼

九

習體操、用東洋學堂法、藉以活動筋骨、練習步武、兼習盤杠曳繩諸技、夜膳後設燈課、温誦經書、師復重申講解、十一點鐘一律息燈就寢、此一年以來受學大槩之情形也、弟從前作時文三年、始完篇、文氣斷續不昌、不能作論說、又不能寫信、年來自覺胸中有意、筆漸能達之、自以性質駑下、深冐明師訓誨、日夜慚悚、激而自奮、不願以鄉原人物鄉原文字自期許、執事高明、必當有以教之、肅復專請纂安、不盡欲言、

弟某頓首

己亥雜記

己亥正月十一日、秦鼎臣先生丁内艱、添聘裘岐伯先生代上中文課、至三月一日鼎先生來校開學、岐伯為中文助教、

正月十四日考試學生、應考者二十二人、

正月楊君巽凡有山西之行、應武備學堂教習之聘、

正月謝吉士陶介如俱考取上海南洋公學、

正月二十五日開學、學生共三十二人、

是年聘西醫楊維翰先生為英文教習、以美國新出 Cyr's Reader 為課、本冬季程少鳴先生來代英文課、明年即聘程少鳴先生為英文教習、

十

南洋公學放暑假、蔡禹門秦申吉侯逸如張軼歐嵇滌生秦仲碩仲寬陶介如王季帆龔藎臣楊谷受諸君來操場會操、觀者百餘人、

是年余在校内刻算學書目提要三卷、若汀師為之序、

本年中文算學功課略見於年終大考之課卷、茲錄之如左、

己亥年中文功課表　張保熙

太史公書仿周譜作十表、以補紀傳之闕、年經月緯、朗如列眉、漢唐諸史並相祖述、近者遠西通道、獲讀

異書見彼中於歲計出入、師船多寡、商務盈絀、工農比校、餘及聲光化電諸學，多用表記註，簡核明晰，誠便觀覽焉。保熙資質駑下，少讀書，但知溫誦，而不知解字義，飽食煖衣，而不知勤學，雖父母時加督責，亦不知自愧，此誠可長太息者也。客歲入竢實學堂肄業，蒙諸先生時加教誨，遂稍知向上，同學之士往往考躋各省大學堂，而熙依然故我，心以為恥，用益發憤自勵，雖進境無多，而終歲所得，亦頗有可述者。爰倣遷書之例，列表記之，以備省考。昔曾文正公嘗謂看讀寫作闕一不可，今即以是分類詳註，而增入講解一端，重師傅也。卜子不云乎：日知其所無，月無忘其所能，可謂好學也已。學堂諸生例有日記，蓋取此義，茲表之設，則又綜括日記而為之，以求符於學記比年入學、中年考校之法者也。表式附左。

十一

	到館	講解	看	讀	寫	作
正月	五日	中學課程及學規 正史約三頁半自漢高帝元年冬十月起至十二月止	曾侯日記上半本	史記五帝本紀	小楷五頁	楚漢得失論答問一條 日記四頁
二月	二十日	正史約三十六頁自高帝元年春二月起至季年止 古文辭類纂歐陽永叔本論中	曾侯日記下半本 戒禮須知一本	史記張耳陳餘傳	小楷九頁	答問一條 三老董公遮說漢王論 趙武靈王論 戒禮須知書後 日記十二頁半
	二十三日	正史約四十頁自惠	易知錄自周威烈	史記秦始皇本紀	小楷十二	答問八條
三月		帝元年起至景帝中六年止 古文辭類纂王介甫原過 馬氏文通正名類	王元年起至顯王十年止		頁	纂調十三段 一年視離經辨志說 漢高后使呂台呂產將南北軍論 論太史公談論六家要旨 論漢文帝備邊之策 日記十八頁
四月	十四日	正史約四十六頁自景帝後元年起至武帝太初元年止 續古文辭類纂朱竹垞秦始皇論	易知錄自周顯王十一年起至赧王十八年止	古文辭類纂賈長沙過秦論上中下三篇	小楷八頁	遂人以土宜教氏稼穡論 李廣程不識治軍優劣論 答問十條 纂調六段 日記十頁
五月	十三日	正史約三十一頁自武帝太初二年起至宣帝神爵元年止 古文辭類纂韓退之答李翊書 皇朝	易知錄自周赧王十九年起至五十九年止	古文辭類纂蘇子瞻平王論 韓退之佛骨表	小楷六頁	霍光廢昌邑王論 漢武帝論 漢宣帝以霍禹為大司馬罷其屯兵論 蘧伯玉論 答問七條
		經世文編余廷燦民貴				纂調六段 日記八頁半
六月	十七日	正史約二十八頁自宣帝神爵元年起至成帝建始元年止 古文辭類纂漢高帝論 續古文辭類纂曾文正公送劉椒雲南歸序 皇朝經世文編張稷若中庸論	衛生要訣上半本	史記趙世家	小楷七頁	漢以災異黜免三公論 趙充國論 君子有三戒章書後 答問二十四條 纂調四段 日記六頁半
七月	二十日	正史約二十九頁自成帝建始二年起至新莽始建國三年止 古文辭類纂司馬子長秦楚之際月表 皇朝經世文編陸	衛生要訣下半本	酌古論首五篇	四行字三十頁	孟子通五經尤長於詩書論 蘇明允六國論書後 日記十二頁半

十二

桴亭思辨錄論學

月	日	正史				
八月	二十二日	正史約二十七頁自新莽始建國五年起至光武建武五年止古文辭類纂柳子厚封建論續古文辭類纂張石州與陳頌南書	山西武備學堂史學兵事課程	西漢奏議	四行字三十三頁	論翟義起兵公孫宏議族郭解論震驚百里不喪匕鬯說聚米為山論論鄧禹屯栒邑論寇恂答問十四條纂調七段日記十二頁
九月	二十三日	正史約二十九頁自光武建武六年起至明年永平十八年止鳴原堂論文匡雅圭戒妃匹勸經學威儀之則疏皇朝經世文編謝秋水左傳濟變錄自序劉孟塗問說	三通序首本	古文辭類纂蘇子瞻志林自魯隱公起至始皇扶蘇止	三行字四十三頁	論竇融遣弟上書論鄭興言日食事西人七日禮拜說書韓退之佛骨表後論停止高等學堂得失筆述二節答問二十二條纂調八段日記二十六頁半
十月	二十三日	正史約三十三頁自章帝建初元年起至順帝永和六年止庸盦海外文編李德裕納維州降將論強鄰環伺謹陳愚計疏鳴原堂論文賈捐之罷珠厓對	易知錄自唐僖宗至昭宗	古文辭類纂賈長沙陳政事疏三通序第二本	三行字四十頁	李德裕納維州降將論論廉范楊伯起不受暮夜金論張子西銘書後答問三十五條日記二十七頁半
十一月	二十三日	正史約三十一頁自順帝漢安元年起至靈帝光和四年止古文辭類纂賈長沙陳政事疏蘇子瞻代張方平諫用兵書南菁講舍文集蜀志二首牧說二篇	易知錄五代	古文辭類纂蘇明允諫論上下二篇續古文辭類纂姚姬傳李斯論	小楷十四頁	怨惠可忍縣官不可入說漢順帝論陳蕃論漢順帝詔選剛毅武猛有謀謨任將帥者論論江督內召論三互法答問二十條纂調四段日記二十三頁半
十二月	九日	正史約十二頁自靈帝光和四年起至獻帝初平元年止	易知錄宋太祖至真宗	古文辭類纂自蘇明允易論至詩論	小楷八頁	賈誼陳政事疏書後答問十條日記十頁

十三

諸生自習算以來所造之境淺深各有不同試詳論之　　張保熙

生

習算已及二載，覺一切淺常法，皆可不學而能。茲述其稍深者於下。九章盈不足門有蒲莞並生、兩鼠穿垣二題，頗為深邃。古人以盈朒駁之，謬誤已極。近甫知當以連比例公式，及借徑於對數，方為公法。如以他術駁之，必不能如此便捷也。去年學代數至二次式而止，今則三次式以上皆已明其大略。去年僅知用對數表，而不知其造表之法，今則於造對數法，略得其端倪。去年閱代數術，尚不知其誤處，今則知其錯誤有二十餘條之多，此皆今歲之所得者。他如狄氏筆算數學百分法、利息、保險、賺賠、級數、差分諸章，皆已演過，覺其無他深意，毋煩贅述。

十四

庚子雜記

去年二月，學生廉振聲往上海南洋公學肄業。振聲為惠卿先生之弟，甚聰明，為竢校學生中之傑出者。夏季回錫，已發肺結核病，至今歲正月七日卒，惜哉。余為作家傳，附錄於此。當時學生算學之程度，可略

見一斑矣、

廉振聲家傳附

自吾師華若汀先生、刻行素軒算稿、以提倡後學、吾縣人靡然向風、近數年來習者益衆、年長者無論已、即年未弱冠而能作代數二次方程者、已不下數百人、其心力之銳進、學之速、不數年間而能通代數三角之奥者、惟廉生一人而已、生字振聲、名銘、幼而異稟、醇謹若成人、歲丙申、余館生家、立算學會、延蔣留春仲懷兩先生主講、生時年甫十四、於算理已有奇悟、儕輩無及者、至年終、已能通代數術前十卷、明年余與生至江陰南菁書院、受業於華若溪先生、同學之以算名者、若常州莊君伯行、沈君子璠、同里顧君梅梁、黄君子彥等、咸知生勤於算而銳於思、故朝夕切劘、甚相契合、後余回里授算於竢實學堂、生又來就學、兼習英國文字、每試輒高等、是時總教習乃吾師華若汀先生、生亦以算稿爲贄而受業焉、嘗作天元代數異同論、若汀先生擊賞之、其略謂天元與代數、其加減乘除、理本相同、即如天元每自乘一次、而下一層者、猶代數每自乘一次、加一指數也、天元之寄分母以乘同數者、猶代數之去分母也、天元寄左

十五

式之有同數者、猶代數之有方程式也、天元之與左相消者、猶代數之移項也、天元之齊同相消者、猶代數之變清多元也、天元之欲開方而以同數自乘者、猶代數之去根號也、故元代開方以前諸法、無不相同、其所異者、不過在記號耳、若天元開方、則無論有縱無縱、翻實益積、自平方以迄諸乘方、其步法商除皆歸一例、代數則自二次式以上、皆枝枝節節、不能一轍、此立法之原已異矣、惟天元開方僅能得一數、若代數則多次方能得多數、或能得虚根、此得數之多寡又異矣、若夫代數之二項例、無窮級數、借代疊代、以及各種之公式、皆天元所不能作、此乃代數之精於天元、非代數之異於天元也、生於八線之學頗嫺熟、南菁書院曾有一課題、爲甲乙丙三數、甲自乘加丙自乘、等於三倍乙之自乘數、試擬真數并繪圖以明之、生謂若欲任取三數以合此題、亟不易得、須以八線證之、試以勾旁角六十度勾股形之股爲甲數、弦爲乙數、三倍其勾爲丙數、必能合於題、依斯理推之、當以六十度之餘弦二除一爲甲數、半餘割三開方除一爲乙數、正弦二除三開方爲丙數、此第一答數也、或以六十度之正切三開方爲甲數、半徑一

十六

為丙數餘割三開方除二為乙數此第二答數也又或以六十度之正切三開方為甲數三因半徑三為丙數六十度之正割二為乙數此第三答數也以是推之其答數可至無窮聞者皆服其敏捷又謂海甯李氏與金山顧氏之八線互求法李由末級算起顧由首級算起其理雖無異同其術實分難易蓋李氏之術先須用約法約其當用若干級及至入算已費無限乘除工夫顧氏之術隨乘隨除及求至單位下一加減即竣事況李術苟有錯誤不能隨手更正一錯則處處皆錯顧術則逐級分求即有錯誤不致牽

十七

連前後且亦易於查檢由此而觀李術不如顧術審矣生於各種算書一字不輕放過其閱代數難題至第十卷三十九題即知其天乘七分之十二當改為天乘十二分之七地乘九分之十七當改為地乘十七分之九閱代微積拾級至第十四卷第六頁即知其所刻三題題內之長短徑宜改為長短半徑始與答數相符生讀他種書其精審亦多類此於重學光學皆通其大畧重學中有半球重心距剖面居半球徑八分之三僅有其數而無其法生乃另撰一草以補之又謂算書中有求整數勾股法而無求勾股及中垂線容方邊均得整數之法乃以代數演為公式以補前人之闕焉又變通項氏整數勾形之勾弦和及弦和較兩兩相等之法其法以任設一數為甲以甲自乘培之為兩勾股形之勾股和以甲自乘減一半之為兩勾股形之弦和較以甲自乘加甲為大勾股形之股以甲自乘減甲為小勾股形之股依法求得兩勾弦必俱為整數此法較項氏術更為精簡生又熟幾何之學所繪算圖精妙絕倫余於算術凡須繪圖皆生代為之至己亥二月肄業於南洋公學為學研思不懈漸成肺病又為庸醫所誤至今歲正月

十八

七日遂卒年十八著有算稿一卷代數難題細草若干卷尚未卒業嗟乎生與余最相親朝夕談算依依者幾三年而生遽死曩時若汀先生常規余習算太勤恐腦髓過耗費致心跳咯血而死並勸余習體操衛生之學余亦嘗憂生身體孱弱每舉若汀先生規余之語以規生不意睽隔數月而竟以瘵疾終也悲夫光緒庚子正月無錫丁福保撰

廉氏未冠而殤學業未成為之師者乃掇拾遺稿傳其甘苦所得文亦曲暢旁通繁而不厭廉生於此為不死矣 桐城吳汝綸評

是年正月二十一日開學、學生三十四人、學生均記日記、練習演說、學生之演說、以楊壽柯為最佳、範先生自山西來函、擬印衛生學問答、余將稿本寄去、即在武備學堂排印成書、範甫先生為之序、四月十一日、許靜山先生約城鄉紳士三十餘人來校商辦戒烟局事、六月五日、楊補塘先生約同志三十餘人來校、立勵志社、每逢禮拜日下午四時來校開會演說、某君謂欲講自由、須開民智、欲開民智、須開學堂、辦報館、多譯外國書籍、至八月三十日停會、開會時演說以楊補塘、俞仲還、尤幹臣三數先生為最佳、

十九

八月十九日、範甫先生回無錫、帶歸印成之衛生學問答二百餘部、每學生贈一部、

九月七日、東林書院山長陶雲組先生來校、議開辦東林學堂、五十七日聘陸葰槎先生為體操教習、

庚子年之功課、已不能記憶、其可記者、僅楊生之春季功課述而已、茲錄如下、

庚子春季功課述　　楊壽柯

一述學　學問無窮、苦不能盡、欲期有用、宜擇其最要者而學焉、最要者何、曰歷代之史是已、史詳政事、而風俗學術、亦可推見、斯三者天下之大關鍵也、昔范文正公少時、即以天下為己任、柯竊慕之、故讀史時必思所以見諸施行者、不敢徒記其章句、正月至今共讀綱鑑正史、約自漢獻帝興平二年至建安二十四年八月漢中將關雲長取襄陽止、又讀黎選續古文類纂水陸戰紀曾軍篇、

二述行　夫人當以品行為先、居處恭、執事敬、與人忠、則人皆重之、是故君子行而世為天下法、或有脅肩諂笑者、誠下流之品也、柯年幼、品行無所表見、但開學時曾聽講學堂章程院規、則競競遵守、不致違越焉爾、

廿

三述文　文者所以發其心中所見之理也、讀書多、積理富、則文自工、且柯雅不欲以文人自命、然三月以來所作之文不少、姑備錄其題及篇數於後、

問答共五十二條、問爾等將來願作何種人、問兗州何以叛曹操、問李傕郭汜何故相攻、問西漢東漢興敗之由、問三代學制、問有周一代盛衰之迹、能詳述歟、問袁曹成敗之由、問孫劉成業之難易、問袁紹如從田豐之策、兗州能定否、問曹操責孫權任子、其計如何、問曹操不殺劉備得失如何、問

曹操表孫權為討虜將軍、得失如何、問表譚表尚
如不相攻、曹操能圖之否、問劉表以書勸表氏兄
弟、其言善矣、然為表計宜何如、問鄴在何地、問何
謂四患五政、問隆中對大指、問孔融何以致滅族
之禍、
論共五篇、孟子見梁惠王論、論西漢經略外國政
策、積善之家必有餘慶、積不善之家、必有餘殃説、
觀於海者難為水論、與友人論學術書、
摹調六節、董卓國之大賊至豈欲共為逆哉止、昔
高祖保關中至不可不先定止、劉備以詐力至勢
必瓦解止、劉備得蜀日淺至不可犯矣止、夫參署
者至亮可少過矣止、為治有體至不亦勞乎止、
四述字、字之為藝、抑末矣、顧學堂日有字課、而柯亦
頗好之、自開學以來、未嘗一日間斷也、握筆之法、
以三指執筆、對準頷鼻、用筆尖著紙、謂之中鋒、用
筆尖之傍毫著紙、則偏鋒矣、
十二月二十一日放年假、學生到者共三十六人、
余因學識淺陋、不能自立、亟宜辭館、出外學習、故算
學一席、薦宗弟慕韓以自代、明年、範先生即聘慕韓
為算學教習、

余在竢校、自戊戌至庚子、凡三年、每月朔望、教員及
學生皆至孔聖前行三跪九叩禮、此儀節自庚子以
後、至宣統末年、仍續行之、自民國成立、即廢、
余編衛生學問答時、朝夕無暇晷、頗勤苦、映川先生
戲為余曰、此所謂拚命著衛生學乎、余聞之爽然若
失、惕然而懼、嗣後不敢違衛生之規則矣、良友箴戒
之辭、雖以戲言出之、而有造於我者則甚大也、
余所住之屋門外貼一聯句曰、無營心澹泊、早起事
從容、映川先生戲為余曰、早起則有之、無營則不確、
心澹泊則更不確也、此言誠然誠然、余頗引以為愧、
近來喜閲内典、方知澹泊無為之足樂、嗚乎、四大皆
空、五陰無我、精進行道、少欲無為、以至漸離生死、其
為樂更無涯涘、然未知果有其時否耶、追憶昔年戲
語而偶識之、以為息壤、

附録

辛丑七月、余偕慕韓考入上海東文學堂、慕韓因辭
竢校教習、
壬寅三月、趙靜涵師謂余曰、余少時、在蕩口舅氏華
宅、與若汀表兄同讀書於一室、若汀每作一文、塾師
閲之、輒擲於地、令重作、又復擲地、往往至三四次、如

是者一年、余外祖遂作書促舅父荻秋先生速歸教子、謂阿升作文一年尚不能清通、奈何、舅父遂自京師歸教若汀讀書法、每讀一文必按其節拍轉折抑揚頓挫以讀之、又依聲之高下疾徐而以手拍案、如拍曲者然、如是者讀二月、一日舅父赴城、謂之曰、今日不能教汝讀、汝不作文者已二閱月、茲有一題、試作之、其題為管仲之器小哉、作破承題或作起講、或作全篇均可、迨舅父自城歸、全篇已作完、文從字順、無一不通處矣、不數年若汀遂以古文辭名於時云、

癸卯張冶秋尚書聘範甫先生與余為京師大學堂教習、遂以四月十三日偕範先生渡海北行、五月、範先生應經濟特科報罷、後任仕學館歷史教習、余任譯學館算學兼生理學教習、張尚書面獎範先生辦竢實成效卓著、慰勞備至、是年秋余薦慕韓至保定軍政司、

甲辰七月、竢校被毀、範先生住宅亦同時燒燬、許侶樵先生往英國留學、慕韓入將備學堂作學生、是年冬範先生來函曰、模現在武昌學務處充專門科專辦兼司文牘、鄂中百校並列、學士如雲、固非他省所能跂望、午帥舍蘇而去、三吳更無撥曀瞻天之一日矣、如何如何、長沙尚書極意匡扶錫學、得以轉危為安、學界中人無不崩角歡迎、而模尤有特別之感、戴晉謁時乞代申謝悃也、前請廣雅為汀老出奏宣付史館事久沈擱、開篆後當以時催詢、速辦或亦提倡後進之一助乎、家鄉賓興一欵撥助游學、公等發端早已行文到縣、去冬嘗與諸紳申議、多謙讓未遑、即此已可嘗鼎一臠、恐以後更無一事可做、徒呼荷荷而已、

辛亥四月、範先生自北京學部歸、道過上海、余與各同鄉觴之於市樓、範先生與余一別五年、鬚髮盡白、頹然老矣、意興亦大不如前、余不禁為之憮然者久之、

民國　年　月、範先生病沒於無錫、學界同人開會追悼、余作詩弔之曰、

楊子信才傑、毀家興鄉學、先知覺後知、先覺覺後覺、百家勤鑽研、千載事揚搉、昔歲游京華、與我同氈幄、擾擾宵人多、彌年傷謠諑、孤危眾易傾、獨立古難卓、感時梁木摧、積瘁修齡促、周道日陵夷、世運逢百六、武陵已無源、虎狼猶有谷、來日多大難、早終或為福、今旦非良會、親朋慟一哭、

無錫縣立第一高等小學校廿周紀念録

（民國）佚名輯

《無錫縣立第一高等小學校廿周紀念録》不分卷，未署編者姓氏，錢基厚作序，民國七年三月錫成印刷公司代印。無錫市圖書館藏。

無錫縣立第一高等小學校，即原來的竢實學堂。該校自清光緒二十三年（一八九七）創辦至民國六年（一九一七），已歷二十周年。時任校長朱正色（字鏡澄）組織了校慶活動，除請曾任該校教習的丁福保先生編撰《竢實學堂最初之歷史》外，還編輯刊印了這本紀念録。特請錢基厚（字孫卿）先生爲本書作序。

該紀念録内容豐富，包括校舍全圖（實測）、創辦人楊模（字範甫）先生遺像、前總教習暨歷任校長小影、校訓『勤慎樸實』（曹銓書）、現行規程、大事記、歷任職員表、現任職員表、各級學生保護人職業統計表、歷届畢業生狀況表、畢業生狀況統計表、畢業生成績選録等。其中，現行規程分三類二十四項，共一百九十餘條，十分詳細嚴格，從中可見當年該校管理嚴格、秩序優良、校風純正之一斑。而市鄉就學學生數比較表、各級學生保護人職業統計表和歷届畢業生狀況表，也能反映出當時社會各界對新式教育重視程度和該校具有很强的社會責任心等情况。

（夏剛草）

無錫縣立第一高等小學校廿周紀念録

縣立第一高等小學校二十週紀念錄序

朱君鏡澄任縣立第一高等小學校校長之二年適值二十週紀念將輯紀念錄行世問序於予予曰是校舊名竢實自前清光緒丁酉邑人楊範甫先生首倡士大夫明大勢者亦多和之迄今垂二十年如甲辰之重興壬子之更名幾經波折巋然倖存此不可謂非天也抑是校創辦之始尚在中國戊戌變政前一年其時國中未有學校是校當日不啻予中國教育界以一新曙光此其尤可紀念者也無錫爲教育發明最先之邦而不能使無遺憾是校爲地方開辦最早之校而意亦未敢自信此則小子今日所首當引以自責而諸君子諒亦有同心者也書以歸之聊當自儆凡我同人其亦勗哉

民國七年三月邑人錢基厚謹序

序

無錫縣立第一高等小學校(原名竢實)二十周紀念錄目次

目次

無錫縣立第一高等小學校

校舍全圖

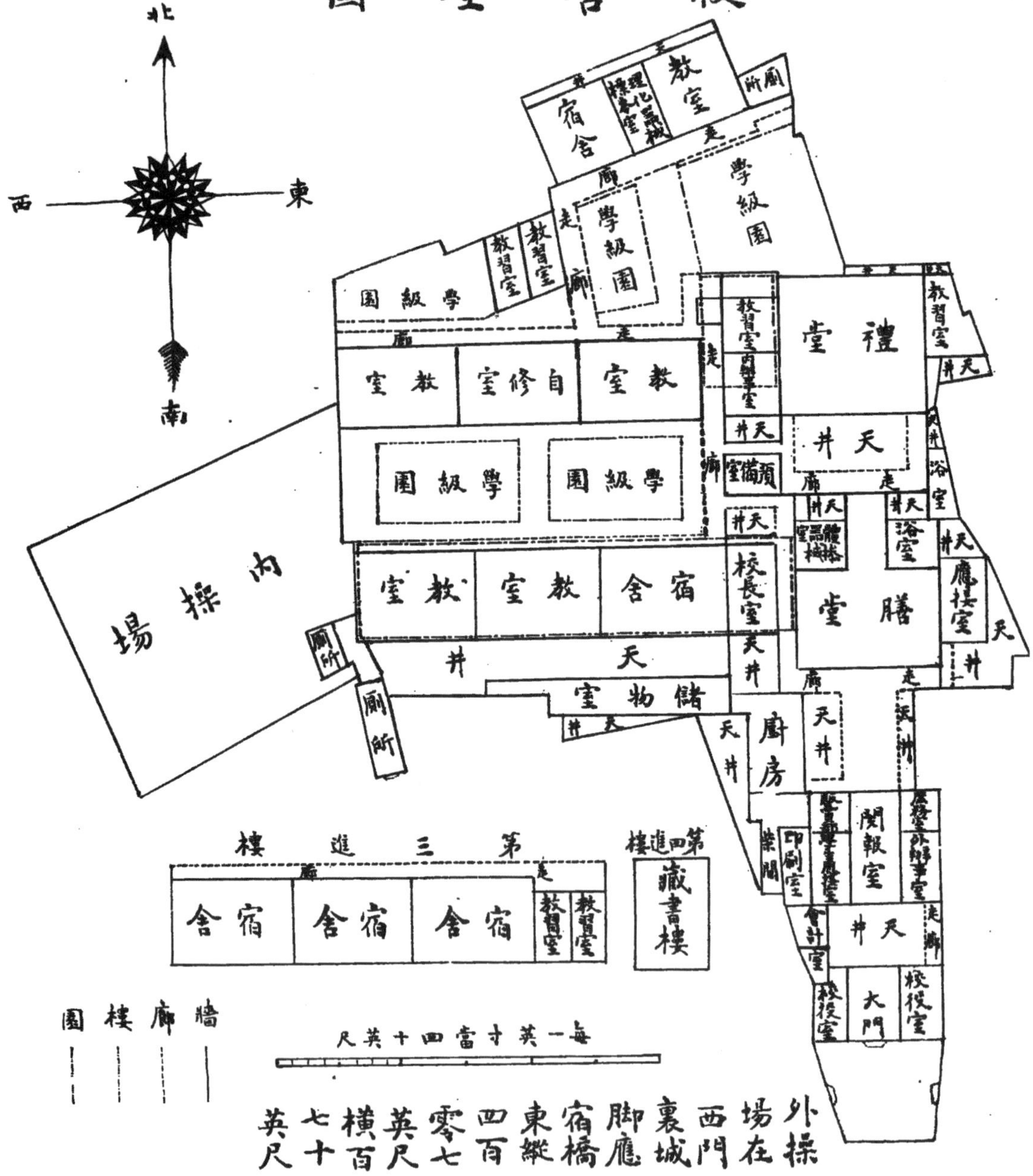

創辦人楊範夫先生遺像

蟄盦先生象讚

貌何溫溫兮德粹而剛

先生之風骨崒然兮九龍之山遒蒼

先生教澤何滂沛兮梁溪之水流湯湯

遺像儼在兮以式瞻於四方

邑後學錢基博敬題

前校長蔣士榮

前校長侯鴻鑑

前總敎華若汀先生遺像

前校長楊鼎復

前校長許械

前校長秦振鎬

前校長曹贊勳

前校長
孫錫皐遺像

現任校長朱正色

前校長顧祖瑛

校訓

勤慎樸實

曾銓書

現行規程

第一類　關於職員者

職員服務規程

一　總綱

第一條　職員當盡心校務非得校長之認可不得兼任學校以外之職務

第二條　職員應注意之事項

一　負責任敦品行勉爲學生模範

二　盡心研究教育及所任之學科

三　力謀校務之進步對於校中現行規程及校長行爲有不以爲然之處宜隨時盡其忠告之責勿隱忍依違致妨校務

但經職員會議多數職員商決之事項應犧牲個人意見以免兩歧

第三條　職員除分掌事務之外如校中有重要事故發生當守同舟之誼盡匡助之責

第四條　職員如因事因病不能辦事時須自請他職員相代並告知校長與有關係之學級

主任

第五條　職員俸給之多寡憑學科之難易事務之繁簡而定不拘守成例

第六條　職員俸給除遇特別情形外定於月之十五日致送未經致送以前職員如有要需亦得向會計處通假但至多不得逾月俸二分之一　如遇校中經濟困難時會計處得聲明原委停止通假

第七條　職員如有疾病普通膳食不適調養時得關知庶務員令廚丁特備菜蔬飯粥在教員室中進膳

第八條　職員除科任教員外均須寄宿校中

二　職務細則

第一條　因謀教授管理訓練之統一設教務主任舍務主任學級主任學科主任

第二條　教務主任有圖教授與管理訓練統一之責其職務之要項如左

一　左列各項得經校長之同意處理之

關於教務上各種規程之制定及修改

關於課程之編訂及增減
關於教科書之採用
關於授業時間表之制定
關於各教員教授狀況之攷核及分掌事務之配定
關於學生之遠足及參觀與運動會學藝會等之舉行
關於學生入學試驗與畢業及升級留級之決定
關於定期舉行臨時試驗事
其他類於右列之事項

二 左列各項得便宜處理之
各科教授要目之考核
教務表簿之整理及保管
各科教授法之研究及調查
學生學行成績之考查

察核教員之缺席及補課
注意教室之整頓及衛生
其他類於右列之事項
但在缺教務主任時凡教務主任所掌之事務由校長處理之

第三條　舍務主任有訓育學生整飭風紀之責其職務之要項如左

一　左列各項得經校長之同意處理之
關於舍務上各種規程之制定及修改
關於學生重要之賞罰
其他類於右列之事項

二　左列各項得便宜處理之其重要者隨時報告校長
編定宿舍及自修室膳室之位次
學長舍長室長之任免
早晚之點名及自修時之監察

注意自修室與宿舍內外之整潔及衛生
監察寄宿生銀錢之用途
施行定期及臨時之各種檢查
與寄宿生家屬通常書函之往復
裁決寄宿生之稟訴事項
處决寄宿生之請假
監護寄宿生之作息
留意寄宿生疾病之醫治及調養（有須報告家屬或送回者得相機行之）
注意舍務一切備品之修理及保管
關於舍務諸表簿之整理及保管
記載舍務日誌
其他類於右列之事項
在寄宿生數增多之時舍務主任得不以一人爲限

第四條　學級主任有善良本級風紀考察本級學生之個性施以訓練之責並管理該級種種事務其職務之要項如左

一　左列各項得與教務主任會商處理之

學生之升級留級

重要之賞罰

級長之任免

其他類於右列之事項

二　左列各項得便宜處理之其重要者隨時商諸教務主任

教室坐次之編定

選派各種值事生及幹事督察其勤務

留意學生之出席缺席（每月揭示精勤學生姓名於本教室學生無故缺課至三日者應塡家屬通信單報告其家長）

調度科任教員之缺課補課

監察學生之自修
裁決學生之稟訴事項
調製學生之學行成績表及成績報名單
依時塡記有關係之表簿
本級表簿及用具之整理及保管
注意教室之整頓與衛生
整隊及舉行儀式時之督率
學生成績品之整理
協助會計催繳學生應納諸費
其他類於右列之事項

第五條　學科主任教員有圖本科教授之進步及與他科聯絡以增進學生學力之責其職務之要項如左

一　左列各項與教務主任會商處理之

與同科目擔任教員選擇教科圖書
與同科目擔任教員决定教授進程
關於所任學科圖書器械之購置
其他類於右列之事項

二　左列各項得便宜處理之
擔任學科教授法之研究
學生學業成績之考查與督促並隨時報告有關係之學級主任
本科教授之整頓與圖書器械之整理及保管
依時塡記與本科有關係之表簿
輪値監護
隨時管練學生重要者報告學級主任或舍務主任處理之受級任教員之調度互代他教員之缺課
其他類於右列之事項

第六條　書記會計庶務受校長之監督分掌校內各種事務有力求整理及改進之責其職務之要項如左

甲　書記之職務

一　左列各項受校長之制裁

公函文件之繕稿

普通書信之往復

招收新生及學生入學退學之事宜

其他類於右列之事項

二　左列各項得便宜處理之其重要者隨時報告於校長

函件之收發

保管圖章

各種證書圖籍及案卷之整理及保管

職員會議之記錄

一切繕寫事件
督察印刷
其他類於右列之事項

乙 會計之職務

一 左列各項受校長之制裁
編製預算决算及月報
徵收學生諸費
不列預算之支出
添置物品支出銀數在一元以上者
其他類於右列之事項

二 左列各項得便宜處理之其重要者隨時報告校長
管理一切收支欵項
會記上應用諸簿籍之登記及保管

置辦物品隨時登簿及檢查
留意學生之欠費認眞催繳
督察廚房
其他類於右列之事項

丙　庶務之職務

一　左列各項受校長之制裁
校舍各部之分配
對於校役之賞罰
儀式會場之布置及整理
校舍各部施行重要之工程
其他類於右列之事項

二　左列各項得便宜處理之其重要者隨時報告於校長
校舍各部之整潔（每日至少巡視二回其有欠整潔者立即督率校役處理之）

現行規程

督率校役之勤務
校舍及物品之修繕與保管
逐日檢察廚房之飲食物品
留意膳室之秩序
校正時刻
注意門禁稽查校役廚丁之出入
學年開始時應用物品之預備
學年之終一切器物之檢點及收拾
招待參觀人（但參觀人有關于教育上之談話時須另請相當之職員應接之）
其他類於右列之事項
書記會計庶務不屬於一人時其應辦事務須互相聯絡協助平時不得輕離職守
即假期内至少須有一人留校任檢查之責

職員會規程

第一條　職員會由校中全體職員組織之會商左列事項

甲　關於校内訓練教授管理養護之研究事項

乙　關於校内訓練教授管理養護之實施事項

丙　關於校内其他一切事項

第二條　職員會以每週月曜日爲會期開會時間以下午九時至十時爲限如有緊要事項得開臨時會

第三條　開會時由校長主席校長缺席時得推臨時主席

第四條　職員會提議事件須先期寫於職員會議題録

第五條　議決事件由書記記入職員會記事簿並揭示於教員預備室

第六條　議決事件以揭示之日爲實行之期

監護規程

第一條　每日監護午前午後各由職員二人輪值

第二條　自始業前三十分起至終業後十分止爲監護員服務時間

第三條　監護員之職務如左

甲　休息時間內監護兒童

乙　司預備及整隊之號叫

第四條　終業後通學生整隊出校由級任教員護送

教授預定錄記載規程

第一條　各科擔任教員當於一週前將教授預定時間及事項彙交學級主任填入教授預定錄

第二條　預定錄記載要項如左

一　預定事項欄記入一週間預定教授事項

二　預定時數欄除學校規定之休業日外照時間表所定每週授業時數記入

三　實施時數欄記入每週實際授業時間

四　備考欄記入預定時數及事項臨時變更之理由

教員欠席補課規程

第一條　敎員於上課期內因事或因病請假者須自請相當之人代課或請他敎員調授他種學科以補其缺俟異日補還

第二條　敎員欠席商定代調後卽通知學級主任揭示於黑板但通知時期至遲須先一日

第三條　敎員欠席除通知學級主任外須自將姓名及欠席之時間學級學科事由等依式塡入敎員欠席簿其請人代課或由何人調授何種學科須註明於臨時變更欄中所欠之課異日補授後卽於備註欄中註明

第四條　欠席敎員遇有不得已之事故不能自請代調時得由學級主任設法代調但不便代調者祇得聽其缺席於所定授業時間表以外時間補課

有前項欠席情形時由學級主任記載於敎員欠席簿

第二類　關於學生者

學籍簿記載規程

第一條　學生入學之始各學級主任當依式調製學生之學籍簿

第二條　學籍簿依照學年編製其名次之先後照現用之出席簿排列

第三條　學生中途改入他級時當將該生之學籍簿送交該學級主任查照
第四條　學生中途退學時學級主任當以該生之學籍簿送交庶務員保管
第五條　學籍簿記載要項如左
一　姓名及字與行次
二　現年幾何（以入學之年爲準）
三　籍貫某省某縣
四　現住某地及門牌號數
五　通訊處須詳記
六　入學時期係始入本校之年月日
七　入學前履歷記未入學前之狀況
八　家屬三代之名字職業並註其存沒
九　兄弟姊妹之實數
十　保護者之姓名字籍貫現住職業與學生之關係（保護者指料理學生讀書者而言

如係祖或父兄則寫祖或父兄之名如係親友卽寫親友之名）
十一　保証者之姓名字籍貫現住職業與學生之關係由保證書轉載
十二　學行成績由成績表轉載
十三　身體狀況由身體檢查表轉載
十四　受業日數輟業日數憑出席簿
十五　畢業時期記給予畢業證書之年月
十六　畢業之總人數及畢業學生之名次
十七　退學之年月日及退學之事由
十八　備考欄記他欄所不能記載之事項足供教育上之參觀者
第六條　前條各項有變動時隨時附箋更正之
第七條　簿中數字除學業成績用亞剌伯數字外均用通常數字

教室規程

始業前之秩序

第一條　學生到校上午當在朝會時一刻鐘以前下午當在初次始業十分鐘以前

第二條　朝會預備叫前各級長向各級任教師領取鑰匙啟戶午後初次始業亦然

第三條　級長啟戶後應一律將課業用品安置本人課桌內但不得逗留教室

第四條　值事生當於始業前入室服務

第五條　上午初次始業前由禮堂退出即入教室下午初次始業前十分鐘吹預備叫始業前三分鐘吹整隊叫即各就指定處整隊

始業時之秩序

第一條　始業時間振鈴報之

第二條　級長聞鈴聲後即發口令（一）（立正）（二）（左轉或右轉）（三）（開步走）魚貫入室如有遲到學生則列於隊之後端

第三條　整隊進行時級長在前副級長在後督率同列生遵守左之各端

（一）　行列宜整齊

（二）　姿勢宜端莊

（三）肅靜

第四條　入教室後即直立於本座之旁級長分立於教桌之側

第五條　擔任教師監視整隊即隨學生入教室教師立於教桌後之中央時級長發口令（一）（敬禮）（二）（坐下級長入席）

第六條　遲到之學生入室對教師默禮後靜待教師之命而後入席俟授業既終仍當報告其理由於教師

第七條　每日上午第一時及午後第一時始業之際學生就座後由教師點名一次其他授業時間可不必點名但學生出席與否臨時變更者應由級長於敬禮後報告教師

教授中之秩序

第一條　教師入室俟學生就座後得便宜而開始教授但學生心志未定時不妨靜坐二三分鐘

第二條　教授之時學生之姿勢宜端正其標準如左

（一）坐之姿勢　頭正身直兩手置於膝上兩足自然並立

當讀書時以兩手支於書本下端書與桌面約成四十五度之角眼與紙之距離約一尺二寸

當寫字時紙與眼之距離當保持適當而以左手輕置於桌上

(二)立之姿勢　準直立不動之姿勢

當指名讀書時以兩手捧書本之下端高與乳齊而紙與眼之距離約一尺二寸

第三條　課業用品非經教師通知不得擅自取出

第四條　取置課業用品務須迅速肅靜

第五條　教授中欲發言者當將左手高舉以待教師之許可然後起立

第六條　對於教師之發問能應答者當舉左手以待教師之指定然後起立應答

第七條　教授中須注意課業不准擅離座次及回顧私語等事

第八條　奉師命而上教壇演習時當照顧前後左右不可粗率

終業時之秩序

第一條　終業時振鈴報之

第二條　聞終業之振鈴教授卽可中止（有時得酌量延長但不得過五分鐘）收取教授用具同時使學生收拾用品於桌內但在最後終業時間當注意於學生之儀容而使整潔更使收拾其所當攜歸之物品及書包

第三條　終業時用品收拾已畢級長離座分立於教桌之側

第四條　學生依級長之口令行敬禮後退出止於原整隊處其順序如下

（一）（起立）（二）（敬禮）（三）（開步走）

第五條　出教室時之秩序與入教室時同

第六條　次依級長之口令散隊（一）（向右轉）（二）（敬禮）（三）（散隊）

第七條　終業之際非值事生不得逗留教室

終業後之秩序

第一條　每次終業後值事生當依左之順序整理教室

（一）窗戶及窗幔之開捲

（二）黑板小黑板之拂拭

(三)整理桌椅
(四)準備用具
(五)其他教師特命之事項
第二條 下午末次終業後值事生依左之順序整理教室
(一)整理教授用具
(二)拂拭黑板
(三)教室內之掃除
(四)窗戶及窗幔之閉捲
(五)其他教師特命之事項
第三條 前條整理時間以三十分鐘爲限不得託故遲延
第四條 級長及副級長督率值事生之服務午前午後末次終業時俟值事生服務既畢將教室門閉鎖交鑰匙於級任教師

級長服務規程

第一條　每級設級長副級長各一人

第二條　級長副級長由各級學生就同級生用記名投票法照定額加倍選舉不分正副報由級任教師委定之

第三條　級長副級長之任期爲一學期連舉者得連任

第四條　級長當於朝會前十五分鐘到校服務

第五條　級長之任務如左

（一）傳達教師命令代表同學意見

（二）司列隊集合解散及教室內敬禮之口令

（三）司教室門之啟閉

（四）留意始業終業時之秩序

（五）督率值事生之服務

（六）監察同級生休憩中之言動如有不規則或極危險之舉動無法勸止者應即報告級任教師處理之

（七）其他教師特命之事項

第六條　副級長之任務如左

（一）級長任務（四）（五）（六）（七）各條副級長同負責任

（二）級長告假或未到校時當完全行使其職務

值事生服務規程

第一條　每級置值事生若干人依級任教師預定順序輪值

第二條　值事生當於朝會前十五分鐘到校

第三條　值事生在室內服務時不得翻閱他同學桌內之物品

第四條　值事生不得互相推諉致曠職務

第五條　值事生服務如左之順序

甲　初次始業前

（一）斟酌天氣啓閉窗戶

（二）拂拭教室中桌椅

（三）整理及預備教授用具
（四）預儲及水盂中之水
乙　每次終業時
（一）揩拭黑板
（二）洗濯抹布
（三）整理及安置教授用具
（四）配置硯中之水
（五）收拾地上桌上之紙屑
（六）教師特命之事項
丙　末次終業後
（一）搬移桌椅洒掃教室
（二）安置紙屑淨洗水盂
（三）開閉窗戶整理窗幔

（四）整頓桌椅及敎授用具
（五）整理敎室中其他應用物件

學級日誌記載規程

第一條　學級日誌由本級學生依式輪値塡寫
第二條　學級日誌記載事項如左
（一）月日欄記載時之月日
（二）曜日欄記曜日之名稱
（三）天氣欄記天氣之陰晴
（四）溫度欄記寒暖計之度數
（五）訓誡事項欄記有關本級之訓誡事項
（六）授業變更欄記授業時間之變更及代課缺課等事
（七）雜記欄記運動作業及其他關于本級重要之事
（八）缺席欄記缺席學生之姓名及事由

（九）値事生欄記値事生之姓名及値事之情形
（十）輪記生欄記輪記生之姓名

宿舍規程

第一條　除星期日外每日早膳前閉鎖就寢時開鎖午膳後及下午終業後亦得開鎖一次

但每次以十五分鐘爲限

第二條　起臥均依規定時間不得遲延

第三條　床位均由舍務主任指定不得擅自更動

第四條　息燈以後曉鐘以前均宜肅靜不得談笑

第五條　每日起臥時由舍務主任點名一次

第六條　除課業切用之圖書及必需之衣服外概勿攜帶

第七條　各生應需課業用品當在宿舍閉鎖前一律準備攜出安置本人課桌之內

第八條　寄宿生除因事因病請假經舍務主任之許可外不准出校

第九條　外人概不留宿並不得應接外客倘父兄來訪須入舍內者必經舍務主任之許可

第十條　舍內設舍長副舍長各一人其選舉法及任期與級長同其職務如左

(一)傳達職員命令代表同學意見

(二)每日依定時向舍務主任處取交

(三)注意宿舍規則之實行

(四)對於同舍生一切不規則之舉動宜忠告勸導不受勸導時得據實報告於舍務主任

(五)督率值事生注意舍內之整潔

(六)副舍長輔助舍長之職務舍長假出時副舍長負完全責任

第十一條　每日舍內設值事生二人由舍長就同室生輪派

值事生司舍內整潔事項

宿舍日誌記載規程

一同舍生姓名錄記入舍長及其餘同舍生之姓名

一空白數頁備載下列之事項

(甲)　宿舍規約

（乙） 隨時宣布之命令

（丙） 舍長會議議決之事項

一記事欄記同舍生於規約及命令能否恪遵之情形及臨時宣布之命令與臨時發生之事項

一値事情形欄記當日値事生之盡職與否

學生敬禮規程

第一條 敬禮時須嚴肅而有誠敬之實際

第二條 敬禮之種類

一最敬禮　　三鞠躬對國旗行之

二普通敬禮　一鞠躬對師長及親友行之

第三條 敬禮時須先正姿勢恭垂兩手上體前傾其間當有適宜之速度若戴制帽時先以右手脫帽帽之內部合於右股而後鞠躬

第四條 每日初見師長或於校外遇師長時均行敬禮

第五條　學生互行敬禮亦同前例

第六條　於師長前應對及授物品時當正姿勢而於應對及授受之始終行敬禮

第七條　在師長及來賓前經過時當會意而不失敬容

請假規程

第一條　寄宿生非經舍務主任准假不得出外通學生未屆散課時不得已而出校者須得級任之許可

第二條　日曜日午後寄宿生例准出校但仍須向舍務主任處報名登簿後將所給假牌交門房查驗返校時仍將假牌繳還舍務主任

但學生家長要求禁假者不得援以爲例

第三條　平時學生有不得已之事故而請假者須先具假條得級任許可後卽將本人出席牌移挂教室中指定處以便檢查銷假時仍將出席牌移挂原處

第四條　平時寄宿生請假除照前條規定手續外須再經舍務主任允准登簿後將所給假牌交門房查驗到校時仍將假牌繳還舍務主任

第五條　學生到校銷假不得逾預定之期如假期已滿不得已而續假者須由家長具函聲明事由

學業成績考查規程

第一條　學生學業成績依左之方法考查之

一國文與英語之綴法書法及圖畫手工之成績當憑平時之成績考定之

二國文與英語之讀法及唱歌體操之成績於平時授業之際考定之

三修身算術歷史地理理科商業之成績考查平時口答筆答筆記簿及實習之成績而判定之

第二條　各科遇必要時得舉行臨時試驗與學期試驗爲成績調查之參攷

第三條　學業成績之分數以百分爲極格分甲乙丙丁四等評定之

甲　成績特優者　八十分以上

乙　成績較優者　七十分以上

丙　成績尙可者　六十分以上

丁　成績劣等者　不及六十分者
第四條　學年成績總評列丙等以上者爲及格丁爲不及格及格者得升級或畢業不及格
者留級
但學業總評列丙等以上而國文算術英語三科有兩科不及格時亦不得升級與畢業
第五條　各科成績第一學期總計一次第二第三兩學期合計一次各科擔任教員應於年
假暑假前十日將該科之總評彙交學級主任調製成績表以兩次學期成績之分數相加
以二除之爲學年成績以三學年成績之分數相加以二除之爲畢業成績
第六條　同一學科有兩教員分任者由學級主任彙合兩教員所定之成績而核定之其核
定方法由教務主任定之
第七條　舉行臨時試驗或學期試驗時學生因不得已事故而缺席者在定期以內得予補
試
第八條　學生缺席在一學年內至四十小時者應減學年成績總平均一分多於四十小時
者每逾二十小時遞減半分

褒奬懲誡規程

第一條　爲勉勵學生之從善去惡而行適宜之褒奬與懲誡
第二條　褒奬分個人褒奬共同褒奬二種
第三條　個人褒奬分三種
（一）金色奬章
（二）褒奬狀
（三）褒詞
第四條　有下列事項之一者給金色奬章
（一）操行學業成績均列甲等者
（二）一學年中無一時缺課者
（三）服務有卓著之功績者
第五條　有下列事項之一者給褒奬狀
（一）操行成績列甲等者

(二)學業平均成績列甲等者
(三)各科成績有兩種在九十分以上者
(四)半年内無一時缺課者
(五)服務始終勤勉者
第六條　褒詞對於一人或一學級或學生全體認爲有善良之情形者行之
第七條　個人褒獎施行之手續金色獎章於學年末褒獎狀於學期末均由級任教員擇其合於褒獎資格者加以考語彙交校長施行褒詞由職教員擇適當之時機行之
第八條　共同褒獎施行於某學級除於適當時機加以褒詞外並給褒獎狀
第九條　共同褒獎分三種
(一)操行褒獎
(二)學業褒獎
(三)勤勉褒獎
第十條　操行褒獎於某學級在每學期中操行端正之人數(百分平均)超過他級者則給

之

第十一條　學業褒奬某學級學業優良(百分平均)過於他級者則給之

第十二條　勤勉褒獎於每學期中某級學生輟課之時數(百分平均)最少者則給之

第十三條　施行共同褒獎於學年末或學期末由學級主任提出經職員會決定

第十四條　懲誡分個人懲誡共同懲誡二種

第十五條　個人懲誡分六種

(一)訓　誡　有尋常之過失者處此

(二)直　立　教授或休息期內妨害秩序者處此

(三)禁　假　寄宿生銷假逾期或在外有不良之行爲者處此

(四)沒收物品　有不正當或危險之物品者處此

(五)賠　償　損壞他人或公共之物品者處此

(六)停　學　有左列各種之一者處此

甲　性行不良屢戒不悛者

乙　犯重大之過失者

丙　學年成績不及格業經留級須繼續留級者

第十六條　前條懲誡方法(一)(二)由職教員便宜行之

(三)(四)(五)由管理主任或學級主任適宜處分之

(六)須報告校長裁决或付職員會議决施行

第十七條　共同懲誡對於某級多數學生有不良行爲時行之其懲誡法分二種

(一)靜坐　以三十分鐘爲限由學級主任監察之

(二)奪獎　奪去第九條所得之獎其時期之久暫臨時酌定

第十八條　施行共同懲誡由各學級主任提出經職員會决定

第十九條　施行褒獎與懲誡由學級主任隨時記入褒獎懲誡錄並擇要記入學籍簿之備考欄

學級園整理規程

第一條　學級園設主任一人由職員任之任一切指導之責

第二條　學級園作業事項由各級學生任之其分配輪值之法級任教員得便宜規定之

第三條　學生在學級園作業之範圍暫定如左

一　耕鋤

二　播種及移植

三　施肥

四　捕蟲

五　灌漑

六　留意植物之發育與日光空氣之關係

七　種子之收集及貯藏

第四條　學生在學級園作業時間須在始業前及終業後但不得妨害他種之服務

第五條　關於種植移栽斬伐等事項須經學級園主任或級任教員之許可

第六條　作業用具當留心保護如有損壞須依値賠償

第七條　作業應用器具用畢仍置原處

第八條　各學級園應將保管植物贈送植物及附件（如盆缸之類）詳細記入清册以備查考

販賣部規程

第一條　爲謀校內學生實習商業與購備用品之便利而組織販賣部

第二條　本部設部長一人由職員任之組長二人由部員選舉經部長委任之部員若干人由二三年級學生任之

第三條　部長任期一年有力圖本部事務進步之責其職務如左

一選定賣品之種類

二製定物價表

三督率部員之勤務

四清查帳目

五每學期末報告本部之狀況於校長並開列服務勤勉部員之姓名請校長褒獎

第四條　組長任期一學期每週以一人輪值受部長之指導有協同部員盡心服務之責其

職務如左

一留意部員服務之勤惰而督促之

二部中貨物受部長之指導適宜陳列之並注意部中之整潔

三留意部中貨物之多少應行添購及退換者報告部長裁決

四各組交替時會同兩組部員檢點物品遇有差異時除將差異之物品及數目記入查貨簿外并報告部長

五每週之終核算週結並報告本週營業之狀況於部長

第五條　部員每週派定四人受組長之指導分任司賬營業辦事時仍宜聯絡協助其職務如左

甲司賬之職務

一　司貨銀之出納隨時登入賬簿

二、掌管本部鑰匙依時啓閉

三　會同營業員逐日稽核貨銀編造決算

四　每週之終清理貨銀連同簿册移交後任

乙營業員之職務

一　於規定時間内司貨物之售出並將貨銀進出之數報明司賬

二　逐日將出售貨銀協助司賬編造決算

三　營業終了後須將物品妥爲整理有滯積或缺乏者隨時告知組長

四　每週之終協同司賬點交貨物於後任

第六條　組長及部員於服務期内務須準時到部如不得已而請假者除請相當之人代理外並須得部長之許可

第七條　本部營業時間除日曜日休業外每日上下午始業前三十分鐘各開放一次每次以二十分鐘爲限

第八條　本部販賣物品以課業應用及日用必需者爲限

第九條　本部出售貨物一律現欵不得賒欠

第十條　本部經費暫由本校會計處籌墊所得贏餘以十分之二購備物品爲實習生獎勵

餘數捐入學生閱書會惟其他公益事務如足球會網球會等亦得以部長之許可量力捐助

販賣部簿册整理規程

第一條　記載簿册由組長及司賬擔任其分配方法如下

一組長　掌下列之簿册

報到簿　營業日記　日流　查貨　週結

二司賬　掌下列之簿册

計數表　决算册　銀錢流水　進貨草簿　各戶號謄清　存貨表

第二條　簿册記載法規定如次

一報到簿　每日三次照教室出席簿符號記載第一二次於營業之始末次則於稽核中

二營業日記　記載實習員姓名貨物出納件數以及本週間之售見盈餘

三日流　每日出貨總值并收入現銀總數相抵後或盈或缺分上下行記載

四查貨　記載本週間清查後各貨盈虧之件數價值與相抵後或盈或虧之總數

五週結　記載本週存該欵項（合大洋計）及其總數以共存減共該所餘之數即爲本週之盈餘

六計數表　售出各貨件數用正字式記於該貨名下

七決算册　登錄每日營業概況（均計錢碼）依下列各公式計載之

舊存＋新收＝合計　合計－銷數＝現存

銷數×單價＝售見

各單價×各合計其和＝預定價值總額

各售見相加＝售見現金總額

預定總額－售見總額＝現存貨值總額

八銀錢流水　記載每日銀錢之出納及現存總數

九進貨草簿　與各處進退各貨之名稱件數及價值詳細記載

十各戶號謄清　登錄往來各戶貨鍛出納之數每週一小結每月一總結

十一存貨表　清查各貨存數後照原價（洋碼）一一計算其所值及共值

閱書會規程

第一條　因謀在校學生課外研究學問增進知識之便利而組織閱書會

第二條　閱書會設會長一人由職員任之總理一切幹事四人分任記錄收發由一二年級學生輪值任之

第三條　本會圖書依次之標準陸續購置

甲　便於學生科學上之參觀者

乙　能涵養學生之德性者

丙　能增進學生之知識者

第四條　凡以圖書捐贈本會者除將捐贈人之姓名記入書面者外並於圖書目錄中分別註明

第五條　有以圖書寄存本會供衆閱覽者本會當代爲保管但須在書面上加蓋本人圖章以便識別

第六條　本會圖書分科學小說雜誌雜書四類類分爲目各書均列標籤以便檢查

第七條　現有圖書編成圖書目錄二分一存本會一揭示借書處其新置圖書臨時揭示

第八條　圖書借還時間規定如下

土曜日　午後二十分至五十分　借出

日曜日　同時間　借還

月曜日　同時間　收還

第九條　借書者須先報告年級姓名所借圖書名稱及册數於記錄員一一記入圖書借閱簿然後由收發員檢交但所借圖書以圖書目錄中所載或曾經揭示者爲限

前項所借圖書每次以一册爲限

第十條　所借圖書於月曜日一律繳還由收發員檢驗無誤即報告記錄員於借書簿中註銷如有污損須以相當之値賠償

第十一條　本會以販賣部所得贏餘爲經常費

學校新聞社規程

第一條　本社之組織所以養成學生之自動並爲交換知識切磋學業之補助機關

第二條　設社長一人由職員任之編輯主任一人社員公舉社員若干人由各級學生公舉輪値分任庶務書記圖畫各項事務其每期人數由社長酌派

第四條　學校新聞之內容分訓話論說本國要聞本邑要聞本校記事批評雜纂插畫小說問答學生成績等每期內容至少在六類以上

第五條　學生均有投稿義務但選錄與否由編輯主任決擇

第六條　學校新聞每週一次月曜日出版逐期出版新聞由社內保存以備查考

講演會規程

第一條　本會之組織以練習言語發表思想交換知識爲要旨

第二條　講演材料之範圍如下

甲　有關於身心之修養者

乙　各科學之研究及心得

丙　社會風俗之研究世界大勢之趨向

丁　實業叢談

戊　事實之評判

第三條　本會之組織如下

會長　由職員任之總理一切

普通會員　以全體學生充之

特別會員　由各級任選定每級至少在五人以上

書記　由會長指派司會場之速記

幹事　由會長指派司會場之佈置及招待

第四條　會期分二種

甲常會　由各級任督率本級學生於課餘練習每週一次講員以普通會員輪値

乙特別會　每週土曜日課餘舉行一次以禮堂爲會場講員以特別會員輪値

第五條　凡特別會須先期揭示講題但須經會長之檢定

第六條　開會時學生須全體出席

第七條　遇特別情形時得臨時變更時間或暫停均由會長決定

第三類關於全校之事務者

朝會規程

第一條　每晨八時五十分舉行朝會

第二條　舉行朝會時職教員均須莅場

第三條　朝會之次序及方法如左

（一）朝會前十五分鐘由監護員吹預備叫

（二）監護員吹整隊號叫後各級學生即至指定處整隊

（三）各級級長司令依次進禮堂

（四）由學長司令教員學生互行敬禮（一鞠躬）其口令爲（立正）（敬禮）

（五）校歌（或其他相當之歌）

（六）職員訓話（此節有時省）

（七）由學長司令退出禮堂依次入教室

（八）進退之際由指定之學生奏琴以整其步伐

儀式規程

第一條　舉行儀式時職員學生全體均須到會

第二條　始業式之順序（一）入席（二）行禮（學生向職員行一鞠躬禮職員答禮次員生東西立互行一鞠躬禮）（三）校歌（四）校長訓詞（五）教育長官訓詞（六）職員訓詞（七）來賓演說（八）始業歌（九）退席

第三條　聖誕（夏歷八月二十七日）紀念式秩序（一）入席（二）向聖像行最敬禮（三）頌聖歌（四）校長訓詞（五）職員訓詞（六）退席

第四條　國慶紀念日行祝賀式其順序爲（一）入席（二）向國旗行最敬禮（三）國歌（四）校長訓詞（五）職員訓詞（六）國慶紀念歌（或略）（七）退席

前項國慶紀念日列舉如下

武昌起義日　十月十日

南京政府成立日　一月一日

南北統一日　二月十二日

國會開幕日　四月八日
雲南倡義日　十二月二十五日

第五條　地方光復（十一月六日）紀念式順序（一）入席（二）向國旗行最敬禮（三）國歌（四）校長訓詞（五）職員訓詞（六）退席

第六條　休業式之順序（一）入席（二）行禮（三）校歌（四）校長訓詞（五）職員訓詞（六）給獎（七）休業歌（八）退席

第七條　本校開校（夏曆正月二十四日）紀念式之順序（一）入席（二）對校旗行最敬禮（三）校歌（四）校長訓詞（五）職員訓詞（六）退席

第八條　休業畢業式之順序（一）入席（二）學生職員互行敬禮（三）校歌（四）給憑（五）校長訓詞（六）教育長官訓詞（七）職員訓詞（八）來賓演說（九）給獎（十）畢業生代表答詞（十一）休業歌及畢業歌（十二）畢業生向職員及同學行告別禮（十三）退席

第九條　凡舉行儀式之日校門均懸國旗

參觀規程

第一條　參觀人當記月日姓名職業住址於參觀題名錄
第二條　參觀人指定所參觀之學級科目後由招待員指示其教室
第三條　參觀人宜遵守左之規約
（一）一時間內至多參觀二教室但因特別事情經校長之許可者不在此限
（二）出入教室當由參觀出入戶
（三）在教室內不得吸烟談笑及爲有妨課業之舉動
（四）每教室同一時間內參觀不得過十人
（五）不得在廊下窗外徘徊觀望
第四條　參觀人欲就設備及其他事項詳細詢問或周覽校舍全體者可通知招待員引導或接談但遇不得已事故時得另約適當時日應接之
第五條　參觀人依時間表上之科目得隨意參觀但該科教員認爲必要時得臨時謝絕
第六條　參觀人之休憩當在應接室內
第七條　參觀人之動作如認爲有妨教授者得臨時謝絕
第八條　參觀人對於本校設備管理教授訓練等有所指正請書其意見於參觀批評簿以資採用

大事記

光緒二十三年丁酉

邑紳楊模創議開辦竢實學堂

冬價購城中連元街上壽菴公廨舊舍重加修葺爲校舍

公推秦謙培單毓德等爲校董楊模爲總理規定學則購備校具什物書籍儀器等

光緒二十四年戊戌

延華衡芳爲總教秦寶鐘爲中文教員蔣士棟士棨爲算學教員許士熊爲英文教員

正月二十四日開學

開教室一所學生二十一人

二月算學教員蔣士棟士棨因事不克到校授課延丁福保代之

添設算學四季課由總教評定甲乙並由校中籌備獎金以資鼓勵

設藏書樓經史子集略備均由總理向各省官書局捐入

六月添體操科延楊蔭桓爲教員

七月體操教員楊蔭桓辭職體操科暫缺
八月六日總理赴山西就武備學堂總辦職校務由高汝琳經辦受成於總理
九月英文教員許士熊辭職延裘錯代之
十二月十五日年假休業學生到者二十六人

光緒二十五年己亥
正月二十五日開學
開教室一所學生三十二人
中文教員秦寶鐘事假延秦瑞玠暫代
英文教員裘錯辭職延楊式宗代之
三月中文教員秦寶鐘到校授課
秋英文教員楊式宗辭職延裘昌齡代之
冬英文教員裘昌齡辭職延程守基代之

光緒二十六年庚子

正月二十一日開學
開教室一所學生三十四人
六月楊蔭杭來校立勵志社八月杪因事停會
八月晉省遭拳匪之亂總理楊模辭武備學堂總辦之職返里專任校務積極進行
延陸壽禧殷德基爲體操教員
闢内操場
閏八月七日全體遠足惠麓
十二月二十一日年假休業學生到者三十六人
光緒二十七年辛丑
正月算學教員丁福保辭職延楊曾同爲算學教員丁錦爲算學兼中文教員
開教室二所
資遣吳震修留學日本
體操教員陸壽禧殷德基辭職體操科暫缺

七月算學教員丁錦辭職

選印學生課文二册

光緒二十八年壬寅

開教室二所學生九十人

延吳濤趙椿年爲國文教員

延陸壽禧爲體操教員

添東文科延日人松本義成爲教員

八月督憲劉忠誠公以本校開辦最早著有成效奏請傳旨嘉獎並給樂育英才匾額

光緒二十九年癸卯

開教室二所

總理楊模東渡日本考察教育校務委王鏡藻接辦受成於總理賫遣侯鴻鑑留學日本宏文學院習師範科

四月總理應京師大學之聘渡海而北未幾以事歸里

光緒三十年甲辰

開教室三所分初等一級高等二級學生數百人

侯鴻鑑畢業歸國到校任理化博物歷史地理唱歌教員釐訂章則規定學科

算學教員楊曾同辭職延蔣士棨代之延曹銓爲圖畫教員

設學生自治會

七月二日因抽米釐撥充學捐有人堅持匪徒乘機扇惑聚衆圍攻總理楊模住宅大廳被

燬總理出避吳門

三日匪徒毁本校校舍課檯什物藏書儀器標本等毁失殆盡統計損失約值銀一萬元

是晚匪徒縱火焚總理住宅後樓

紳學兩界電稟督撫派許王二委員查辦

蘇撫端午帥札飭錫金陳詒汪鳴鳳二令賠修校舍緝辦首犯

九月勸學所成立本校改歸所董經辦總理辭職應鄂督張文襄公之聘充武昌學務處專

門科專辦彙司文牘

教員俟鴻鑑任校長延吳濤爲監起居管理寄宿學生是爲本校聘校長及監起居之始
十月一日開學
二十七日蘇撫端午帥莅校視察開歡迎會並於操場攝影紀念
光緒三十一年乙巳
校長俟鴻鑑辭職專任教科蔣士棻繼任爲校長
開教室四所高初等各二室學生百二十人
添置理化器械博物標本
七月三日全體遠足惠麓攝影紀念
九月英文教員程守基病故延裘鍇代之
十月開全縣學校聯合運動會本校全體與會
光緒三十二年丙午
開教室四所高初等各二室學生百五十二人
租賃應宿橋東荒地爲外操場四周圍以竹籬

邑人籌設體操游戲傳習所附設校內

四月學使唐景崇莅校視察評語爲是校開辦最早學生考入他校者甚多不無成績可紀

蔣校長管理甚合法度各科亦均可觀等

校長發起組織縣教育會會所未建以前假本校雙桂堂爲會場

光緒三十三年丁未

校長蔣士棨辭職許棫繼任

延陶樹森任監起居

正月改建教室一所

開教室五所高等三室初等二室學生二百人

每星期六午後開練習演說會

三月學生全體遠足惠麓

六月改建教室一所

九月省視學蔣鳳梧莅校視察評語爲此校辦理最早成效卓著校中布置有方各科成績

亦復燦然應由該縣傳諭嘉奬等

十月開運動會

送高等四年級學生投考常州中學錄取二十六人

光緒三十四年戊申

校長許械辭職楊鼎復繼任

延蔡養猷爲監起居

正月建築教室二所改建教室一所書記室一間廁所一處

開教室六所高初等各三室學生二百人

二十日開十週紀念會

三月全體遠足惠麓

二十八日高等科學生全體遠足蘇州虎丘

四月製十週紀念碑

省視學楊邦彥莅校視察評語爲是校規模大備校長辦事精細各科成績均有可觀等

八月開運動會
撥應宿橋東同仁堂壇坟餘地爲校有始定四址界石闢爲外操場
十二月高等科第一屆畢業計士傅森等八人
宣統元年己酉
校長楊鼎復辭職曹贊勳繼任
延吳廷枚爲監起居
開教室七所高等四室初等三室學生二百十一人
三月全體遠足惠麓
購備軍樂由學生練習爲本校有軍樂之始
設惜餘補習課
四月省視學龐樹典莅校視察評語爲教授管理有法課堂規則一律整肅等
高等科學生全體遠足蘇州虎丘
十月全體參觀東林運動會

陳送南洋勸業會教育出品
十二月高等科第二屆畢業計王汝昌等十四人
宣統二年庚戌
校長曹贊勳辭職孫錫皋繼任
改稱監起居爲管理員由教員顧祖瑛兼任
開教室七所高等四室初等三室學生二百十人
平治外操場四周堆砌磚牆
三月全體遠足惠麓
建第三進西側平屋五間
八月高等科全體學生赴寧參觀南洋勸業會
省視學戴克寬蒞校視察評語爲校中規則井然學生各科成績亦斐然可觀等
十月全體赴石塘灣參觀惠北小學校運動會
開全縣學校第二次聯合運動會本校全體與會

十二月高等科第三屆畢業計李葆璋等十人

宣統三年辛亥

延顧竇琛爲管理員

開教室七所高等四室初等三室學生二百四十人

三月全體遠足惠麓

四月省視學朱錦綬蒞校視察評語爲學生各科成績均合高等較優布置整潔等

十月學生全體分組參觀電燈廠紗廠麵粉廠

十一月補祝元旦並舉行提燈會

十二月高等科第四屆畢業計張開圻等十一人

校長孫錫阜病故秦振鎬繼任

民國元年(陰歷壬子年)

是年始由無錫縣知事署直接管轄按月支撥經費惟初等科經費由無錫市公所擔任

開教室七所高等四室初等三室學生三百十九人

大事記　　　　　　　　　　　　　　　　　　　二

延陶贊任管理員

重訂自修室及課餘運動等規則

日曜日上午設國文圖畫補習課

三月全體遠足惠麓攝影紀念

四月修整外操場

九月省視學鄒楫莅校視察評語爲教授管理俱能合法成績優良洵屬名稱其實等

參觀東林學校十週紀念會

十月國慶紀念日赴公園行慶祝式並舉行提燈會

陳送京師兒童藝術展覽會出品

十二月開第十五週紀念會

高等科第五屆畢業計惠國南等八人

民國二年(陰歷癸丑年)

校長秦振鏞辭職許械繼任各級聘請級任教員爲本校行級任之始

無錫縣議事會議決本校裁去初等專設高等更名曰無錫縣立第一高等小學校
一月開教室五所第二三四年級各一室補習科二室學生二百四十人
三月定勤慎樸實爲校訓
七月第六屆畢業計薛祖康等十六人
學年度改變以八月爲始
八月校長許械辭職顧𪊲瑛繼任
延陶贊爲管理員兼算術教員沈壽桐鄒家麟陶樹森林錫棨吳廷樞爲級任教員許械爲三四年級修身教員沈庭承爲三四年級史地教員朱允中王本緯爲體操教員華廷輝爲手工唱歌教員李翊華爲英語教員楊宗沂爲會計兼庶務員華貫千爲書記兼庶務員
翻造第三進樓房十一間
八月二十二日行始業式
開教室五所第三四年級各一室第一年級三室學生二百十三人
國慶紀念日行祝賀式

大事記　一三

三年級級任沈壽桐辭職延錢基博代之

十一月校長赴蘇參觀學校

民國三年（陰歷甲寅年）

二月會計庶務員楊宗沂辭職延葉芬榮代之

三月各教員赴滬參觀學校

五月校長赴滬添購物理器械及人體模型

職員學生全體攝影

七月第七屆畢業計王勣等十九人

建築應接室

延錢基博鄒家麟王紹曾陶樹森林錫榮爲級任教員陶贊爲算術教員吳廷樞爲珠算教員華廷輝爲手工唱歌教員曹銓爲圖畫教員朱允中唐鳳呆爲體操教員王羲範爲英語教員葉芬榮爲會計兼庶務員華貫千爲書記兼庶務員

八月二十二日行始業式

開教室五所四年級一室一二年級各二室學生二百十八人
十二月省視學郝鼎元蒞校視察有辦法認眞成績均優等評語

民國四年（陰歷乙卯年）

一月添招補習科生一級計四十八人
聘請吳邦傑爲補習科級任教員
體操教員朱允中辭職延顧建勳代之
四月巡按使蒞校視察
六月道視學徐荾蒞校視察有辦理認眞成績優美等評語
縣視學孫思贊蒞校視察
七月第八屆畢業計龔斗華等二十七人
七月十五日起暑假五週
延孫蔭培鄒家麟章孚民唐鳳采陶樹森林錫榮爲級任教員陶贊爲算術教員吳廷樞爲珠算教員薛德熚爲手工教員曹銓爲圖畫教員顧建勳爲體操教員王羲範爲英語教員

葉芬棨爲會計兼庶務員華貫千爲書記兼庶務員
八月二十二日行始業式
開教室六 一二三年級各二學生二百四十七人
每週日曜日上午添設國文英文算術補習課
九月增加技擊規定學生課外學習
十一月一日職員率同學生赴蘇參觀省立學校第二次聯合運動會
十一月二十日本校與無錫縣市鄉公私立學校聯合運動會得優勝獎

民國五年（陰歷丙辰年）

一月添招補習科生一級計四十人
聘請華天翮爲補習科級任教員
章學民辭職秦振鷁代之
二月九日校長赴蘇常道屬高等小學校校長會議
四月全體攝影

六月省視學伍崇宜莅校視察有學生風紀整飭等評語
縣視學莅校視察
七月第九屆畢業計孟邦needed等六十六人

刊印國文成績
暑假五星期
八月校長顧祖瑛辭職朱正色繼任
延王復糜贊治戴宗德糜杓俞宗振爲級任教員榮棣輝費焌張志和李光漢張友雲爲科
任教員朱正心爲書記兼庶務員浦元培爲會計兼庶務員
釐訂管理細則
十日招考新生錄取一年級生八十名二年級插班生十九名三年級插班生五名
十九日續招新生錄取一年級生二十二名
二十日開職員會議商定教授管理訓練綱要
二十一日行始業式

開教室五所二三年級各一室一年級三室學生二百有六人
二十三日行朝會式此後於每晨始業前舉行以爲常
算術教員費熸病假請費楹暫代
九月十七日費楹辭職延吳洪興代之
二十四日（陰歷八月二十七日）孔子聖誕行紀念會式
二十七日組織童子軍由無錫童子軍聯合會編爲第十六團
二十九日縣知事署學務科主任錢基厚莅校視察
十月四日京師考察教育特派員高松秀趙廣海來校參觀
十日國慶紀念行祝賀式
十二日商業教員李光漢事假請朱鼒暫代
二十九日販賣部成立由二三年級學生輪值實習
同日學校新聞社成立每週出版一次
三十一日校長赴揚州參觀省立學校聯合運動會

十一月十一日體操教員張友雲赴蘇參觀吳縣學校聯合運動會
十八日校長偕體操教員張友雲赴滬參觀上海童子軍會操
二十一日備價收回内操場薛姓地基
二十五日全體遠足惠麓攝影於黄公澗
十二月三日全體參觀省立第三師範附屬小學校運動會
二十五雲南起義紀念日上午行紀念會式下午全縣童子軍會操於公園歡祝國慶本校童子軍全體與會

民國六年(陰歷丁巳年)

元旦行祝賀式
十四日無錫童子軍聯合會舉行初級畢業儀式本校童子軍得初級畢業證書者四十四人
十八日寒假三星期
三年級級任王復因事辭職延高士英代之

二月十二日南北統一紀念日行紀念會式

十九日舉行朝操此後除日曜日外每日於起身後三十分鐘舉行

二十三日山東省教育調查員鞠承潁來校參觀

二十四日學生閱書會成立指定販賣部贏餘爲常年經費

三月十五日省立第三師範學校附屬小學校主事唐昌言偕同教生張捷李榮第假本校一二年級教室試教一星期

十七日學生講演會成立此後於每週土曜日課餘舉行一次

二十一日校長赴滬參觀學校

二十五日童子軍遠足至梅園並實習炊事

四月一日全體參觀省立第三師範學校運動會

各級均就室外餘地闢學級園四周圍以竹籬

十四日省立第六師範學校舍監許人傑率本科畢業學生三十三人來校參觀

同日午後學生講演會例會値省立通俗教育館巡迴演講團主任張鑑偕同團員張榮瑚

請汝霖夏掄升來校參觀即請張君臨時演講以完全人格爲題

二十一日省立第四師範學校職員王士楨率本科畢業生三十一人來校參觀

二十三日全縣童子軍大會操本團與會

二十七日省視學鄒楫莅校視察

二十八日全體遠足至棠巷參觀私立公益學校聯合運動會

同日級任教員糜贊治俞宗振赴蘇參觀學校

五月二日一年級甲組開小運動會

一年級乙組級任教員糜杓病假延戴宗球暫代

十九日開運動會請陸壽禧顧果爲評判員

二十九日縣視學孫思贊莅校視察

武進江寧杭縣金山福建等處教育參觀團月內先後來校參觀

六月十二日省立第六師範職員吳引湘率講習科畢業生三十二人來校參觀

十三日全體攝影

二十一日外操場西北兩面改築實牆

七月一日招考新生錄取一年級生五十名二年級插班生二名

十一日暑假休業並行第十屆畢業式計吳邦傑等二十四人

八月十二日續招新生錄取一年級生三十二名

級任教員糜杓科任教員滎棣輝張志和張友雲書記兼庶務員朱正心辭職延樂安平爲級任教員楊卿鴻張汝綱馮幹爲科任教員吳宗三爲書記兼書務員

訂定職員服務規程設舍務主任二人由級任教員糜贊治俞宗振兼任之

開五教室三年級一室一二年級各二室學生二百三十人

十月十日國慶行祝賀式是晚舉行提燈會

十二日孔子聖誕行紀念會式

甘肅教育調查員董健宇等及諸暨興化泗陽等處教育參觀團月內先後來校參觀

十一月四日童子軍遠足梅園

六日地方紀念日行紀念會式

十六日全體參觀縣立第二高等小學校十五週紀念會童子軍並在會場服務

十七日體操教員馮幹赴滬參觀全國童子軍大會操

同日省立第三師範附屬小學校開運動會本團童子軍前往服務

三十日京津水災校中除減膳助賑外並於今日課餘開籌賑會共籌賑欵五十餘元繳由縣署匯解災區

十二月十五日私立藝芳國民學校商借本校外操場開運動會

二十七日體操教員馮幹病假回籍兵式操請鄒忠英普通操請邢乃康暫代

歷年學生人數比較表

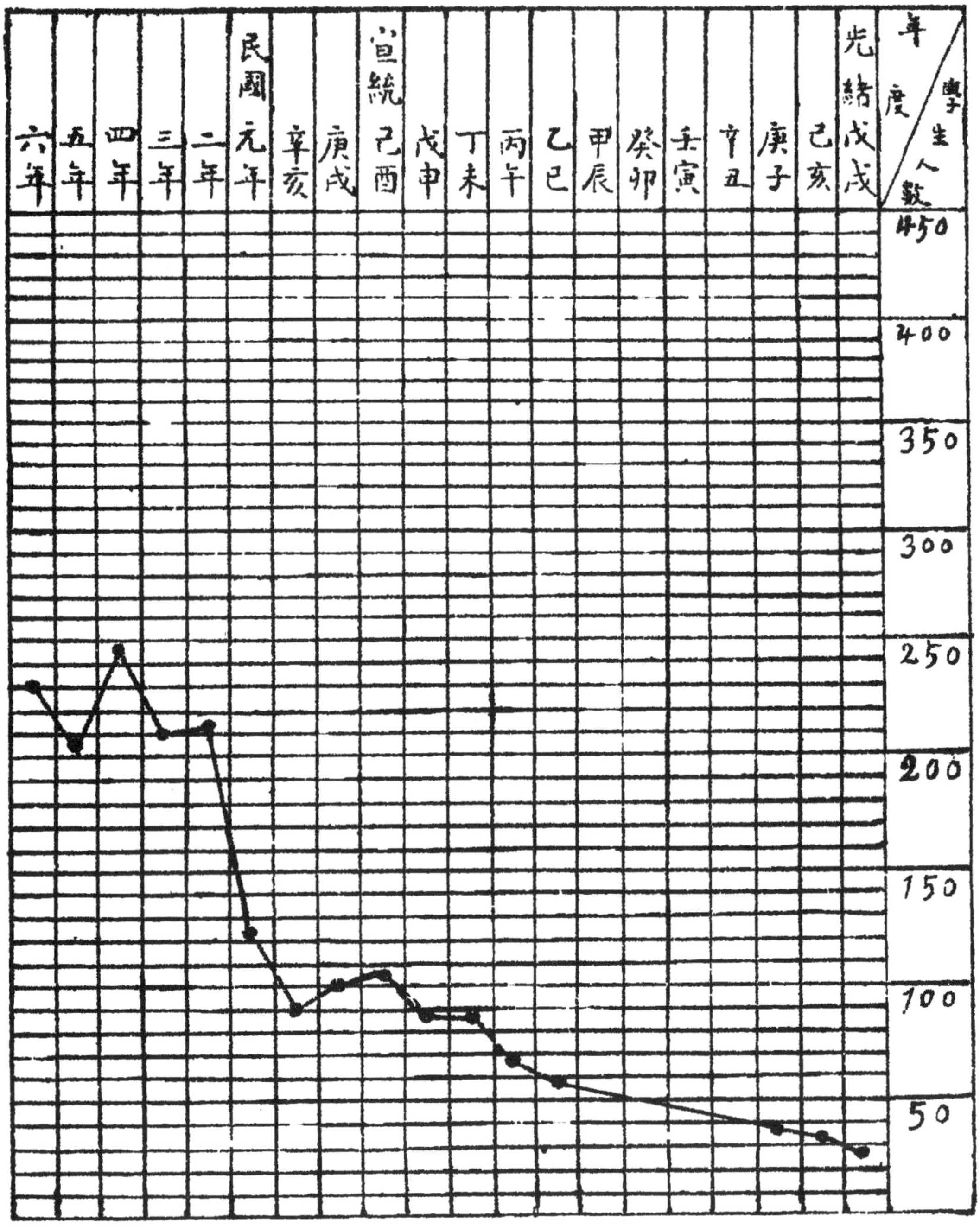

附誌

初年學生人數憑丁君梅軒所編竢實最初之歷史辛丑迄甲辰中經毀學簿籍散軼末由稽考民國元年以前初高並設表中所列均以高等科學生為限

歷任職員表

姓名	字	籍	職務	任職年月	備註
楊模	範夫	無錫	創辦人總理校務	戊戌至甲辰	開辦時無校長僅有總理
華衡芳	若汀	無錫	總教	戊戌	
秦寶鏞	鼎臣	無錫	國文教員	戊戌至癸卯	
丁福保	梅軒	無錫	算學教員	戊戌至庚子	
許士熊	侶樵	無錫	英文教員	戊戌	
高汝琳	映川	無錫	辦理校務	戊戌至庚子	
龔志遠	海臣	無錫	書記兼庶務	戊戌至癸卯	
楊蔭桓	管西	無錫	體操教員	戊戌	
裘鍇	劍岑	無錫	英文教員	戊戌乙巳至丙午	
秦瑞玠	晉華	無錫	國文教員	己亥	
楊式宗	維翰	吳縣	英文教員	己亥	

歷任職員表

裘昌齡	岐伯	無錫	英文教員	己亥	
程守基	少鳴	上海	英文教員	己亥至乙巳	
王鏡藻	鑑如	無錫	辦理校務	己亥至甲辰	
殷德基	仁卿	無錫	體操教員	庚子	
陸壽禧	小槎	無錫	體操教員	庚子壬寅至丙午戊申至辛亥	
丁錦	慕韓	無錫	中文兼算學教員	辛丑	
楊曾同	君巽	無錫	算學教員	辛丑至癸卯	
吳濤	松雲	無錫	國文教員	辛丑至丙午	甲辰年起任監起居
趙壽椿	鶴年	無錫	國文教員	壬寅至乙巳	
松本義成		日本	東文教員	壬寅至癸卯	
周紹榮	季梅	無錫	書記員	壬寅至甲辰	
侯鴻鑑	保三	無錫	歷史地理理化博物唱歌教員	甲辰至丁未	甲辰十月任校長
蔣士棨	仲懷	無錫	校長兼算學教員	甲辰至丙午	乙巳丙午任校長

二

曹銓	衡之	無錫	圖書教員	甲辰至丙午戊申至民國五年七月	
顧政	堂季	無錫	書記兼庶務員	甲辰	
端木鳳	鳴竹	無錫	會計兼庶務員	甲辰	
薛端性	鳴閣	無錫	會計兼庶務員	甲辰至丙午	
陶樹森	伯方	無錫	國文歷史教員	乙巳至丁未己酉至民國五年七月	丁未任監起居
顧鼎銘	介蓀	無錫	唱歌教員	丁巳至丁未己酉至辛亥	
顧祖瑛	子靜	無錫	國文兼理科教員	乙巳至民國五年七月	庚戌任管理員民國二年任校長
宋萃靈	萃伯	無錫	英文教員	乙巳	
嵇長康	紹周	無錫	國文教員	丙午	
蔡寶型	晉範	無錫	會計書記兼庶務	乙巳至丙午庚戌至辛亥	
丁榮奎	子遠	無錫	會計兼庶務	丙午	
許棫	少仙	無錫	修身國文算學教員	丁未至民國三年七月	丁未任校長民國二年一月至七月任校長
黃豹光	蔚如	無錫	修身算學教員	丁未庚戌	

歷任職員表　三

歷任職員表

鄒家麟	同一	無錫	修身國文教員	丁未 民國元年二月至五年七月
秦同培	于卿	無錫	圖畫教員	丁未
唐鳳采	靖臣	青浦	體操教員	丁未至己酉民國三年八月至五年七月
鄒蔭榮	植甫	無錫	體操教員	丁未至戊申
孫寶鏡	靜安	無錫	歷史地理教員	丁未
孫國璋	芾仲	無錫	修身兼國文教員	丁未至己酉
顧　復	啟人	吳江	地理兼算術教員	丁未民國二年二月至七月
朱岳鴻	錫君	無錫	英文教員	丁未
張通顯	良臣	無錫	會計兼庶務	丁未至戊申
衛　昭	梅初	無錫	書記兼庶務	丁未至辛亥
楊鼎復	子侁	無錫	校長兼修身教員	戊申
蔡養默	持志	無錫	監起居兼唱歌教員	戊申
王紹曾	寶書	無錫	國文歷史教員	戊申己酉民國三年八月至四年七月

吳廷枚	錦如	無錫	歷史地理教員	戊申至己酉	己酉任監起居
平衡	海瀾	句容	英文教員	戊申至庚戌民國元年二月至十二月	
陶贊	育臣	無錫	算學教員	戊申至民國五年七月	壬子任管理員
陸福培	仲謙	無錫	手工教員	戊申己至酉	
陸暢	魯斯	無錫	國文教員	戊申	
孫家復	燧香	無錫	國文教員	戊申	
曹贊勳	翊臣	無錫	校長兼修身英文教員	己酉	
吳殿棫	驥德	無錫	國文算術教員	己酉	
倪均榮	紹先	無錫	國文教員	己酉	
孫錫皋	鳴仙	無錫	校長兼歷史地理教員	己酉至辛亥	庚戌辛亥任校長
高維嶽	仰山	無錫	會計兼庶務	己酉	
程鴻昌	季美	吳縣	修身國文教員	庚戌至辛亥	
沈庭承	景常	青浦	國文歷史地理教員	庚戌辛亥民國二年八月至三年七月	

歷任職員表 五

歷任職員表

楊允璆	佩璋	太倉	國文手工教員	庚戌至辛亥	
吳至剛	養正	無錫	國文珠算教員	庚戌至壬子	
林錫榮	叔顯	無錫	國文教員	庚戌至壬子民國二年七月至五年七月	
孫　掞	雨蒼	常州	體操教員	庚戌	
陶守恒	達三	無錫	國文教員	庚戌	
顧寶琛	彬生	無錫	管理員兼修身教員	辛亥	
顧振軍	志剛	華亭	英文教員	辛亥	
戈、銳	冰刃	無錫	體操教員	辛亥	
朱宗直	亦雲	江陰	會計兼庶務	辛亥	
秦振鎬	卓夫	無錫	校長兼修身歷史教員	民國元年二月至十二月五年二月至七月	再任時爲國文教員
沈壽桐	西苑	無錫	國文歷史算學教員	民國元年二月至二年十月	
曹同文	仁化	無錫	國文地理教員	民國元年二月至七月	
曹敷文	成章	無錫	國文地理教員	民國元年七月至十二月	

歷任職員表

華廷輝	鑑遠	無錫	手工樂歌教員	民國元年二月至四年七月
陸杶	厚軒	武進	體操教員	民國元年二月至十二月
孫揵	德輿	武進	圖畫教員	民國元年二月至十二月
周樹鎬	仞千	無錫	會計兼庶務	民國元年二月至十月
秦金鑑	氷臣	無錫	書記兼庶務	民國元年二月至十二月
汪昌祁	跂予	太倉	國文教員	民國二年一月至二月
周文樸	汝明	無錫	會計兼庶務	民國元年十一月至二年一月
雷啟中	素安	無錫	國文教員	民國二年二月至七月
李翊華	迪彝	常熟	英文教員	民國二年一月至三年七月
朱允中	執鈞	無錫	體操教員	民國二年一月至四年二月
王本偉	師梅	華亭	體操教員	民國二年一月至三年七月
楊宗沂	松年	無錫	會計兼庶務	民國二年二月至三年十一月
李受昌	少白	無錫	書記兼庶務	民國二年一月至七月

歷任職員表

華錫爵	貫千	無錫	書記兼庶務	民國二年八月至五年七月
吳廷樞	幹卿	無錫	修身國文算術教員	民國二年八月至五年七月
錢基博	子泉	無錫	國文歷史理科教員	民國二年十一月至四年七月
葉芬榮	友廷	無錫	會計兼庶務	民國三年三月至五年七月
王義範	鶴亭	武進	英文教員	民國三年八月至五年七月
吳邦傑	卓蓀	無錫	補習科主任教員	民國四年三月至七月
顧建勳	立甫	無錫	體操教員	民國四年三月至五年七月
孫蔭培	景蘇	無錫	修身國文歷史地理教員	民國四年八月至五年七月
章孚民	鷗儂	江陰	修身國文歷史地理教員	民國四年八月至五年七月
薛德燡	景中	江陰	手工教員	民國四年八月至五年七月
華天翮	伯和	無錫	補習科主任	民國五年二月至七月
費　檻	丹溪	泰縣	算術教員	民國五年八月至十一月
李光漢	柏生	無錫	商業珠算教員	民國五年八月至十一月
王　復	子進	武進	三年級級任兼修身國文歷史英語教員	民國五年八月至六年一月

歷任職員表

張志和	效良	宜興	理科圖畫體操教員	民國五年八月至六年七月
張友雲	友雲	宜興	手工圖畫體操教員	民國五年八月至六年七月
榮棣輝	鄂生	無錫	英語教員	民國五年八月至六年七月
朱正心	寄塵	無錫	書記兼庶務	民國五年八月至六年七月
朱蘋	贊卿	無錫	商業教員	民國五年十一月至六年七月
糜杓	戴南	無錫	一年級乙組級任兼修身國文地理教員	民國五年八月至六年三月
戴宗球	任先	無錫	一年級乙組級任兼修身國文地理教員	民國六年四月至七月

九

現任職員表

姓名	字	年	籍	職務	住址	通訊處
朱正色	鏡澄	三二	無錫	校長	新安鄉許富橋	本校或南門方橋朱厚生號
糜贊治	子襄	三七	無錫	三年級級任修身國文歷史教員	青城市新橋	玉祁轉
戴宗德	翼先	三八	無錫	二年級甲組級任修身國文歷史教員	青城市戴巷	玉祁轉
俞宗振	鶴琴	三三	無錫	二年級乙組級任修身國文地理教員	天下市東北塘	同上
高士英	挹峯	三八	武進	一年級甲組級任修身國文英語教員	武進北門外三河口	三河口高萬泰染坊
樂　道	安平	二六	無錫	一年級乙組級任修身國文商業教員	開化鄉石塘	同上
吳洪興	嘉鉞	二四	安徽休寧	算術英語教員	休寧上溪口山培村	上海白克路福茂當
楊卿鴻	賓秋	三十	江陰	珠算理科圖畫教員	江陰西大街第六十號	同上
張汝綱	貫一	二三	武進	算術手工教員	武進北門外大通橋	武進北門外老興盛莊轉
馮　幹	樸材	二三	浙江臨海	體操教員童子軍團長	臨海湧泉	臨海湧泉馮益昌南貨號轉

浦元培	廷柏	三二	無錫	會計兼庶務	開化鄉浦家浜	南方泉轉
吳宗三	鳳羨	三四	無錫	書記兼庶務	開化鄉吳巷	南方泉陳興泰轉

現有學生表

三年級

姓名	字	年	籍	住址	通訊處
施之蕙	烈庭	二十	無錫	萬安市施家宕	石塘灣新橋公司船交萬安第十國民學校
孟浩	養吾	二十	無錫	新安鄉大孟巷	清名橋大有槽坊轉
張蘭舫	載馨	十八	無錫	揚名鄉張懷裡	南門黃坭埄恆益號轉
丁贊卿	祖望	十八	無錫	新安鄉六角田	清名橋協興昌醬園轉
姚宗虞	舜初	十八	無錫	新安鄉姚甲裏	南門外大有槽坊交大孟巷班船轉
張杰	勗哉	十八	宜興	周鐵橋湯堰村	周鐵橋協成醬園轉
汪錫麒	聖瑞	十八	無錫	大河上下岸十號	同上
吳楝	蘭文	十七	無錫	富安鄉閭江	雪堰橋松壽堂藥號
施之熙	景庭	十七	無錫	萬安市施家宕	石塘灣新橋公司船交萬安第十國民學校
浦紫東	醒民	十七	無錫	新安鄉曹澤	周新鎮隆昌號轉

沈模	範新	十七	無錫	新安鄉前南張	清名橋龐濟壽藥號轉
黃宗軒	子振	十七	無錫	開化鄉黃巷	南門黃泥𡍼長興醬園轉周潭橋朱萬呂號交開化第七小學校
朱眉生	梅蓀	十七	無錫	倉橋下監弄口湧茂祥號	同上
江鏞圻	文虎	十七	無錫	迎迓亭大街內第五號	同上
孫書榮	少華	十七	無錫	萬安市孫巷	南西漳毛裕大號轉潘葑通裕繭行
蔣子才	顯庭	十七	無錫	揚名鄉北橋	黃泥𡍼杜元茂米行交北橋班船轉
毛敬伯	肅庭	十六	江陰	三官鄉	江陰北門外小橋頭協順油號轉山北
周鳳輝	霞若	十六	無錫	盛巷第五十九號	同上
施之南	松庭	十六	無錫	萬安市施家宕	石塘灣新橋公司船轉萬安第十國民學校
陸垚容	之英	十六	無錫	天上市旺莊	寺頭轉
陸宗游	少南	十六	無錫	泰伯市大牆門	大牆門德和祥京貨號轉
孫榮越	茂青	十六	無錫	萬安市孫巷	南西漳毛裕大號轉通裕繭行
王人龍	敏文	十五	浙江紹興	寓無錫市連元街第七號	同上

現有學生表　一四

程文標	佩度	十五	無錫	推官牌樓下第一百三十五號	同上
邵文祥	逕吉	十五	無錫	東大街第一百十五號	同上
汪駿	軼千	十五	無錫	大河上第十號	同上
胡傑	卓爾	十五	無錫	新縣前下塘第十一號	同上
張錫甲	穀辰	十五	無錫	營橋巷第四號	同上
范欽明	咏陶	十五	無錫	連元街第八號	同上
范欽念	素臣	十四	無錫	連元街第八號	同上
薛學勤	慕旦	十四	青城市禮社鎮		同上

二年級甲組

姓名	字	年	籍	住址	通訊處
周龍章	伯新	十九	無錫	新安鄉周巷	方橋鎮朱厚生號轉
許作霖	國鈞	十九	無錫	青城市莊巷橋	玉祁轉
吳開基	肇昌	十九	無錫	青城市西安莊	洛社北新橋公司船寄管叙源槽坊轉

薛昌運	際颺	十八	無錫	青城市玉祁	玉祁薛鴻順號
錢應浦	季貞	十七	武進	新塘鄉周橋	周橋鎮濟生堂藥號轉
陳伯芳	士清	十七	無錫	青城市後曹	玉祁轉
周新之	豐民	十七	無錫	開原鄉周基頭	錢橋韓興盛號轉
王國珍	顯章	十六	無錫	富安鄉胡埭	胡埭楊長源號
嚴樹銘	國治	十六	無錫	書院衖嚴義昌洋鏡號	同上
糜承熙	丹軒	十六	無錫	青城市新橋	石塘灣新橋公司船轉
袁翔霄	仞千	十六	無錫	揚名鄉西園衖	西門外洪泰祥醬園轉袁阿梅班船
惠思九	慎菴	十六	無錫	新安鄉上浜	新安鎮順泰益記轉
孫　英	士良	十六	無錫	天上市旺莊	寺頭轉
韋翔鶴	鳴九	十六	無錫	青城市方巷	玉祁轉
馮浩祖	良玉	十六	無錫	揚名鄉馮巷	南門黃泥塂勝泉茶園轉
夏葆良	紹禹	十六	無錫	西門外棚下鼎盛米行	同上

現有學生表

唐鍾瑩	蘊中	十五	無錫	青城市玉祁	玉祁唐鼎豐永記
汪鏡清	明若	十五	無錫	富安鄉新瀆橋	同上
李　澄		十五	無錫	懷下市查家橋	查家橋生生堂藥號轉西談村
路秉森	叔穌	十五	無錫	天上市堰橋鎮東街	同上
劉　煒	養和	十五	無錫	青城市新橋	石塘灣新橋公司船轉
薛德威	鳳九	十五	無錫	萬安市洛社	洛社德生堂藥號
高鶴年	齡延	十五	無錫	開化鄉石塘	石塘淼昶恒苧蔴店
張德和		十五	無錫	揚名鄉張懷里	南門黃泥埄元茂米行轉
吳淞運		十五	無錫	西河里第廿二號	同上
朱南銓		十五	無錫	東山廟巷口朱德昌號	同上
張頌華	文晉	十五	無錫	大王廟弄右第一家	同上
吳廷銓	秉衡	十五	無錫	天上市新塘里	北門大橋下九大綢號轉
潘鍾元	兆榮	十五	浙江吳興南潯	寓無錫城內盛巷第四十二號	同上

翁懋齋	仲昂	十四	無錫	新安鄉翁巷	周新鎮隆昌號轉
江士鈞		十四	無錫	開化鄉石塘	同上
周太初	仰葛	十四	無錫	萬安市馬盤里	洛社周順隆肉莊轉
黃壽田	心耕	十四	無錫	泰伯市碩望橋	西門外棚下鼎盛米行轉
陳　淵	博泉	十四	無錫	富安鄉連杆	張舍轉
王　鏞	洪聲	十四	無錫	富安鄉西連杆	張舍轉
嚴有成	仲承	十四	無錫	東山山門內	同上
黨家良	宗模	十四	無錫	下塘街棋杆下	同上
陳翔雲	干青	十四	無錫	南門黃泥橋九餘絲廠	同上
余鴻鈞		十三	無錫	打鐵橋日升山房	同上
王蔚鑫	樂民	十三	無錫	東大街十二號	同上
過寶瑗	鏡寰	十三	無錫	崇安寺施弄內廿四號	同上
尤玉照	光豪	十三	無錫	道長巷廿一號	同上

周南墀		十三	無錫	推官牌樓無錫書局內	同上
孫保基	子植	十二	無錫	迎溪橋第三號	同上

二年級乙組

姓名	字	年	籍	住址	通訊處
吳士湘	浩清	十八	無錫	開原鄉仙蠡墩	西倉橋堍青雲樓茶店轉
虞崇榮		十七	無錫	揚名鄉青祈菴	黃泥埄添泰祥米行內
曹志廣		十七	江陰	寓無錫崇安寺琴雪軒	同上
穆耀星		十六	無錫	沈果巷二十九號	同上
徐圃生	植之	十六	無錫	揚名鄉徐家邊	北門外長安橋廣昌鐵號轉
張承祖	季振	十六	無錫	道長巷第二十三號	同上
韓鍾烈	成章	十六	無錫	胡橋南堍	同上
高蘭舫		十六	無錫	西河里七號	同上
邵鴻逵	志雲	十六	無錫	東大街第十二號	同上

鄧光泰		十六	無錫	新縣前第三十三號	同上
薛嘉生		十六	無錫	老縣前東鼓樓	同上
陳雲龍	鴻海	十五	無錫	北塘横浜口陳合茂米行	同上
宋啟誠	溪北	十五	無錫	西河里二十五號	同上
趙理卿	志傑	十五	無錫	新縣前大王廟衖內第二十一號	同上
單壽耆	祖海	十五	無錫	東大街第五十二號	同上
顧召麟		十五	無錫	天下市東北塘	西水關四號
陳慶和	鴻鈞	十五	無錫	石灰場第十六號	同上
吳榮泉	堯臣	十五	無錫	泰定橋下	同上
竇家樾	蔭臣	十五	無錫	水獺橋十二號	同上
王佐才	覲北	十五	無錫	眞應道巷十五號	同上
徐貞華	瑞初	十五	無錫	東大街第六十八號	同上
卜會偉		十五	無錫	西溪下卜第	同上

現有學生表

朱士嘉		十四	無錫	天下市樊雪橋	同上
王廷璋		十四	無錫	北門大橋堍下王正興洋貨店	同上
楊傳恩		十四	無錫	西門外櫓店街史宅	
秦福圻		十四	無錫	鎮巷第二十一號	同上
薛仁源	子淵	十四	無錫	書院弄第二十三號	同上
鄒良弼		十四	無錫	茅梓橋第二十一號	同上
楊傳琦	蘊石	十四	無錫	西大街第五號	同上
趙鵬遠		十四	無錫	泰定橋下吳尺木堂內	同上
蓋其輝	在鎔	十四	無錫	西門外壩橋下第二十三號	同上
蔡維城		十四	無錫	城北塘上濟陽女學校內	同上
王奉生	子希	十三	安徽黟縣	寓無錫姚八巷第二號	同上
陳貫一	淑均	十三	無錫	天上市北西漳	城內西河里第九號
吳曾燾		十三	無錫	西門外棉花巷第四十一號	同上

二〇

現有學生表

一年級甲組

姓名	字	年	籍	住址	通訊處
秦恩瑞	輯五	十三	無錫	三下塘第八號	同上
邵鴻猷	遂初	十三	無錫	東大街第十二號	同上
邵鴻錫		十三	無錫	城北小郲衖內	同上
徐冠傑		十三	無錫	天上市張村	城內西河里第二十六號
王鈺榮		十三	無錫	茅梓橋第一號	同上
趙鴻書	學歐	十三	無錫	眞應道巷第十號	同上
華振	渭臣	十三	無錫	縣下塘第二十五號	同上
朱宗圻		十三	無錫	駐驄橋第八號	同上
唐溥源	淵如	十三	無錫	石皮巷第二號	同上
秦壽鈞	南山	十二	無錫	新縣前第二十五號	同上
徐瑍		十二	無錫	倉橋下第二十號	同上

二

現有學生表

華汝梅	羹和	十八	無錫	景雲市堠暘	東亭恒泰布號轉
朱鶴山	松亭	十八	無錫	天上市麻歧	堰橋胡元吉轉
吳顯	志勤	十八	無錫	富安鄉閭江	雪堰橋松壽堂轉交
周企濂	月亭	十七	無錫	景雲市白堍橋	周涇巷車站轉
吳惠俊	雅泉	十七	無錫	景雲市吳蔣巷	伯瀆港復昌鴻槽坊轉
林以仁	栽心	十七	無錫	天下市大毛巷	陸典橋同德生藥號轉
滕熙	和卿	十六	無錫	南延市大坟上	甘露鎮日新恆京貨號轉
黃桂初	濱秋	十六	無錫	開化鄉黃巷	黃泥塍長興號轉周潭橋班交朱萬昌號
鮑瑾	少瑜	十六	無錫	開化鄉鮑家莊	南方泉正泰興木行轉
王月生	仲明	十六	無錫	富安鄉王家旦	張舍曹公泰轉
王傳寶	紹宗	十六	無錫	虹橋第十四號	書院弄第五號
顧翼元	鳳軒	十六	無錫	天上市後村里	北鄉長安橋轉
過文炯	允明	十六	無錫	天下市茅竹橋	東北塘廣泰祥藥號轉

二二

現有學生表

朱漢文		十六	無錫	開化鄉北莊	方橋沈源豐轉
張坤培	養浩	十六	無錫	富安鄉新瀆橋	同上
錢壽元	鶴旦	十六	無錫	同右	同右
錢篤卿	樸甫	十五	無錫	同右	同右
汪杲卿	樹圻	十五	無錫	書院衖第二號	同上
黃惠豐	芝泉	十五	無錫	景雲市吳蔣巷	伯瀆港復昌鴻槽坊轉
劉東清	祁甚	十五	無錫	新安鄉華大房莊	華大房莊乾生布號轉
周之德	寶慶	十五	無錫	新安鄉周巷	方橋朱厚生號轉
錢雲志	慕霄	十五	無錫	揚名鄉錢家弄	南門界涇橋魏祥泰肉店轉
侯傳受	組雲	十五	無錫	大河上下岸	同上
胡瑞興	吉甫	十五	無錫	天上市胡家渡	縣署東第十九號
張錫培	樹德	十五	無錫	新安鄉張住宅	新安鎮轉
華增榮		十五	無錫	青城市黃石街東街	前洲泰豐槽坊轉

現有學生表

袁祖德	紹奇	十四	無錫	揚名鄉張婆橋	南門同福昌繭行轉
陳德章	子奇	十四	無錫	開化鄉南方泉	南方泉陳興泰南貨號
劉壽銘	玉堂	十四	無錫	青城市新橋	石塘灣新橋公司船轉
俞祖德	善繼	十四	安徽婺源	寓無錫市棉花巷第十三號	同上
江鑑	平波	十四	安徽婺源	寓無錫市西門大街恆泰木行	同上
張銘		十四	無錫	開化鄉青橋頭	南方泉正泰興木行轉
陸輝儉	季榮	十四	無錫	天上市旺莊	寺頭轉
顧國柱	仰儒	十四	無錫	萬安市洛社東街	同上
顧自雄	卓夫	十四	無錫	開化鄉顧碼頭	方橋顧萬豐號轉
俞祥寶	文廣	十四	無錫	青城市楊家圩	北門外秦巷聚興號轉
趙際進		十四	無錫	大成巷第十號	同上
陳士賡	維新	十四	無錫	揚名鄉陳大巷	陸典橋同德生藥號轉
蔣梅芳	友鶴	十四	無錫	揚名鄉高車渡	同前

費夢麟		十三	無錫	景雲市薛家渡	南門清名橋劉大有南貨號轉
周大綱		十三	無錫	景雲市白埦橋	周涇巷車站轉
孫康越	挹青	十三	無錫	萬安市孫巷	南西漳毛裕大號轉潘葑通裕繭行
莊壽生	松年	十三	無錫	開化鄉南方泉	南方泉莊義昌肉莊
王世績	希賢	十三	無錫	大成巷第七號	同上
陳仲勳	福生	十三	無錫	青城市後曹	玉祁卞永興山貨行轉
袁增祥	迪新	十三	無錫	揚名鄉廟東巷	西門外鴻泰祥醬園轉
王樹聲	國振	十三	無錫	天下市長漕邨	東北塘李恆豐號轉
王汝舟	燕侯	十三	無錫	大成巷口	同上
施務本		十三	無錫	天上市張邨	同上
張光時	光才	十二	無錫	新安鄉前南張	南門清名橋龐濟壽藥號轉
錢寶鈞	國柄	十二	無錫	富安鄉新瀆橋	同上
蔣紹基	繼塤	十一	無錫	開原鄉河埒口	同上

現有學生表　二六

陳　渭	玉明	十一	無錫	映山河北	同上

一年級乙組

姓　名	字	年	籍	住　址	通訊處
許岳華	雲山	十七	無錫	鳳光橋第三十八號	同上
劉建業		十六	安徽懷寧	寓無錫市道長巷第二十八號	同上
余銘鎏		十六	無錫	懷下市嚴家橋	北門城脚鹽公棧間壁
王鳳墀	雲程	十六	無錫	眞應道巷第十四號	同上
王傳恆		十六	無錫	盛巷橋第六十九號	同上
謝光照		十六	無錫	天下市謝巷	北門大橋下灣巷普益大藥房
楊掄元		十六	無錫	書院衖第二十四號	同上
錢裕泉	鳳章	十六	無錫	新安鄉石基上	城內西河里黃石衖
章鳳岡		十五	無錫	東大街第一百零四號	同上
陳嘉栻		十五	無錫	塔坊橋第五號	同上

徐進立		十五	無錫	開原鄉大徐巷	內城脚序承橋第六號
吳振卿		十五	無錫	盛巷第十四號	同上
廉祖榮		十五	無錫	光復門外壽康里內	同上
朱慕周		十五	丹徒	寓無錫大市橋第七號	同上
吳其新	邦傑	十五	無錫	開化鄉吳巷	城內七尺場三號袁宅
楊穀元	樹滋	十五	無錫	懷下市嚴家橋	城內三皇街大虹霓橋第十號
師慶崧	維嶽	十五	直隷徐水	寓無錫老縣水警第二專署	同上
潘仁傑		十五	無錫	天下市八士橋潘巷	城內太平巷九號
婁仰離		十五	無錫	書院衖景鳳春號	同上
姚顯文		十五	無錫	柳浪橋第六十一號	同上
高耀辰		十五	無錫	青果巷許泰昌洋皮店	同上
唐世楷		十五	無錫	西水關第四號	同上
薛豐穀	西翰	十四	無錫	南延市甘露鎮	同上

現有學生表

李葆汝	叔濤	十四	無錫	西横街十號	同上
莊　惠	爾君	十四	無錫	萬安市石塘灣五村里	西門外棉花巷執厂書集
劉建德		十四	安徽懷寧	寓無錫市道長巷第二十八號	同上
丁慰望		十四	無錫	北門外長安橋第十八號	同上
祝永錫	爾棠	十四	無錫	大成巷第一號	同上
盛積慶	節卿	十四	無錫	萬安市石塘盛灣巷	中市橋巷第二號
祝永康		十四	無錫	大王廟街第七號	同上
楊景燓		十四	無錫	大成巷第十一號	同上
過　更		十三	無錫	天下市茅竹橋	城內眞應道巷第二家
吳駿良	家和	十三	無錫	西河里第三十二號	同上
陳秉鈞		十三	無錫	青寧巷	同上
高兆駿	俊千	十三	無錫	虹霓橋第四號	同上
秦儼莊	振寰	十三	無錫	倉橋下第十四號	同上

尤士根		十三	無錫	揚名鄉小潘巷	大市橋青果巷中區第三十四號
楊文熙	緝之	十三	無錫	大成巷第十六號	同上
過南山		十三	無錫	映山河第五號	同上
蕭　湧		十三	無錫	開化鄉南方泉	北門外至善堂內
許鶴齡		十三	無錫	北門外灣巷普益藥水店	同上
王錫祥	國禎	十三	無錫	水獺橋新街巷第九號	同上
徐秀舫		十三	無錫	北門城腳鹽公棧間壁	同上
薛浦育	樸安	十三	無錫	老縣前東鼓樓	同上
徐　璠	省菴	十二	無錫	倉橋下第二十九號	同上
聞奎林	廷棟	十二	無錫	西鼓樓第十號	同上
王汝霖		十二	無錫	泰定橋第十六號	同上
徐孟慧		十二	無錫	天上市張村	北門外長安橋橫街第三十一號
張承基		十二	無錫	盛巷第三十九號	同上

現有學生表　一九

李寶彝	頌藩	十二	無錫	開化鄉薛鐵巷	本城漢昌路第九號
朱廷棟		十二	無錫	南市橋孤老院巷第四號	同上
李乾元		十二	無錫	倉浜街第三十三號	同上

二年級甲組學生補遺

姓名	字	年	籍	住址	通訊處
劉壽錡	文錦	十五	無錫	青城市新橋	石塘灣新橋公司船轉

市鄉就學學生數比較表

市	人數	鄉	人數
無錫市	一〇三	懷下市	三
天上市	一二	富安鄉	一一
天下市	八	開原鄉	四
青城市	一四	揚名鄉	一三
萬安市	一一	開化鄉	一三
泰伯市	二	新安鄉	一三
南延市	二	北上鄉	
景雲市	六	北下鄉	
懷上市		外籍	一二
總計		二二七	

各級學生保護人職業統計表

學級＼職業	學	農	工	商	政	軍警	律師	醫生	雜業	家居	總數
三年級	一	一〇		一一	三				三	三	三一
二年級甲	三	一二	一	一九	二		一		二	四	四五
二年級乙	三	一		一三	三	一	二		二	一二	四六
一年級甲	三	一四		一二	一	一	一	三	三	五	五三
一年級乙	一	二	一	三〇		二		一	三	一二	五二
統計	一一	三九	二	一〇四	九	四	四	四	一三	三六	二二七

歷屆畢業生一覽表

姓名	字	年	籍	住址	現在狀況
第一屆畢業生（光緒三十四年戊申）					
王傳森					已故
徐啟文	采丞	二十七	無錫	開原鄉大徐巷	在上海魯亨洋行經理營業事務
周國庠			無錫		鄒成泰碾米公司執事
王福庚	小白		無錫	小河上	家居
陶鼎輔	小韓	二十四	無錫	北門外江陰巷	恒源生號司帳
龐家熙			無錫		家居
楊景熙	邃淵		無錫	大成巷第十一號	家居
楊志鴻			無錫		已故
第二屆畢業生（宣統元年己酉）					
王汝昌	翰仙		無錫	大成巷	肄業北京大學校

歷屆畢業生一覽表　二

陳俊三			無錫		
寶鴻德				鳳光橋	泰伯市立國民學校教員
賈　鈞	補袞		無錫		家居
顧振華	鑑清		無錫	中市橋第十六號	桃塢中學教員
鄭寶琛	素園		無錫	日輝巷第八號	家居
方錫珍			無錫		已故
秦深源			無錫	縣下塘	
楊景賑	愚農	二十五	無錫	大成巷第十一號	唐山警察局教練官兼郵件調查員
陸建恒	子久	二十三	無錫	開化鄉吳塘門	肄業大同學院
楊賡械			無錫	留芳聲巷	家居
王祖槐	樹三	二十三	無錫	外黃泥橋	上海商業儲蓄總銀行司事
汪禧成			無錫	書院衖	肄業交通部上海工業專門學校
華楚書			無錫		肄業湖南雅禮大學校

第三屆畢業生（宣統二年庚戌）

李葆璋			無錫		新國民報經理
許建烈			無錫		家居
顧憲曾			無錫		
蔣壽堂			無錫		開原鄉第一國民學校校長
戴炳奎			無錫		家居
范學潞	景文	二十七	無錫	新縣前東鄧宅內	積餘學校教員
王汝麟			無錫		已故
秦慶鈞	吉雲	二十四	無錫	新縣前東二十五號	海軍雷電學校學員
陸樊鈞	理臣	二十三	無錫	崇安寺前清寧巷口	肄業北京清華學校
陸鴻闓	繼瑞	二十七	無錫	縣下塘第五號	私立正蒙國民學校校長

第四屆畢業生（宣統三年辛亥）

張開圻	靖遠	二十三	無錫	水獺橋三號門牌	肄業南京高等師範學校

歷屆畢業生一覽表　四

嚴繼元	寄園		無錫	懷上市寨門	縣立第五高等小學校教員
賈念曾	季方		無錫	富安鄉張舍里	肄業北京大學
衛培錦			無錫	堰橋	肄業上海大同學院
范壽康	谷泉	二十一	無錫	北塘張成巷東十八號門牌	肄業交通部上海工業專門學校
薛季文			無錫	西溪下	北京國立醫肄業
王鏡民	暐如	二十一	無錫	泰定橋	肄業交通部上海工業專門學校
施道周	復候	二十三	無錫	稅務前	肄業南京高等師範學校
周根		二十五	無錫	揚名鄉南橋	公平洋行賬房
俞德培	勗成	二十三	無錫	留郎橋博濟醫室	漢口中孚銀行助理員
俞厚培	載凡	二十三	無錫	同右	肄業日本東京文補習學校

第五屆畢業生（民國元年）

惠國南	綬方	二十四	無錫	揚名鄉惠家灣	縣立第三高等小學校教員
王紹潞			無錫		肄業省立醫學學校

楊光駿			無錫		肄業省立第二工業學校
周鏡宇			無錫	觀前街	外科醫生
周福臻			無錫	大成巷第十一號	家居
張忠駿			無錫		
朱昌運			無錫	水獺橋南	
楊贊勳	翔青	二十三	無錫	大成巷第十一號	肄業北京法政學校

第六屆畢業生(民國二年七月)

薛祁康	望生	二十	無錫	裏黃泥橋	肄業北京清華學校
余誠模	仲範	二十一	無錫	東亭鎮	肄業河海工程專門學校
王志瀅	涵秋	二十二	無錫	江陰巷內第四十二號	滬甯鐵路丹陽車站學習站長
張元齋				東大街	肄業交通部上海工業專門學校
孫鳳梧		二十三	無錫	石塘灣敦彜堂	肄業河海工程專門學校
邵鴻毅	貫遠	二十三	無錫	大橋街小郲街	滬甯鐵路候補電報生

顧允恭	執中	二十一	無錫	大成巷第七號	肄業省立第三師範學校
李國章	國章		無錫	東大街六十三號	青城市第十一校分校校長
孫鍾英			無錫		肄業大同學校
秦　滌	澄伯	二十	無錫	富安鄉張舍	肄業上海文生氏英文學校
朱炳棠			無錫	北門內麗和金珠店內	肄業交通部上海工業專門學校
蔣敏脩			無錫		富安鄉第十國民學校教員
王振漢		二十三	無錫	揚名鄉經成灣	揚名鄉第四國民學校教員
周懋勛			無錫		吳縣郵政局司事
施鍾穎			無錫		肄業南菁中學校
朱宗堯			無錫	西河里	家居

第七屆畢業生（民國三年七月）

王　勣	彙茹	二十一	無錫	大成巷第十四號	肄業交通部上海工業專門學校
江應麟	競生	二十	無錫	縣下塘	同右

歷屆畢業生一覽表 七

陳祖康	述淵	十九	無錫	昇平巷口	肄業省立第一農業學校
李寶常	卓斯	二十一	吳縣	本城後西溪第八號	
李寶同	日補	二十二	吳縣	同右	在蘇學醫
秦　壎			無錫		肄業省立第一農業學校
蔡如松	病俠	二十	無錫	蘇州西倉	安徽省署書記
鄒紀康	福麟	二十一	無錫	北門外江尖第十六號鄒成泰礱米廠司事	
陸禹錫			無錫		
陳孟超			無錫		
秦　堉			無錫		肄業省立第三師範學校
趙蔭棠			無錫		
周鴻年			無錫	西溪下	肄業南菁中學校
周宗杰			無錫	大河上	
王錫圭	少山	十九	無錫	揚名鄉王氏坊	肄業省立第一農業學校

歷屆畢業生一覽表　八

趙毓鎣			無錫		揚名鄉第四國民學校教員
莊蔭棠	鳳清	十九	無錫	南門外南長街四十五號	肄業省立第一商業學校
顧毓曾	孟周	十九	無錫	虹橋灣第六號	肄業交通部上海工業專門學校
王懋中	志道	二十一	無錫	揚名鄉王氏坊	肄業南通紡織專門學校
第八屆畢業生（民國四年七月）					
龔斗華	文緯	二十	無錫	藕塘橋龔巷	私塾教師
王世鴻			無錫	鳳光橋	肄業天津工業專門學校
孫秉鈞		十八	無錫	石塘灣文徵堂	肄業南洋中學校
朱振邦	鍾岳	十八	無錫	北門興隆橋第四號	肄業南菁中學校
楊祖植	叔藝	十八	無錫	北門興隆橋楊保業堂	肄業交通部上海工業專門學校
劉時雨	化南	十九	無錫	書院衖	肄業天津工業專門學校
陳祖武	繩祖	十八	無錫	二下塘十三號	肄業省立第一商業學校
龔祥霖			無錫	小婁巷	肄業大同學院

唐增源	君遠	十八	無錫	中市橋	肄業交通部上海工商專門學校
鄭蔭泉					
李慰祖	希曾	十八	無錫	書院衖口	萬安市第九國民學校教員
俞敦培		十九	無錫	柳浪橋博濟醫室	肄業同濟醫工學校
程鼎圻	景圻	十九	無錫		肄業山東烟台海軍學校
鄒鵬運	翼溟	二十	無錫	茅梓橋第十號	肄業上海大同學院
鄒景衡		十八	無錫	泰伯市后宅	肄業南菁中學校
徐漢臣		二十一	無錫	竹場巷保興當	肄業大同學院
胡養正					
楊　鈺					肄業南菁中學校
王傳勛			無錫		已故
高宏勛			無錫		肄業交通部上海工業專門學校
徐祖蔭					已故

歷屆畢業生一覽表

一〇

朱宗海	振滄	十八	無錫	石皮橋第八號	肄業德文醫工大學校
秦宗潞	景彥	二十	無錫	南門虹橋下	肄業南菁中學
薛仁澤	恩孚	十九	無錫	書院衖第五號	萬安第四國民學校教員
王世偉	厂俠	十九	無錫	連元街	肄業交通部上海工業專門學校
裘維平			無錫	岸橋衖	同右
孫鍾堯	企唐	十七	無錫	打鐵橋巷	肄業上海震旦學院

第九屆畢業生（民國五年七月）

孟邦嘗	道腴	二十	無錫	天下市嚴埭	宜興雙橋習醫
張邦彥	企聖	二十	無錫	開原鄉藕塘橋大張巷	肄業南菁中學校
許師衡		十九	無錫	懷下市席棋許巷	肄業交通部上海工業專門學校
楊錫麟	頌仁	二十	無錫	萬安市禮社	肄業南菁中學校
嚴浩	養吾	十九	無錫	天上市龍塘岸	肄業省立第三師範學校
鄭粟良	雨人	二十	無錫	城外小三里橋	源豐酒行司事

錢應元	叔貞	十九	武進	新塘鄉周橋鎮	已故
王羲元	子貞	十九	無錫	開化鄉南方泉	習商
陳有章	斐士	十九	無錫	胡埭鎮	肄業大同學院
竇鳳藻	耀文	十八	無錫	城內中市橋竇桂香倉廳	
榮晋昌	君熾	二十一	無錫	開原鄉大徐巷	北塘茂新麵粉批發處經理門銷
段盈科	進之	十八	武進	新塘鄉潘家橋	肄業交通部上海工業專門學校
顧樹業	子勤	二十	無錫	青城市石幢鎮	肄業南菁中學校
王煥道	翼南	十九	無錫	眞應道巷第十五號	肄業南菁中學校
沈鼎成	丹銘	十九	無錫	藕塘橋黃泥壩	私塾教員
秦彥釗	仲穆	十九	無錫	南門虹橋下	肄業省立第五中學校
袁祖華	紹文	二十	無錫	揚名鄉張婆橋	肄業上海文生氏英文學校
李祖培	少鼎	十八	無錫	打鐵橋南永泰昌號	老竇成金號學業
王祖聰	壽仲	二十	無錫	城內大城巷口第七號	自修

歷屆畢業生一覽表

尤學周	聖從	二十	無錫	天上市堰橋	
黃競生	勤森	十八	無錫	倉橋下尤悅和鐘表店對門	肄業省立第五中學校
陶式行	楚白	二十一	無錫	北門江陰巷內	達源錢莊學業
秦祖蔭		二十	無錫	開原鄉大徐巷	家居
王繼善	冠儕	十七	無錫	大成巷第十四號	肄業交通部上海工業專門學校
吳鴻鼎	壽銘	十七	無錫	書院衖華義隆號內	肄業南菁中學校
袁祖裕	紹芝	十七	無錫	揚名鄉張婆橋	肄業上海文生氏英文學校
孫保眞	誠哉	二十	無錫	萬安市石塘灣久徵堂已故	
朱慶三	載颺	二十	無錫	懷下市查家橋	
徐旭高	竹園	十七	無錫	打鐵橋下第一百三十五號	無錫交通銀行行員
洪錫章	桐蓀	十八	無錫	富安鄉張舍裡	
許榮泉	道淵	十八	無錫	開原鄉蔣巷	
顧壽成	受臣	十九	無錫	希道院巷第二號	肄業南菁中學校

二三

陸竹安	灑候	十八	無錫	城內小河上	
薛兆福			無錫	城內錦樹里第四號	肄業南洋中學校
陶曜基	季常	十八	無錫	江陰巷第一百六十三號	肄業交通部上海工業專門學校
秦家植	仲康	十七	無錫	盛巷橋第十四號	肄業南菁中學校
徐浩翔	鳳飛	十八	無錫	開原鄉大徐巷	自修
奚光華	鑑初	十九	無錫	大市橋垂露齋筆店	
徐立元	建侯	十六	無錫	打鐵橋第一百三十五號	
范欽符	瑞九	十八	無錫	連元街第八號	肄業省立第五中學校
廉敬棠	仲華	十八	無錫	蔴餅沿河裕泰米行對門	習商
王錫綬	仲若	十七	無錫	揚名鄉王氏坊	肄業南菁中學校
王汝康	安伯	十八	無錫	大平橋第十六號	習商
楊文煥	然新	十八	無錫	大成巷第十六號	自修
周炳榮	拯漢		無錫	寺前街第二十七號	

歷屆畢業生一覽表

華壽奎		十七	無錫	長安橋民化醫局	肄業上海聖約翰大學校
嚴少蘭		十八	無錫	倉浜衖第三十號	習商
鄒世忠	幹良	十九	無錫	西河里第二十八號	
徐宅揆	作平	十九	無錫	大成巷第十二號	肄業蘇州桃塢中學校
袁心希	蔭昌	十八	無錫	江陰巷內牛師衖第一號	
陶炳南	鼎鉉	十八	無錫	江陰巷第一百五十八號	肄業浙江寧波工業學校
朱士俊	育良	十八	無錫		肄業南菁中學校
徐德	潤之	十七	無錫	推官牌樓北第三十五號	習商
嚴昌祐		十八	無錫		
錢叙福	頌霞	十九	無錫	懷下市查家橋	
周鳳標	少卿	十九	無錫	盛巷	習商
俞培福	卓初	十九	無錫	盛巷橋南	肄業南菁中學校
吳祿保	佑之	十七	無錫	新北門內安仁巷	

高龍保	瑞芝	十九	無錫	西門外	
陸　豐	士鈞	十八	無錫	寺頭鎮旺莊	
沈廷培	文俊	二十	無錫	茅梓橋第二號	
江祥麟			無錫	打鐵橋松茂祥	習商
朱士英	子點	十七	無錫	藕塘橋徐塘灣	肄業大同學院
莫紹昌		十七	無錫	大婁巷第十六號	
胡國鈞	宰年	十八	無錫	開原鄉藕塘橋	習商
范欽瑞	勳成	十八	無錫	連元街第八號	就商

第十屆畢業生(民國六年七月)

吳邦傑	卓然	十九	無錫	新安鄉毛巷	肄業省立第二工業學校
周啟賢	紹昌	十八	無錫	新安鄉毛坟橋	肄業省立第五中學校
謝雲駿	驥德	十六	江陰	江陰月城橋下塘	肄業省立第三師範學校
孫幹越	勵青	十八	無錫	蕩安市孫巷	習商

歷屆畢業生一覽表

唐鳴鳳	竹君	十七	無錫	書院衖口唐順興銅錫號內	肄業蘇州萃英中學校
莫時昇	樹聲	十八	無錫	大婁巷	習商
邵鴻遇	雁秋	十六	無錫	小鄉衖第三號	自修
鄒峻德	克明	十八	無錫	昇平巷第四號	肄業省立第五中學校
謝萬鎰	介夫	二十	無錫	新安鄉謝巷	肄業省立第二農業學校
王傳魯	景輿	十八	無錫	連元街第十三號	同右
薛仁溥	博泉	十八	無錫	書院衖第五號	習商
沈念禹	治平	十七	無錫	承賢橋第三十號	習醫
沈祖琦	維民	十七	無錫	睦新坊巷第七號	肄業上海承天英華學校
錢重慶	子厚	十五	無錫	富安鄉新瀆橋	肄業省立第五中學校
王　增	益齋	十七	無錫	開化鄉南方泉	肄業省立第二工業學校
王煥綸	岳西	十六	無錫	真應道巷第十五號	自修
王傳賢	景武	十八	無錫	連元街第十三號	肄業上海圖畫美術學院

一六

顧時杰	俊庵	十五	無錫	百歲坊巷十一號	肄業上海承天英華學校
蓋其新	永銘	十六	無錫	西門外壩橋下第二十三號	肄業東吳大學校
秦冕鈞	錦堂	十四	無錫	新縣前第二十五號	肄業省立水產學校
張藩圻	靜庵	十六	無錫	水獺橋第三號	肄業寧波甲種實業學校
莊　正	孟浩	十五	無錫	開化鄉南方泉	自修
翁鑑齋		十七	無錫	新安鄉翁巷	肄業省立第二農業學校
陳鳳瀚	丹書	十七	無錫	寺後門第二十一號	習醫

畢業生狀況統計表

升學	大學	三	一〇〇
	師範	六	
	專門	三一	
	實業	一六	
	中學	四四	
執業	中小學校教員	十三	四七
	私塾教員	二	
	習商	二一	
	習醫	五	
	政界	二	
	報界	一	
	鐵路	二	
	郵政	一	
家居			一六
已故			九
未及調查			三一
總計			二〇三

歷屆畢業生國文成績選錄

漢武帝征討匈奴論

第一屆畢業試驗
國文科第一名　王傳森

自來大有爲之君必有過人之才又必有過人之識才與識合然後得以成非常之事偉大之業也余嘗讀漢史至武帝征匈奴論者皆以窮兵黷武爲漢武之罪余未敢以爲信也夫匈奴者蠻夷之國也陰懷異志睥睨中國久矣高祖時致有白登之圍且與之和親其勢可謂盛矣迨及文景克遵帝業與民休息不暇顧匈奴於是匈奴益橫行無忌輕視中國苟此時無漢武以折其燄則漢室之天下未必不爲蠻夷之天下漢室宗廟社稷之靈未必不汙於夷狄也豈不危哉幸而有武帝出焉怒匈奴之殘暴惡匈奴之無禮乃興問罪之師以征討之匈奴於是始知中國有人弭耳震魄終武帝之世不敢再擾我中國者非漢武之力曷克臻此嗚呼若漢武其人討蠻夷征戎狄以保全中國可見其才與識均非常人所能及超出於尋常萬萬也豈得以窮兵黷武而責備之哉我中國今日土地割矣主權失矣無一而非敵國外患處此危險之地苟有一非常之君若漢武其人者以折外人之銳氣則庶乎其可也

歸功武帝樹義正大出筆亦簡潔可觀

歷屆畢業生國文成績選錄

一

歷屆畢業生國文成績選錄

漢武帝置五經博士論

二　第二屆畢業試驗國文科第一名　王汝昌

古之治天下者必先重經學經學者尊重聖教推崇儒術治國之基也苟不重儒何能化民而取士乎余讀史至西漢至武帝置五經博士未嘗不嘆武帝之有功於儒教也當秦之世經術詩書變爲灰燼毀敗已甚又厄於楚漢之紛爭至惠帝始除挾書之禁文又重刑名之學而不重儒卒無興復經術者武帝出而重經訓並爲之置博士於是賢者並起接踵相望而聖道之精奥闡發無遺然後天下後世知聖道之洪大而排斥異端武帝非善發先聖之精蘊者歟夫聖人之道吾人不可得而見皆詳於五經不重五經則聖人之道無自而見是棄聖人之道也棄聖人之道而欲天下治猶濁源而揚流斧根而溉葉也其可得乎秦焚詩書五經悖棄先王之道而望天下傳至萬世僅二世而亡武帝鑒之知經術不可不重聖道不可不法故置五經博士以重儒術則開炎漢四百年之基業者非以此歟中夏所以至今爲文化之國者非以此歟秦火以後五經詩書復得見於後世者非武帝爲之歟武帝有功於儒家豈淺鮮哉苟武帝不重經學歷時既久天下後世將不知經學爲何物而聖人之道將湮沒而不可復識矣即有推崇儒術者將何自而採取乎吾於是知武帝之置五經博士爲至大之功也厥後光武諸帝

好賢崇儒致國治民安亦武帝崇儒好學開其端也

議論純正出筆清超

齊侯封卽墨大夫烹阿大夫論

第三屆畢業試驗國文科第一名 李葆璋

世無伯樂則騏驥遭困而駑馬重用世無卞和則夜光失貴而碔砆稱珍齊無威王則卽墨大夫將以忠厚而受誅阿大夫將以奸佞而受賞是故人君無知人之明而信宵小之言則奸佞之徒將盈於廷忠厚之士盡棄於野矣嗚呼若威王者可謂深知人臣之善惡明於賞罰之英主矣夫卽墨大夫不曠其官不廢其業使田野開闢且不媚君之左右以至謗毀之言不絕於耳此其應賞者也阿大夫曠其官廢其業田野荒蕪但媚君之左右以爲之譽言以求君之寵此其應罰者也然使其時不遇威王之英明而遇庸庸之君則鮮有不信左右宵小之言而使卽墨大夫受斧鉞之誅阿大夫受萬戶之賞忠臣義士將負戟而長嘆奸佞之徒將爭事王之左右而重賂之可以受榮名而得上賞矣如此則天下烏能有循吏哉傳曰刑罰不中則民無所措手足若威王於斯時而刑罰不中則齊國之敗亡可立而待也幸威王有知人之明不惑宵小之言刑罰得中齊國大治强於天下此威王之功也嗚呼後世人君其於賞罰之道可不

憤哉

用意清晰出筆穩妥

湯武革命論

第四屆畢業試驗國文科第一名　賈念曾

君者所以治民者也是故為人君而德日新則天下被其澤而萬邦維懷若德不能日新而反作威作福暴虐下民則以天下為己任者起而放伐之可也觀於湯武之革命可以知之矣夫當夏商之季人君暴虐已甚龍逢見殺終古出奔囚成湯於夏臺寵妹喜於瓊室桀之昏德也焚炙忠良刳剔孕婦斮朝涉之脛剖比干之心紂之昏德也嗚呼桀紂之暴虐何若是其甚耶當此之時苟無人出而放伐之固不足以除天下之禍然則湯之放桀於南巢所以輯寧爾家邦解民於倒懸也武之伐紂於牧野亦以除暴戡亂救民於塗炭也嗚呼前輩後輩遭時有異先聖後聖其揆則一宜湯武之並稱也使湯武目覩桀紂之暴而不為天下起弔民伐罪之師則夏商之民陷於水火之中誰能出而登之衽席哉是故湯武之革命為天下計非為一身計也惟其為天下計故天人許之四海歸之也孟子曰民為貴社稷次之君為輕湯放桀武王伐紂其有合焉或者曰桀紂雖暴固夏商之天子也大夫不得上陵諸侯諸侯不得上陵天子此

固古今之大防而紀綱不容或紊者也湯武豈得放伐之哉吁此乃耳食之談非通達之論也蓋四海歸之則爲天子天下叛之則爲獨夫撫我則我后虐我則我仇今桀紂賊仁害義傷敗彝倫上怒於天下怨於民固書之所謂仇而孟子之所謂獨夫也既爲我仇又爲獨夫何不可放伐之有雖然有湯武之心然後可以爲湯武之事若無湯武之實而以湯武爲藉口者固不免爲新莽曹魏之流也

疏密相間舒卷自如後路尤勝

人民宜注重實利以力求富國說

第五屆畢業試驗國文科第一名　惠國南

國之強弱存亡人民貧富爲之也判斷人民之貧富者則又在乎實利之興廢實利興則民富而國亦富實利貧則民貧而國亦貧故欲富其國者必先富其民欲富其民者必先注重實利而後可夫吾國苟欲實利發達亦不難也以我國之文明言之則農工商開闢已久以我國民之性質言之則勤儉耐勞精細巧思久已卓著以我國之天產言之則長江黃河流於國中濱江河之地土厚水深最可樹物且五金之鑛分布國中環球各國無一足與我較然終不免於貧者蓋我國之民不知注重實利故雖物產之豐五金之多不能製造亦不開採是以我國之

鑛反為外人開採之且外人取我物產製造物品售於我國收取其利吸我資財以我國之物貿我國之利故土貨消滯洋貨輸入而我國之利權盡入外人之手為今之計莫善於獎勵實利勸導國民多設工廠從事製造從事開採以我國現有之天產製自用之貨減輸出之金他日精益求精復以固有之天產製外人合用之貨增輸入之金以抵制外貨不至利權外溢則我中國烏有不富者哉

議論明通出筆暢達

泰西列邦注重工商路鑛武備而國以富强其所以富强者果專恃此數者歟抑更有立國之本歟試推論之

第六屆畢業試驗國文科第一名　王志澄

今試問西國何以富鮮不曰富以工也商也鐵路也鑛產也又試問西國何以强鮮不曰强以兵力也鎗炮也鐵艦也雖然流也非源也末也非本也其本維何民智民德民力是已夫英之盛也由於維多利亞之開通民智美之興也由於華盛頓之培養民德法之强也由於維廉之厚植民力西國近百年來於智育德育體育三者講求不遺餘力小學之中咸注重體操西官教武備學生首崇忠義廉恥英大儒斯賓塞以練體力濬智慧勵德行為教育之綱故其國民

多公共之心少乖戾之氣有果行之力無懦弱之性以之爲工則製造精以之爲商則貿易善以之爲兵則武力強以之開鑛築路則交通便大利興人見其國之富强也以爲注重工商路鑛武備之所致而不知其立國之本源固別有在也不然我國自與外人交通以來步武西法振興工商開闢路鑛講求武備已數十年於茲矣而工藝之窳敗如故商務之不振如故武備之廢弛如故至於路鑛則多爲外人所承造所開採權利之喪失反甚於故非惟不能收富强之效國勢且日趨於貧弱者何哉蓋千古無不弊之法有不弊之人我國民氣浮躁民俗澆漓民心渙散在上者不謀維持補救之方而惟工商路鑛之是務本之不立枝葉焉茂宜其法愈變而民愈貧政愈繁而國愈弱也然則將奈何曰亦惟反其本而已矣反本之道在乎立名教正人心誠能謹庠序之教申之以孝弟忠信之義將見正學昌明而民智開學道愛人而民德厚見義勇爲而民力強而後工商武備諸事可以次第修舉若是則國不求富而自富兵不求强而自强矣何憂乎貧弱何畏乎泰西

謂西國富強本乎三育至理名言包掃一切其識力自高人一等至證引詳明筆氣酣鬯猶其餘事

歷屆畢業生國文成績選錄

八

游無錫圖書館記

第七屆畢業試驗國文科第一名 蔡如松

匹夫而爲百世師，一言而爲天下法，此非學者盡人願之乎？抑其所以致之者何道也？曰博學而已矣。然欲博學，則必窮天下之書，殫心研究，而後可以有爲也。載籍繁博，而欲以一人之貲力盡得之，勢固有所不能，此圖書館之所以不可缺與。吾邑圖書館，故爲三清殿舊址。歲在甲寅五月四日，余師錢子泉先生率余級同學十九人往觀焉。館前有廣場，上下共五層，上額圖書館三字，爲俞復書。復負書名。入門室三楹，作正形方。拾級而上，第二層室形如前，惟外周以廊，圍以鐵欄。再上爲藏書樓，有書盈萬册，經史粗備。其上爲鐘樓，所以正時也。巔爲瞭望臺，登覽之頃，萬象森列，九龍崔崒，五湖汪洋，余未嘗不心怦怦然有動于中。見阡陌之縱横，麥隴如雲，曰吾國自古以農業國稱，必思有以擴之；觀絲廠之羅列，鐵路之蜿蜒，曰吾國工商業不振，必思有以振之。觸類而思，不一而足。于斯時也，暮光四合，若有類余懷之沈沈有思者，余不覺悄然而歸。

起筆有九龍崔崒之勢，序述亦翔賅明潔，後段以實業振興爲念，而不爲五湖汪洋，獨以納須彌於芥子神通出之，運思用筆，迥不猶人，知於古文深造有得，此文極爲合作。

問昔人謂文字之蘄有進步要必以多讀多看多做爲原則諸生好學深思頗亦不乏其人然平日佔誦匪不精勤而作文之進步者卒鮮豈讀文一端故與作不相關歟抑讀之未得其道歟此後從事多看或者少資桑榆之收歟諸生畢業在即宜如何痛自懲毖深究所以然之理及其補救之道異日循途自脩或者馴致於進步歟試各舉所知以對

第八屆畢業試驗
國文科第一名　王世鴻

文字者。上極千古。下通萬世。不以時間也。縱彌六合。橫絕八方。不以境限也。是故文字者。探懷而攄情。無不宜。觸緒而生理。無不賅。然則吾人圓顱方趾。亦既靦焉斯世。安可不學文哉。學之則奈何。要必以多讀多做多看爲第一要義矣。夫氣者。文之所運。文者。氣之所形。氣藉文而表。宜文憑氣以融流。此文之所由作也。然文不可以學而能。氣可以養而致。孟子之廉悍。史遷之古健。皆養氣之功也。欲文之功。必先養氣。氣既充然沛然。鬱積於中。而勃發於外。則文不求工。而自工。此作之所以必先讀。讀必以熟爲度也。蓋讀也者。所以自理吾氣。蘄與古人之氣相符合也。雖然讀固能融化古人之氣。爲吾氣而自抒其意志矣。然猶不可無看以濟之。夫看者所以體會古人立言之旨。文字結構之奇。而古人之句法。往往又各極其妙。其中有雄健者。有古樸者有佶屈聱牙者取之無盡挹注不窮是則神而明之存乎其人而已然吾儕平日佔誦匪不精勤而文字卒無進步可言者何哉要亦由於文之未能熟讀深思涵詠而自有得耳今畢業在即安可不懲前毖後痛自刻厲謀所以補救之道爲異日循途自脩亡羊補牢計乎夫爲學貴於有恒孔子曰南人有言人而無恒不可作巫醫此古人之所孜孜爲後生戒也設見異則思遷一暴而十寒則終其身無所成矣故吾儕之所謂讀也看也務須貫注精神虛心涵泳審察之明辨之積字成句積句成章古人刻意經營豈自草草不輕易放過一字思之思之鬼神通之久之乃能窺其堂奧得其精蘊也董仲舒目不窺園楊龜山肘不離案是皆名世大儒行可爲後人則者也吾願斅哲人之所爲懲南人之有言或者稍幾進步於萬一歟書曰知之非艱行之維艱人非不知之爲難知行合一之爲難不佞不敏願與同學共勉之

我國文字至爲艱深非多讀多作不能窺其門徑諸生入校以來於讀作兩項似已勤加探討然國文成績斐然可觀者寥寥無幾豈時間之不足歟抑用心之不專歟試各將其受病之處詳言之無隱

第九屆畢業試驗甲組國文科第一名　孫葆眞

上下五千年縱橫九萬里統古今中外而莫能廢者其惟文字乎我國文字創自羲聖典謨訓

誥興於唐虞三代諸子百家隆于周秦兩漢自是以後文體浸弱至于魏晉宋齊梁隋駢儷盛行尊尚文藻唐昌黎出而文體爲之一變宋興歐陽曾王之徒崇奉韓公爲不遷之宗自元明至清作者迭起別啟塗軌此又習俗趨嚮之一變已士生今日而欲窺古人著作之林其門徑之多且繁有不易辨別者然而我既入學讀書于古今人之詩賦碑誌箴銘頌論奏說諸體豈可涉焉不詳終身爲門外漢乎欲考其源流追其派別非多讀多作不可讀也者所以昌其氣韓文公謂氣盛則言之長短與聲之高下皆宜李習之謂義深意遠理辨氣厚則辭盛而文昌文章之重氣也如此故善讀者聽其聲調之抑揚頓挫緩急疾徐與作者當日之神情如相符合蓋朗誦以揚其氣低吟以靜其氣務使能由氣而會其神以及其辭與法庶幾體會入微于作文之道思過半矣是讀文實作文之先導也初學作文者首在命意凡一題到手必先知其注重之處譬之連山千里必有主峯匯水百川必有正派由此着想命意既高不落尋常科臼次修辭彼辭不達意者皆不善修辭之過也修辭之道在質而不枯華而不縟輕而不浮重而不滯淺而不俗深而不晦此其大較也然作一題必分清前後反正諸層次然後舉其平日所心得者句斟字酌而出之則其文無有不工者雖然能讀矣能作矣設一暴十寒筆機總不能

純熟必也選擇古人之名作爛熟于胸至作文時方有振筆疾書之樂古人有言文入妙來無過熟又曰熟能生巧是多讀多作乃可蘄文字之進步古人之言豈欺我哉生來竢校已三年于茲于讀文之時必專心致志有一篇之未熟必背誦之而後已遇作文之期則聚精會神有一字之未妥必脩改之而後已宜乎國文成績稍稍出人頭地矣至今日而罅漏百出毫無進步者何哉豈時間之不足歟則課餘之自脩星期之補習此他校所無而我校所獨有者論其時不爲不足矣謂用心之不專歟則聽講也未嘗紛心操觚也未敢率意此他人所不能而我獨能行之論其心不爲不專矣然而他科成績間有可觀者惟國文則因陋就簡求其能追蹤于古人者絕不可得余思之余重思之余受病之處實由于缺課多也溯自去秋患病時發時愈請假之日過多因身體之病而累及學問之病愧也何如雖然身體之病小病也學問之病大病也小病易除大病不易除自今以後當努力從事以蓋前愆願　夫子有以教正之

第九屆畢業試驗乙組國文科第一名　嚴　浩

前題

文字者經緯萬物輿論古今郁郁彬彬彩越萬世而不可磨滅者也故凡天之所覆地之所載日月所照舟車所及之域罔不恃乎文字藉以照耀文化丕顯衆生文字之功用大矣哉况初學

記曰古者紀高能賦山川能祭師旅能誓喪紀能誄作器能銘則可以爲大夫矣三代以後篇什日多訓誥宣於邦國移檄陳於師旅箋奏以申情理箴誡用弼違邪贊頌美於形容碑銘彰於勳德謚册褒其言行哀弔悼其淪亡章表通於下情箋疏陳於宗敬議論平其理駁難考其差此大略也則文字之類別有如此至於文學倡於伏聖盛於姚姒集大成於孔子而蔚發於漢盛於唐宋明清其間楊葩振藻含英咀華司馬左邱同工異曲昌黎雄駿廬陵神永允明廉悍東坡崢嶸柳曾蘇王雄峭精廉下逮宋歸桐城湘鄉樹幟張軍各有專家則門徑之繁多又如此信乎仰之彌高學之彌窮惟讀之勤作之繁層序而進其庶幾可一探其奧乎蓋口不絕吟六藝之文手不停披百家之編鉤玄提要細大不捐則誦雄壯之文如對英豪古俠有拔劍起舞之概讀議論之文如折獄老吏有披窾導源之致閱誥誡之文如敬承訓誨披憤悲之文欲太息流涕各異其讀各變其調庶可引我入勝滌我俗腸此文字之所以貴乎讀也然而紛挐糾雜吟此遺彼雖多亦奚以爲惟精熟乎句調嫻習乎文法擷其精英播爲辭源然後爲文乃可滔滔不竭此文字之所以貴乎作也是故讀而不勤者文不能熟也熟而不作者文不能達也讀作兩項所以不可不勤加探討歟今吾校中之崇尚國文不可謂不至矣　夫子之薰

育小子不可謂不殷矣然而學不副願望不能進者何哉豈時間之短促歟則小子叨列門牆三年於茲矣抑用心之不專耶則小子勤心研索焚膏繼晷不可謂不勞矣揆厥原因有二弊焉曰讀法之不講也曰熟文之不夥也古之彥士每於夜深月白萬籟俱寂之時平心靜氣吟嚼低玩以索其義今則課目繁夥時而體操時而唱歌時而手工時而圖畫能專心一致體會文字之精理以與己身息息相通者實鮮此其弊一也且作文之優劣恃乎熟文之宏博昔者蘇閉戶讀書大究六經百家之書絕筆不綴文者五六年得其粹要含蓄充溢抑而不發久之而始下筆頃刻千言縱橫馳突惟其欲爲作文之端藉讀熟灼灼可明余賦性魯鈍茅塞余心雖嘗一讀論孟左史名人文集而能擷其精華滔滔背誦者寥寥無幾此其弊二也讀法不能精不精故不能熟不熟故成效難覩三年之中讀書雖夥所以終不能岔駕同儕致辜負夫子三年來諄諄教訓之至意也然文字功用浩無際涯半道而劃中人不取悟已往之不諫知來者之可追彭澤之言敢不書紳致力讀法從事精熟失之東隅安知不能收之桑榆哉自今以後吾知勉矣

胸羅既富故總說分說橫說翻說無不皆宜作者三年勤讀始獲有此良果此後前程正未

可量後生可畏也

學校爲育才之地我國設學亦已多年學生畢業出校往往投閒置散無所事事豈懷才莫展歟抑才不足以應世用歟試各舉其原因以對

第十屆畢業試驗國文科第一名 鄒峻德

古以士爲四民之首。今則無業無士。農有農學士。工有工學士。商有商學士。他若法學士。醫學士。凡專精一業者。皆得有博士之稱。若僅讀書識字。有士之名。無士之實。謂之僞士可也。謂之士林之蠹。亦無不可也。吾國近日正需才孔亟之秋。乃數十年來。學生之在校畢業者。頗不乏人。而求其足供社會之用則寥如晨星。其故何哉。豈畢業生懷抱利器而世莫識歟。非也。蓋因平日在校。但知求形式之藻飾。而不謀精神之發展。紙上談兵。無補事實。與夫國家之所缺乏。社會之所必需。判然兩途。雖曰設學校以振興實業。擴張軍備。實則所謂畢業生者。使之務農而不能種植。使之習工而不能製造。使之就商而不明貿易。徒尚外觀。毫無實學。行不同其言。事不符其實。投閒置散。無所事事。不亦宜乎。要之業精於勤。荒於嬉。學校者學生所藉以育成也。有育成之地而不盡心求之。雖日言實業。仍不知實業爲何物。徒博得一紙文憑。即志氣高揚。詡詡然自鳴得意。嗚呼。畢業生之不用。豈眞社會之不用哉。才不足以應世用耳。內貽國家之羞。外爲鄰邦所笑。魏晋競尚清談。以致亡國。使吾國畢業生而日復如是也。其不蹈魏晋之覆轍者幾希矣。

抉出學理蹈虛之弊議論精要一結尤見危言悚聽足以喚醒當世

勘誤表

目次

歷年學生數比較表應列大事記後

現行規程

第八頁第十一行　受級任敎員之調度云云當另列一行

第二十八頁第三行　取交下當有鑰匙啟閉室門六字

第八行　每日舍內當作舍內每日

第四十五頁第一行　社員公舉當作由社員公舉

大事記

第四頁第十一行　資遣侯鴻鑑云云當另列一行

第十頁第七行　磚當作甎

第十一行　蒞當作莅

第二十二頁第六行　書務員當作庶務員

勘誤表

職員表	
第二頁第二行	堂季當作季堂
第四行	鳴閣當作華閣
第九頁第六行	戴南當作載南
現有學生表	
第十四頁第八行	籍貫欄應有無錫二字
歷屆畢業生表	
第二頁第二行	籍貫欄應有無錫二字
第三頁第一行	庚戊當作庚戌
第四頁第五行	北京國立醫肄業當作肄業北京國立醫學校
第十行	文補習當作東文補習

無錫縣立第一高等小學校同學録

（民國）佚名輯

《無錫縣立第一高等小學同學録》不分卷，（民國）佚名輯，曹銓署耑，顧祖瑛作序。民國五年（一九一六）鉛印本。無錫市圖書館藏。

無錫縣立第一高等小學即原來的竢實學堂。民國初年改名。曹銓，無錫人，近代畫家，曾任竢實學堂圖畫課教習（教師）。顧祖瑛，無錫人，時任無錫縣立第一高等小學校長。本書很可能是在顧祖瑛校長主持下，由該校教師集體編輯的。全册内容包括全校職教員合影、民國四年該校參加全縣聯合運動會的六名運動員合影、民國五年夏三年級同學合影、二年級同學合影、一年級同學合影和補習科同學合影等六張照片以及當時在校各年級、各科同學名單。在『同學録』名單中，每位學生都列有姓名、籍貫、住址和通信處等四項。例如三年級學生名單中的顧毓琇、顧毓琦兄弟，均爲無錫縣城人，家住城中虹橋灣，通信處是無錫虹橋灣第一號。十分簡潔明瞭，具有歷史查考價值。

（夏剛草）

丙辰夏正五月

無錫縣立第一高等小學校同學錄

次庵曹銓署耑

序

民國五年六月同學諸子將有同學錄之刊乞予一言以爲序嗚呼以不佞之長茲校也有年矣自愧於諸子無所裨補因循以誤精進玩愒以耗日力其爲罪也甚矣倖賴諸子之敏而好學其上者顔回之儔次亦參曾柴愚勤以補拙用能蜚聲地方號稱上序皆諸子之黽勉圖功有以致之也今予則去矣新任校長朱君於予亦弟子也然年富而力壯心精則志果奮其邁往無前之氣以課一切速成之效則異日諸子之一日千里而爲茲校光也微朱校長之有以玉汝於成也哉凡我同學二三子尚其拳拳服膺以課桑榆之效而無貽予垢也可此則不佞之所欲爲諸子言者也惟諸子其諦聽之校長顧祖瑛

同學錄

中華民國五年夏月無錫縣立第一高等小學校職教員全體攝影

中華民國四年秋季無錫全縣聯合運動會縣

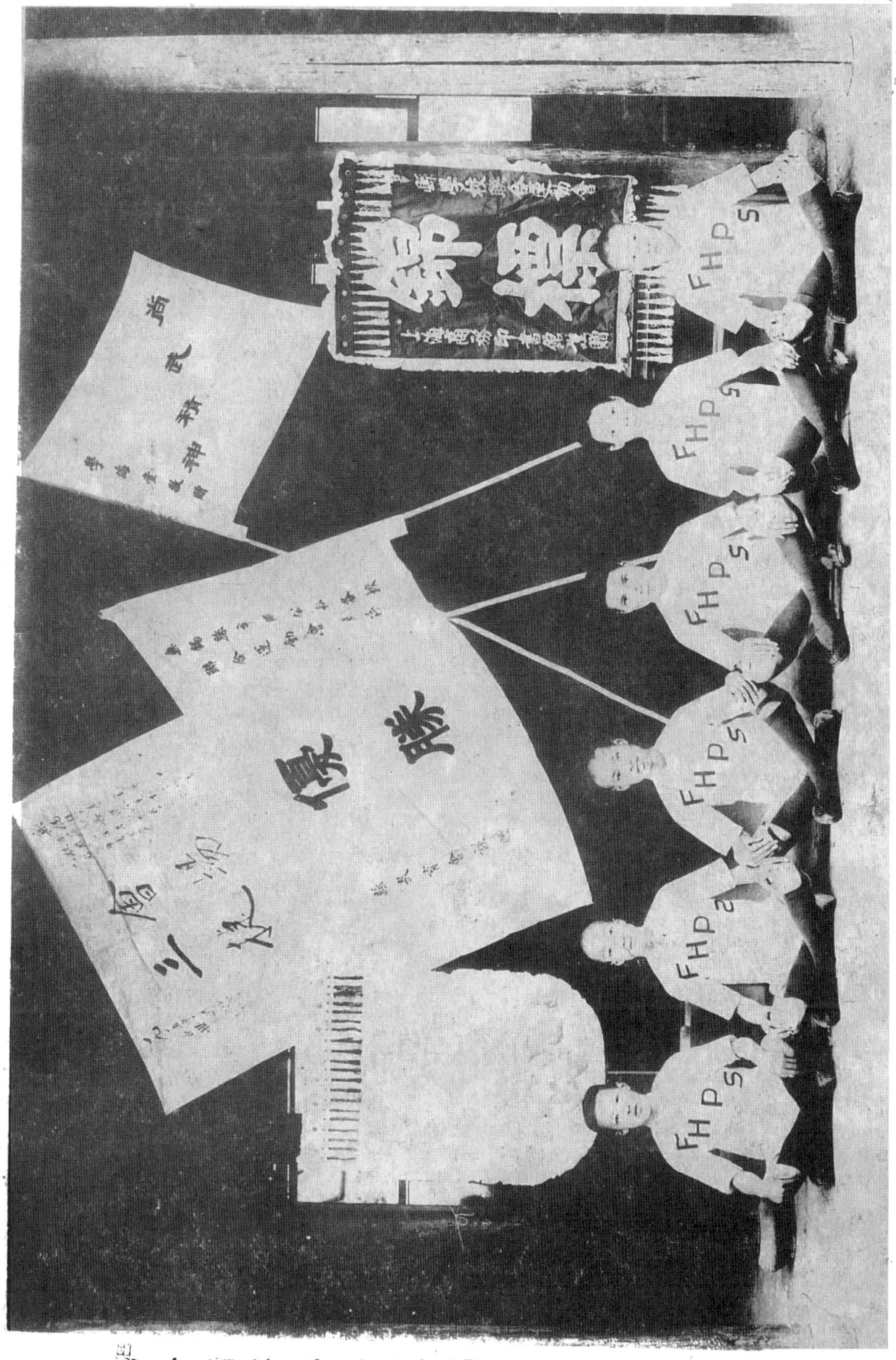

立第一高等小學校競技運動優勝紀念攝影

中華民國五年夏月無錫縣立第一
高等小學校三年級同學全體攝影

中華民國五年夏月無錫縣立第一

高等小學校二年級同學全體攝影

中華民國五年夏月無錫縣立第
高等小學校一年級同學全體攝影

中華民國五年夏月無錫縣立第一
高等小學校補習科同學全體攝影

無錫縣立第一高等小學校同學録

職教員

姓名	字	年歲	籍貫	職務	住址	通信處
顧祖瑛	子靜	三八	無錫	校長兼理科二年級(二)修身	無錫市	城內鳳光橋
孫蔭培	景蘇	四一	無錫	三年級(一)主任兼三年級史地科	萬安市	石塘灣啓秀堂蘭芬書屋收
鄒家麟	同一	三六	無錫	三年級(二)主任兼商業科一年級史地科	無錫市	北門外江尖
秦振鎬	卓夫	四六	無錫	二年級(一)主任兼二年級史地科	無錫市	城內小河上
唐鳳采	靖臣	三五	松江	二年級(二)主任兼唱歌科	松江	西門外西塔街
陶樹森	伯方	四五	無錫	一年級(一)主任兼二年級(二)修身科	無錫市	城內斜橋
林錫榮	叔顯	三八	無錫	一年級(二)主任兼二年級(一)習字科	無錫市	城內稅務前

華天翮	伯和	四五	無錫	補習科主任	無錫市　城内水獺橋
陶贇	育臣	三三	無錫	算術教員	無錫市　北門外江陰巷
曹銓	衡之	五〇	無錫	圖畫教員	無錫市　城内寺前街第六號
王義範	鶴亭	二八	武進	英文教員	了河鎮　常州農會王子琢轉
薛德燁	景中	三〇	江陰	手工教員	江陰　東横街
顧建勳	立甫	二五	無錫	體操教員	無錫市　城内鳳光橋
吳廷樞	幹卿	三五	無錫	珠算教員	無錫市　城内寺前街
華貫千	貫千	四一	無錫	庶務員	青城市　前洲郵局轉北七房
葉芬榮	友庭	三八	無錫	會計員	青城市　前洲郵局轉北七房

第三年級生

姓名	字	年歲	籍貫	住址	通信處
孫葆眞	誠哉	十九	無錫	萬安市	石塘灣久徵堂
榮晉昌	君熾	十九	無錫	開原鄉	大徐巷
陳有章	斐士	十八	無錫	富安鄉	胡埭鎭交
尤學周	聖從	十八	無錫	天上市	堰橋尤義源號轉交
孟邦嘗	道臏	十八	無錫	天下市	北柵口日昇香舖轉嚴埭班船呈孟經畬堂
王祖聰	雪仲	十八	無錫	無錫市	城內大成巷口第七號
朱賡三	載颺	十八	無錫	懷下市	查家橋錢樹滋堂轉交
秦　俠	祖英	十八	無錫	開原鄉	大徐巷單萬盛號轉交
鄒粟良	文粹	十八	無錫	無錫市	北門外三里橋源豐酒行轉交
楊錫麟	頌仁	十八	無錫	萬安市	禮社裕大布莊轉交葑莊
袁祖華	紹文	十八	無錫	揚名鄉	南門外同福昌繭行轉交張婆橋

沈廷培	文俊	十八	無錫	無錫市	城內毛梓橋第二號
錢應元	叔貞	十七	武進	新塘鄉	周橋鎮濟生堂藥號
王煥道	翼南	十七	無錫	無錫市	城內尊應道巷第十五號
俞培福	卓初	十七	無錫	無錫市	城內盛巷橋南游藝齋轉交
錢叙福	頌霞	十七	無錫	懷下市	查家橋荷花池錢樹滋堂轉交
薛鵬	志遠	十七	無錫	無錫市	城內錦樹里第四號
高龍保	瑞芝	十七	無錫	無錫市	西門外高恒裕鹽店轉交
徐宅揆	作平	十七	無錫	無錫市	城內大成巷第十二號
鄭世忠	幹良	十七	無錫	無錫市	城內西河里第二十八號
陸竹安	灑侯	十七	無錫	天上市	城內小河上
洪錦章	絅蓀	十七	無錫	富安鄉	張舍里曹公泰號轉交
秦彥釗	歛湖	十七	無錫	無錫市	城內虹橋下世恩堂
周鳳標	少卿	十七	無錫	無錫市	城內盛巷

王義元	子貞	十七	無錫	開化鄉	南坊泉陳立大轉交
奚光華	鑑初	十七	無錫	無錫市	城內大市橋垂露齋筆舖
陶式珩	楚白	十七	無錫	無錫市	北門外江陰巷第一百五十八號
顧壽成	受臣	十七	無錫	無錫市	城內希道院巷第二號
朱士俊	育良	十七	無錫	天下市	北門外小猪街內邵宅
張邦彥	企聖	十七	無錫	開原鄉	藕蕩橋恒源豐號轉交
嚴　浩	養吾	十七	無錫	天上市	北門外煤場街口豫和祥錢莊轉交龍塘岸
李　斌	祁培	十七	無錫	無錫市	城內打鐵橋南首永泰昌號
顧樹業	子勤	十七	無錫	青城市	北門招商輪船局交石幢
沈鼎成	丹銘	十七	無錫	開原鄉	藕塘橋義和祥轉交
朱士英	子默	十七	無錫	開原鄉	藕塘橋義和祥轉交
許　璧	師衡	十七	無錫	懷下鄉	北門外後竹場唐宅
段盈科	進之	十六	武進	新塘鄉	無錫北門外三里橋交潘家橋班船

王繼善	冠儕	十六	無錫	無錫市	城內大成巷第十四號
徐浩翔	鳳飛	十六	無錫	開原鄉	大徐巷
許榮泉	道淵	十六	無錫	開原鄉	河埒口轉交上蔣巷
竇鳳藻	耀文	十六	無錫	無錫市	城內中市橋竇桂香倉廳
袁心希	蔭昌	十六	無錫	無錫市	北門外江陰巷內牛師衖第一號
黃競生	勤森	十六	無錫	無錫市	城內倉橋下尤悅和鐘錶店對門
嚴昌祐	昌祐	十六	無錫	天上市	城內和泰皮貨號轉交
王汝康	安伯	十六	無錫	無錫市	城內太平橋第十六號
楊文煥	然新	十六	無錫	無錫市	城內大成巷第十六號
范欽符	瑞九	十六	無錫	無錫市	城內連元街第八號
陶炳南	鼎鉉	十六	無錫	無錫市	北門外江陰巷第一百五十八號
廉敬棠	敬棠	十六	無錫	無錫市	北門外廊餅沿河裕泰米行對門
嚴琦	少蘭	十六	無錫	無錫市	城內倉浜街第三十號

范欽瑞	勳臣	十六	無錫	無錫市	城內連元街第八號
陸豐	士鈞	十六	無錫	天上市	寺頭鎮交旺莊燕詒堂
陶曜基	季常	十六	無錫	無錫市	北門外江陰巷第一百六十三號
徐德	潤之	十六	無錫	無錫市	城內推官牌樓下第三十五號
顧毓琦		十六	無錫	無錫市	城內虹橋灣第一號
顧毓琇	玉如	十五	無錫	無錫市	城內虹橋灣第一號
吳祿保	佑之	十五	無錫	無錫市	新北門內安仁巷吳宅
徐旭高	竹園	十五	無錫	無錫市	城內打鐵橋德興瑞漆莊內
王錫綬	仲若	十五	無錫	揚名鄉	南橋鎮交王氏坊
吳鴻鼎	壽銘	十五	無錫	無錫市	城內書院衖華義隆號內
袁祖裕	紹芝	十五	無錫	揚名鄉	南門外同福昌繭行轉交張婆橋
秦家植	仲康	十五	無錫	無錫市	城內盛巷橋第十四號
莫紹昌	紹昌	十五	無錫	無錫市	城內大婁巷第十六號

華壽奎	壽奎	十五	無錫	無錫市	北門外長安橋民化醫局內交
江祥麟	祥麟	十五	無錫	無錫市	城內打鐵橋松茂祥
周炳榮	拯漢	十五	無錫	無錫市	城內寺前街第二十七號
胡國鈞	宰平	十五	無錫	開原鄉	西鄉藕塘橋胡恒昌號
徐立元	恩聯	十四	無錫	無錫市	城內打鐵橋德興瑞漆莊內

第二年級生

姓名	字	年歲	籍貫	住址	通信處
許紹庚	直芝	十八	無錫	開化鄉	南方泉陳立大轉交
錢肇貽	謀聲	十八	杭縣	福緣路老義里	西柴木巷第二十二號
馮俊彥	秀甫	十七	無錫	富安鄉	陸區橋
顧根奎	紀卿	十七	無錫	開化鄉	南方泉顧萬億內
王紹康	紹康	十七	江陰	馬鎮鄉	北鄉西洋橋黃炳新轉交
張有序	勤夫	十七	無錫	無錫市	城內書院衖搖車灣第五號

楊紹震	郁文	十六	無錫	無錫市	城內迎迓亭第二十六號
王軫遠	邦憲	十六	丹陽	丹　陽	城內施鳳林筆店內
王傳曾	景輿	十六	無錫	無錫市	城內連元街第十五號
王世鶬	素荃	十六	無錫	無錫市	城內鳳光橋第二號
莫時昇	樹聲	十六	無錫	無錫市	城內寺巷口大吉廬轉交
張文炳	榮初	十六	無錫	無錫市	城內北禪寺巷
徐汝楫	通濟	十六	江陰	祝塘鄉	劉墅頭
薛仁溥	博泉	十六	無錫	無錫市	城內書院衖第五號
王家棟	家棟	十六	無錫	富安鄉	胡埭鎮楊源長內
陸文曾	念農	十六	無錫	開原鄉	錢橋鎮北街
程銘圻	始封	十六	無錫	無錫市	城內倉浜衖趙宅內
沈祖琦	赤南	十五	無錫	無錫市	城內東大街第二十九號
陳鳳瀚	丹書	十五	無錫	無錫市	城內新市橋陳子彥寓內

同學録

張錦安	仁傑	十五	無錫	無錫市	城內大婁巷第五十六號
王傳統	道南	十五	無錫	無錫市	長安橋橫街
劉英豹	競飛	十五	無錫	無錫市	城內錦樹里第七號
王 增	筱益	十五	無錫	開化鄉	南方泉陳立大轉交
許景麟	瑞書	十五	無錫	無錫市	城內西大街第四十四號
沈念禹	福培	十五	無錫	無錫市	城內承賢橋第三十號
吳光祚	鎮藩	十五	無錫	無錫市	城內中市橋第五十號
王煥綸	嶽西	十五	無錫	無錫市	城內尊應道巷第十五號
蘇廷楨	廷楨	十五	無錫	無錫市	城內西橫街蘇伯年醫寓內
張藩圻	建侯	十五	無錫	無錫市	城內水獺橋第三號
王世駒	世駒	十五	無錫	無錫市	北門外竹場巷大通公司內
姚祝椿	頌齡	十五	無錫	無錫市	城內下塘街旗杆下
邵鴻堯	啟唐	十五	無錫	無錫市	北門外北大街第三號

朱中如	景澄	十五	無錫	開原鄉	藕塘橋義和祥布莊內
唐鳴鳳	竹君	十五	無錫	無錫市上塘街	城內上塘街唐順興
吳希聖	揆一	十四	無錫	富安鄉	城內百歲坊第八號
榮士蘭	仲堯	十四	無錫	開原鄉	河埒口正乙堂藥號內
謝泰鎮	叔永	十四	無錫	無錫市	城內西鼓樓第八號
張昌祺	玉峯	十四	無錫	無錫市	北門外北塘祝棧街
繆斌	丕成	十四	無錫	無錫市	城內希道院巷第一號
顧毓燧	粒民	十四	無錫	無錫市	城內虹橋灣第六號
淩錫璘	藴玉	十四	無錫	無錫市	城內新市橋骨貨店內
邵鴻遇	雁秋	十四	無錫	無錫市	北門外北大街第三號
李國才	樂民	十四	無錫	無錫市	城內北禪寺巷第二號
錢重慶	志厚	十四	無錫	富安鄉	新瀆橋錢義昌
周炳炎	醒亞	十四	無錫	無錫市	城內寺前街第二十七號

謝雲駿	仲玉	十四	無錫	無錫市	北門外北塘街瑞豐盛
陸榮圻	叔麟	十四	無錫	無錫市	北門外南尖茅涇浜同仁棧
蓋其新	學銘	十四	無錫	無錫市	西門外壩橋第二十三號
諸季鴻	聽秋	十四	無錫	懷下市	北門外彙豐米行諸丙寶轉
王鳳階	丹臣	十三	無錫	無錫市	城內沈果巷第二十六號
薛萬鵬	健羽	十三	無錫	無錫市	城內裡黃泥橋第三十四號
汪慶成	祖慶	十三	無錫	無錫市	城內書院衖第二十七號
沈瑞麒	游聖	十三	無錫	無錫市	城內書院衖老生生金珠店
嚴文燿	仲斗	十三	無錫	無錫市	城內上塘嚴二茂
顧時杰	俊會	十三	無錫	無錫市	城內百歲坊
莊　正	祖仁	十三	無錫	開化鄉	南坊泉莊裕泰魚行
王裕中	仲寬	十三	無錫	揚名鄉	南橋鎮交王氏坊
秦覞鈞	堂領	十二	無錫	無錫市	城內新縣前第二十五號

第一年級生

姓名	字	年歲	籍貫	住址	通信處
王文淵	國樑	十八	武進	延政鄉	了河鎮第八十二號
王煥業	育龕	十八	無錫	無錫市	城内尊應道巷第十五號
趙根度	伯康	十七	無錫	萬安鄉	洛社同和寶號轉交
趙瑞昌	侶傑	十六	無錫	萬安鄉	洛社鎮許同興轉鵝子岸
虞如錫	仲練	十六	無錫	揚名鄉	南橋鎮青祁巷倪大房轉交
楊文炳	煥章	十六	無錫	景雲市	江溪橋
李振邦	慕周	十六	無錫	無錫市	城内老縣前西鼓樓第四號
秦道源	辛一	十六	無錫	無錫市	城内倉浜衖第九號
陳國楨	鶴鳴	十六	無錫	無錫市	南門外伯瀆港興隆橋陳慶雲香舖
吳沸	沸泉	十六	無錫	富安鄉	雪堰橋松壽堂藥號轉交
汪驤	錫麒	十六	無錫	無錫市	城内大河上第九號

同學錄

楊意汾	景黔	十六	無錫	無錫市	城內大成巷第十一號
衛　枚		十六	無錫	天上市	西門外西門街第十四號
楊柏榮	森富	十六	無錫	無錫市	城內三皇街第九號
王煥猷	允龕	十六	無錫	無錫市	城內尊應道巷第十五號
徐錦昌	博文	十五	無錫	開原鄉	大徐巷
徐爕均	燾畦	十五	無錫	無錫市	城內大婁巷第三十三號
蔣乾元	子健	十五	武進	新塘鄉	周橋鎮蔣乾生寶號
張福勤	福勤	十五	無錫	無錫市	城內青寧巷
何世傑	軼羣	十五	安徽	上海縣	麥根路第四十二號
吳　棟	蘭文	十五	無錫	富安鄉	雪堰橋松壽堂藥號轉交
張景星	伯濤	十五	無錫	無錫市	城內映山河第三號
朱眉生	眉生	十五	無錫	無錫市	城內監街口湧茂祥鞋店內
張榮森	寶書	十五	無錫	無錫市	城內三下塘第七十四號

江鏞圻	文虎	十五	無錫	無錫市	城內迎迓亭衖內第五號
高尙志	福成	十五	無錫	無錫市	城內西大街第十六號
華　馨		十四	無錫	青城市	北七房存義堂牆門內
穆耀星	耀星	十四	無錫	無錫市	城內沈果巷第二十六號
徐承萱	承萱	十四	無錫	無錫市	城內駁岸上牛屎衖第二號
趙昌運	昌運	十四	無錫	無錫市	城內大成巷第十號
嚴華根	匡石	十四	無錫	懷上市	城內盛巷橋第十四號
吳仲賢	思齊	十四	無錫	富安鄉	雪堰橋松壽堂藥號轉交
朱祖葆	祖葆	十四	無錫	開化鄉	南坊泉仙河頭陳立大號轉交
楊毓麟	瑞書	十四	無錫	萬安市	禮社裕大布莊轉交葑莊
蔣寅生	福基	十四	無錫	無錫市	城內西河里第三十四號
韓鍾烈	成章	十四	無錫	無錫市	城內胡橋第四十二號
薛壽南	方相	十四	無錫	無錫市	城內盛巷橋第七十二號

同學録

邵鳳祺	炎卿	十四	無錫	無錫市	城內序成橋第七十二號
俞仁培	博成	十四	無錫	無錫市	城內溜街橋博濟醫室
陸同圭	錫成	十四	無錫	無錫市	城內寺前街第十四號
沈瑞錦	文照	十四	無錫	無錫市	西門外棉花巷第二十五號
邵鴻逵	昌初	十四	無錫	無錫市	城內東大街第十二號
華壽嵩	伯茂	十四	無錫	青城市	北七房最樂堂
秦　澂	道南	十三	無錫	富安鄉	張舍里
徐貞華	瑞初	十三	無錫	無錫市	城內東大街第六十八號
王佐才	觀北	十三	無錫	無錫市	城內尊應道巷第十五號
嚴樹銘	國治	十三	無錫	無錫市	城內書院街口嚴義昌洋鏡號
王錫綸	瑞九	十三	無錫	無錫市	城內裡黃泥橋恭儉堂
汪　駿	錫爵	十三	無錫	無錫市	城內大河上第九號
潘鐘元	肇榮	十三	無錫	無錫市	城內盛巷第四十二號

一六

邵文祥	光耀	十三	無錫	無錫市	城內東大街第一百十八號
趙理卿	扶義	十三	無錫	無錫市	城內新縣前大王廟衖內
祝光麟	蔚瑾	十三	無錫	無錫市	西門外棉花巷第二十號
薛仁源	子淵	十三	無錫	無錫市	城內書院衖搖車灣第五號
朱子照	子照	十三	無錫	無錫市	城內道長巷第二號
顧毓方	毓方	十三	無錫	無錫市	城內虹橋灣第六號
趙鵬遠	雲程	十三	無錫	無錫市	城內龍門書躍吳尺木堂內
蔣保箴	保箴	十三	無錫	無錫市	城內西橫街第三十三號
王志廉	志廉	十三	無錫	無錫市	城內茅梓橋第十三號
胡　傑		十三	無錫	無錫市	城內盛巷橋第十四號
卜曾偉	曾偉	十三	無錫	無錫市	城內迎溪橋唐公館間壁
沈繼善	勉之	十三	無錫	無錫市	城內時郎中巷第五十七號
張錫中	穀辰	十三	無錫	無錫市	城內營橋巷第四號

王人龍	敏文	十三	無錫	無錫市	城內連元街第七號
程文標	文標	十三	無錫	無錫市	城內推官牌樓下第一百三十五號
范欽明	咏陶	十三	無錫	無錫市	城內連元街第八號
楊景焜	景焜	十三	無錫	無錫市	城內旗杆下楊宅
丁汝楷	汝楷	十三	無錫	無錫市	城內倉橋下監衖口第一百零五號
丁汝模	汝模	十三	無錫	無錫市	城內倉橋下監衖口第一百零五號
朱國璋	國璋	十三	無錫	無錫市	城內堵家衖口壽衣店間壁
孫錫慶	子仁	十三	無錫	無錫市	城內迎迓亭第二十號
毛敬伯	公望	十三	江陰	三官鄉	江陰北門外小橋頭協順醬園轉交
胡鍾麒	鍾麒	十三	無錫	天上市	城內打鐵橋下和泰皮貨號轉交
薛　雯	仁保	十三	無錫	青城市	北七房大樹下存義堂
華厚熙	敦如	十三	無錫	無錫市	城內三下塘第四十五號
胡達才	達才	十三	江陰	三官鄉	無錫城內大成巷口鴻泰潤提莊內轉交

張乾	錫康	十三	無錫	無錫市	城內西河里第三十四號
陳學乾	仲平	十三	無錫	無錫市	城內太平橋第十四號
范欽念	素呈	十三	無錫	無錫市	城內連元街第八號
朱宗圻	宗圻	十二	無錫	無錫市	城內駐總橋第八號
楊傳琦	鳳章	十二	無錫	無錫市	城內西大街第四十六號
唐慶永	慶永	十二	無錫	無錫市	城內迎溪橋唐公館
華振	渭臣	十二	無錫	無錫市	城內縣下塘第二十七號
孫大發	大發	十二	無錫	無錫市	城內裡黃泥橋第三十三號
鄭粟銘	恩培	十二	無錫	無錫市	北門外三里橋源豐酒行內
蓋其燿	在鎔	十二	無錫	無錫市	西門外壩橋第二十三號
許師慎	子謹	十二	無錫	懷下市	北門外後竹場唐宅
馬光辰	光辰	十二	無錫	無錫市	城內崇安寺三等學校間壁
楊德沛	德沛	十二	無錫	無錫市	城內書院衙第一百六十五號

謝德仁	學安	十二	無錫	無錫市	城內寺後門第一百三十二號
劉時雍	時雍	十二	無錫	無錫市	城內捕衙衖
陶保華	保華	十二	無錫	無錫市	城內斜橋第八號
秦恩瑞	恩瑞	十二	無錫	無錫市	城內岸橋衖

補習科生

姓名	字	年歲	籍貫	住址	通信處
鮑保康	保康	十九	無錫	富安鄉	胡埭
諸壽模	壽模	十五	無錫	懷下市	陽亭街壽春堂轉交
奚煥文	煥文	十四	江陰	泗河鄉	泗河鎮北渚
裴祖康	惠生	十四	無錫	無錫市	城內西水關馬宅裴寓
韓念曾	念曾	十四	無錫	無錫市	西門外大街韓廣源煙號
高蘭芳	蘭芳	十四	無錫	無錫市	城內西河里第七號
張承祖	承祖	十四	無錫	無錫市	城內道長巷

王鳳墀	鳳墀	十四	無錫	無錫市	城內尊應道巷第十五號
王傳寶	傳寶	十四	無錫	無錫市	城內書院衖第二十五號
鄧光泰	昌期	十四	無錫	無錫市	城內新縣前
惠思九	思九	十四	無錫	新安鄉	新安鄉上浜惠宅
張鈺奎	鈺奎	十四	無錫	無錫市	城內大市橋張益茂
顧保章	保章	十四	無錫	萬安市	石塘灣東街貽善堂內
薛嘉生	鼎臣	十四	無錫	無錫市	西門外錦記絲廠
夏葆良	廷臯	十四	無錫	無錫市	西門外棚下鼎盛米行
俞洪基	肇甫	十四	無錫	無錫市	城內道長巷口
高福榮	福榮	十四	無錫	無錫市	西門外嘉泰米行
陳雲龍	鴻海	十四	無錫	無錫市	北門外周師衖內大河池沿頭
吳廷桂	廷桂	十四	無錫	無錫市	西門外吊橋福興成煙酒店
高盈生	純古	十三	無錫	無錫市	西門外吊橋高道生藥號

同學録

宋啓誠	夢亭	十三	無錫	無錫市	城內西河里第二十五號
謝光照	光照	十三	無錫	無錫市	北門外灣巷內普益醫局
李炳順	國元	十三	無錫	天下市	東北塘李恆豐號
陶之泳	心華	十三	無錫	無錫市	北門外江陰巷第一百五十八號
張景雲	景雲	十二	無錫	無錫市	城內映山河
朱錦麟	錦麟	十二	無錫	無錫市	城內胡橋第一號
陳士賡	士賡	十二	無錫	無錫市	城內書院衖李彙興煙號
顧毓澄	毓澄	十二	無錫	無錫市	城內虹橋灣第六號
陸焜圻	記鳳	十二	無錫	無錫市	北門外南尖茅涇浜同仁棧
俞恩培	恩培	十二	無錫	無錫市	城內溜龍橋博濟醫室
袁祖德	紹奇	十一	無錫	揚名鄉	南門外同福昌繭行轉交張婆橋
魏光釗	光釗	十一	無錫	無錫市	北門外江尖第十二號
眭啟昌	用正	十一	無錫	丹陽	北門外江陰巷眭恒聚

陶榮生	榮生	十一	無錫	無錫市	北門外江陰巷第一百六十三號
胡鍾麟	一飛	十一	無錫	天上市	城內和泰皮貨號轉交
徐冠傑	立志	十一	無錫	無錫市	城內西河里第二十六號
余鴻鈞	鴻鈞	十一	無錫	無錫市	城內日升山房
邵鴻錫	晉蕃	十一	無錫	無錫市	北門外小鄰衕第三號
薛浦育	浦育	十一	無錫	無錫市	西門外錦記絲廠
趙稔楠	稔楠	十	無錫	無錫市	城內道長巷第三號
丁慰望	慰望	十	無錫	無錫市	北門外長安橋橫浜口第十八號

同學錄

後記

無錫是中國吴文化的發祥地。七千多年悠久歷史與文明，造就了『梁溪明秀之區，衣冠禮樂甲於江左』的城市人文傳統和深厚的歷史文化底藴。數千年來，文脉綿延，永世流芳。邵寶在《錫山遺響》序中曾經這樣描述：『錫之爲邑，在三吴間。山水清麗豐曠，生其地者，多沉雅秀整，以文名家，代不乏人。』文化已經成爲這座城市最本色的氣質。爲傳承吴地文明，建設文化名城，進一步彰顯無錫城市内在精神特質，經過幾年的精心策劃，旨在全面整理地方文化典籍的《無錫文庫》編纂出版工作於二〇一〇年全面啓動，二〇一一年起陸續與讀者見面了。

無錫的城市文化曾經爲中華文化寶庫作出過巨大貢獻。顧愷之、倪瓚、王紱、鄒一桂、賀天健、徐悲鴻、錢松嵒、吴冠中，如松秀群嶺，在中國繪畫史上擁有很高的地位；華秋蘋、楊蔭瀏、劉天華、華彦鈞（阿炳），乃韵動天籟，對中國音樂發展發揮了重要作用；李紳、蔣防、尤袤、蔣捷、陳維崧、顧貞觀、嚴繩孫、周濟、劉半農，皆胸懷錦綉，在中國文學史上可謂各領風騷；計六奇、顧祖禹、顧棟高、秦蕙田、嵇璜、錢基博、錢穆、錢鍾書、錢海岳，可稱堂奥廣庭，學造淵源，在中國學術史上卓然大家；顧憲成、高攀龍之東林，唐文治之『國專』，徐霞客之游記，徐壽、華蘅芳之『格致之學』，陳翰笙、錢俊瑞、孫冶方、薛暮橋之經濟學，都堪稱中華文化史上的一座座高峰，至今閃耀着炫目的光芒。

深厚的歷史文化底藴激發了無錫城市的文化自覺。市委、市政府滿懷對鄉土誠摯之情、對文化敬畏之感，以義不容辭的責任擔當，致力於文化强市建設，以科學的理念和方式對歷史文化遺産作全方位的觀照、深層次的發掘、系統性的保護，匯四海之智，舉全市之力，共襄文化建設盛舉。二〇〇六年十二月，無錫市成功申報國家歷史文化名城，標志着新一輪文化意識的覺醒，并迅速轉化爲文化自覺的實踐。近年來，我市全面啓動惠山、清名橋、小婁巷、榮巷、蕩口等五個歷史文化街區和十個古村落保護修復工程，『護其貌，顯其顔，鑄其魂，揚其韵』；鴻山遺址成功保護的經驗被國家文物局譽爲大遺址保護『無錫模式』，并被授予首批國家考古大遺址公園，闔閭城遺址考古發現則確立了歷史上無錫曾作爲吴王闔閭都城的地位；建成開放六十餘座博物館、名人故居和紀念館；對無錫的非物質文化遺産予以重點保護；每年春天舉辦的中國（無錫）吴文化節、中國文化遺産保護論壇成爲文化亮點，享譽海内外。這些舉措遵循規律，探索文化建設體制和機制的創新，形成了寶貴的『無錫經驗』，得到海内外學者、專家的一致肯定。

在注重保護歷史文化遺存的過程中，發掘、整理無錫歷史文獻著作，展示和弘揚無錫城市的思想精神世界，自然而然成爲大家關注的重點。二〇〇六年，市委宣傳部組織無錫文史專家、學者編撰的十七册三百萬字的《無錫文化叢書》正式出版，引起强烈反響，出版後供不應求，在二〇〇八年再版加印。《無錫文化叢書》集中反映了無錫城市文化精華，展示了無錫城市文化特質，彰顯了無錫歷史文化的厚重，同時也告訴人們，文化精神的傳遞是文化繁榮發展的重要内涵，一旦擦去歲月蒙塵，優秀的歷史文化就會轉化成爲取之不盡的精神財富。

爲了進一步彰顯城市歷史文化底蘊，二〇〇七年，市委、市政府將全面系統整理無錫文化典籍擺上工作議事日程，明確提出編纂《無錫文庫》。由于無錫歷史文化底蘊深厚，卷帙浩繁，内容豐富，編纂工作千頭萬緒，要想整理出一部簡明扼要而又内容翔實、主旨鮮明而又文質彬彬的文獻集成，難度遠大於預想。爲此，我們先後成立了《無錫文庫》工作委員會和編輯委員會，加强對編纂出版工作的組織領導與統籌協調，在尊重歷史、尊重規律、尊重科學、尊重專家的基礎上，積極推進文庫編纂工作。編輯委員會經過反復論證，明確原則，綱舉目張，有條不紊地開展工作。充分憑借地方文史專家的優勢，充分發揮高校人文學院、研究機構的作用，充分依靠出版機構的專業經驗，并邀請國内外著名文史專家指導、把關，形成了文庫編纂的工作合力。

在編輯過程中，我們力求使《無錫文庫》成爲經得起歷史考驗的鄉邦文獻集成。全面規劃又保持開放結構。面對豐富的歷史文化積澱，没有規劃就不可能形成清晰的編纂思路。在前期編纂工作中，編輯委員會經過二十餘次的論證會和專題研討會，形成并確定了《無錫文庫》總書目，明確了收録範圍和内容主體，立足無錫市區，兼顧江陰、宜興，主要體現無錫本土内容，突出人文科學，適當兼顧其他門類。據此，《無錫文庫》收録圖書五百五十餘種，分爲五輯：第一輯『官修舊志』，收編無錫地方志（含江陰、宜興）；第二輯『地方史料專著』，收編反映無錫地方史料的專著與筆記；第三輯『年譜家乘』，收編無錫（含江陰、宜興）地方名人年譜和望族的家譜；第四輯『無錫文存』，收編歷史上無錫作家詩文和專著的精華；第五輯『近現代名家名著存目』，編撰無錫近現代名家名著的書目提要。爲使文庫具有更大的開放度和包容量，《無錫文庫》注重整體設計，在框架分類上既注意整合，又突出重點，考慮到文庫的涵蓋面和系統性；在書目選擇上既注重經典性，又强調代表性，兼顧到圖書本身質量和作者特點；在出版方式上既總體規劃、循序推進，又采取較爲靈活的方式，成熟一批出版一批，不編序號，爲今後增補書目預留空間。

尊重歷史又反映時代特色。《無錫文庫》注重歷史性與時代性相結合，以嶄新的學術角度和現代學科理念對城市歷史文化進行整理和弘揚。編纂工作充分體現對歷史傳統的尊重，儘可能減少評述性成分，杜絶截割、改篡、增删圖書内容，對節選本衹采取作者的自選本。與此同時，以現代學術視野來看待傳統史料，增加收録有價值的歷史資料和文獻，如對民國時期的一些稿本、期刊、會刊、紀念册也予以應有的關注，收入了部分重要的民間史料。

保持原貌又便于讀者查閲。《無錫文庫》除第五輯外，全部采用原版影印方式，力争選擇最優版本作底本，保持文獻著作的歷史面目。爲了便於閲讀、查證、使用、研究，每一輯均撰寫編輯説明，每種書撰寫提要，并編撰《文庫》書目索引。通過這樣的方式，使《無錫文庫》兼具工具書檢索的作用，增强文化典籍整理的實用功能。

如期完成又精益求精。《無錫文庫》作爲一項重大文化工程，編纂工作面廣量大，必須集中力量，一鼓作氣。我們明確，從編纂工作全面啓動開始，花三年時間完成《無錫文庫》出版工作。《無錫文庫》總書目形成後，五輯的書目編纂工作同時開展、整體推進。我們要求，《無錫文庫》編纂出版工作要强化精品意識，力求思想精深、内容精彩、選編精當、學風精良、裝幀精美。文庫編纂出版的每個環節都反復論證推敲，確保經得起歷史檢驗。

《無錫文庫》的編纂出版工作，得到了鳳凰出版傳媒集團的大力支持，鳳凰出版社在版本選擇、編輯出版方面做了細緻的工作；由於《無錫文庫》收録的資料有三分之二散落在全國各圖書館中，中國國家圖書館、上海圖書館、南京圖書館等一批國内知名圖書館爲此提供了積極的幫助；應邀擔任《無錫文庫》學術顧問的專家，都是無錫籍的文化名人和國内一流的古籍研究專家，他們有的不顧年事已高，有的不顧自身工作繁忙，爲《無錫文庫》的編纂工作付出辛勤勞動；《無錫文庫》工作委員會和編輯委員會成員以及編務人員在文庫編纂出版過程中做了大量的工作。在此，謹向他們表示崇高的敬意和由衷的謝忱！

由於《無錫文庫》收録内容涉及範圍廣、時間跨度長，部分書目已經散佚，可利用資料受到限制，加之編輯委員會水平有限，《無錫文庫》的編纂工作難免會有一些疏漏和錯誤，不當之處敬請讀者指正。

王立人

二〇一一年一月